# 戦略で読み解く
# 日本合戦史

海上知明
*Unakami Tomoaki*

PHP新書

## 序章　歴史学の限界と「戦略」で分析する意義



## 第一章　「平治の乱」――完璧な合戦

## 第二章 平家都落ちに見る戦略的成功――撤退の意義



## 第三章 「一ノ谷合戦」「屋島合戦」と「桶狭間合戦」――迂回と奇襲

## 第四章　「元寇」に見る兵の質の限界、「千早攻め」ほかとの対比——強兵と弱兵



## 第五章　建武の新政と鎌倉幕府——革命戦略と新国軍の建設

## 第六章　北畠顕家の遠征と信玄の棒道ほかとの対比――兵站の課題



## 第七章　小田原城の攻防と各種城攻め籠城との対比――籠城と攻城

## 第十章

## 「沖田畷合戦」対「長篠合戦」「雑賀攻め」ほか——新兵器への幻想

# 序章

# 歴史学の限界と「戦略」で分析する意義

## 行動の型より真に勝利を導いた思考プロセスを

「関ヶ原合戦は西軍が勝ったはずだ」。関ヶ原合戦の両軍の布陣を見たクレメンス・ヴィルヘルム・ヤーコプ・メッケル大佐はこう述べたといわれる。故・司馬遼太郎氏が紹介して有名になった逸話で、出典は明らかではないが、たいへん気になる話である。

メッケル少佐は、ビスマルクと組んでドイツを統一したかのヘルムート・カール・ベルンハルト・フォン・モルトケ参謀総長の愛弟子で次期参謀総長という噂もあった逸材である。この人物が「関ヶ原合戦は西軍が勝ったはずだ」と言ったとしたら、布陣的には西軍が勝利する状態であったと見なしてよい。

というよりも、中央を囮《おとり》のように敵の前に置いて、突撃する敵を鶴翼の陣をもって包囲する形態をとり、なおかつ山上から勢いをもって突撃できるという西軍の布陣は、何の歴史的知識ももたずに見れば素人目にも有利であることがわかる。逆に東軍の布陣は、西軍に殲滅《せんめつ》されてもおかしくない形で、徳川家康の軍事能力に疑問を感じるものとなっている。

しかし実際には東軍が勝利した。メッケルは日本の軍人達の説明を聞き「政略か、それなら話は別だ」と加えたとされている。

このことは、勝利したという史実は一つであっても、「すべての勝利を『戦略が正しかった』としてしまう愚」を教えるとともに、歴史の分析をするときには、独自の視点で眺める必要があることも教えている。

とくに戦史を分析するのであれば、戦略の視点で検証してみることは意味があるのではないか。戦略があったかどうか、自分ならどんな戦略を立てるのか、そして戦略の可否を考えずに模倣することはたんに戦略の応用ができていないだけでなく、危険なことなのである。模倣するとすれば、行動の型ではなく真に勝利の法則を導いた思考プロセスであろう。

## 戦略の定義

では「戦略」とはどのように考えるべきものなのか。

近代において古代ギリシア以来の戦略を再度定義したカール・フォン・クラウゼヴィッツは『戦争論』の中で何回も戦略について述べている。

「戦術は、戦闘において戦闘力を使用する方法を指定し、また戦略は、戦争目的を達成するために戦闘を使用する方法を指定する」

また「狭義の戦争上」と断りながらも、

「戦術の任務は個々の戦闘にそれぞれ形を与えることであり、また戦略の任務はこれらの戦闘を使用すること」

「戦闘そのものはこれを戦術に委ね、戦略は戦闘を巧みに使用する技術である」

「戦略は戦争計画を立案し、所定の目的に到着するための行動の系列をこの目標に結びつけるのである。則ち戦略は個々の戦役の計画を立て、またこの戦役において若干の戦闘を按排《あんばい》するのである」

と何回も戦略について述べている。

アントワーヌ・アンリ・ジョミニは『戦争概論』の中で次の定義を述べている。

「戦略とは、図上で戦争を計画する術であって、作戦地の全体を包含しているものである」

バジル・リデルハートが『戦略論』の中で示した定義は、

「軍の編成、移動ならびに戦場にて運用する術」

名だたる戦略理論家が言わんとすることは、戦役における大きな作戦計画の骨組みが戦略だということである。戦略とは目的を明確にし、それを達成するための目標を定め、大局を見極めながら効率的に体系的に目標を達成する計画の骨組みである。

「戦略」と「戦術」の違いを説明するとき、よくたとえるのはボクシングである。

ボクシングは武器が手しかないという稀な格闘技である。しかしいかなる必殺パンチがあろうとも、フットワークなどによる全体の動きがなければ相手にパンチを当てることはできないだろう。

パンチが戦術とすれば、全体の動きが戦略であり、それは勝利を得るという目的のために、相手をノックアウトしたり得点を重ねたりするという目標のために遂行されるものである。

もともとは、戦略と戦術は区分されることなく渾然一体化していた。江戸時代の日本では「政略」に対する「軍略」として、諸々の軍事的手法が総称されていた。さらに古い中国の春秋時代において、『孫子』などでは「兵」という言葉で戦争から兵隊に至るすべてを表現している。

これが様々な概念に分離していくのは分業の発達による。

社会の発達と戦争の大規模化により、ヨーロッパではナポレオン戦争を契機に戦略と戦術を分けてみることが始まり、史上初の総力戦である第一次世界大戦では大戦略という概念が生まれ、さらに戦略も軍事戦略と作戦戦略に分かれていった。

大戦略とは政治家の戦争指導などに見られるものであるが、戦時のみならず平時にも見られるものであり、パワーポリティックスなども含まれる。国家目的を達成するためにあらゆる国力を効果的に運用する戦略であり、国家戦略と呼ばれるものがこれに該当する。

第一次世界大戦が総力戦になったことから、政治家達は宣伝による心理戦なども盛んに行った。とくに兵器や弾薬などをはじめ、国の総合的な生産力が軍事力にとってきわめて重要な要素になったために、生産管理は個々の企業だけでなく、政治指導のもとに置かれるようになっていく。ソ連の計画経済や、のちのファシズム経済（統制経済）のモデルとなる「戦時経済」が登場したとき、軍人にその経済領域までを統制させることは不可能であった。リデルハートはこうした事態に対応した動きを「大戦略」と名付けた。

軍事戦略とは、そうした「大戦略＝国家戦略」の下位において、平時および戦時における軍事力の開発、準備、運用を定める戦略である。どのような国家目標を達成するかによって軍隊の規模、編成、装備などは異なってくるから、政治家と軍人の共同作業が必要となる。

リデルハートは「軍の編成」を戦略に含めており、これは軍事戦略としても考えられるが、「移動ならびに戦場にて運用する術」となると、完全に作戦戦略となる。もちろん軍事戦略がどの範囲まで含めるかも議論の余地がある。戦役に際して出撃する「軍の編成」となると作戦戦略とダブってくる。

なお、クラウゼヴィッツやジョミニの戦略の定義が作戦戦略であり、一般に戦略というと、この作戦戦略のイメージが強い。

## ●実証史学の限界

現代社会は「戦略」という用語が氾濫しているように見えるが、これはどちらかというと「戦略」を型に当てはめるのではなく、「戦略を生み出す発想、思考のプロセス」の応用であるから、「戦略的思考の応用」と言うべきだろう。

「戦略的思考」は、本来の発生分野である軍事領域を遥《はる》かに超えて、各分野に応用されている。

むしろマーケティング分野などのほうが盛んで、私も環境分野での応用のために「環境戦略」という言葉を使っている。

実際に戦略は様々に応用が可能な有用な学問と思える。前述したモルトケは、かくのごとく戦略を定義する。

「戦略は知識以上であり、実際生活への応用であり、流動的な状況に従う創造的な思考の発展であり、困難な状況における行為の芸術である」

戦略が正しく理解されていれば、その思考法から応用は無限に可能であり有効性も高い。

ところが「戦略」という法則がもともと発見された歴史分野では、最も戦略が利用されたり、応用されたりしていない。帰納法による歴史分析から、戦史における法則性としての「戦略」の発見がほぼ一段落していることで、もう歴史学の役割は終わったと考えられているのかもしれない。

また、やたら実証史学を錦の御旗のように掲げて社会科学の手法を排除する愚かな態度も見受けられる。演繹的検証を否定したり、あるいは一次史料だけを重視して無味乾燥な研究にしてしまったり、後世に語り継がれた軍記物語などを頑なに丸ごと排除するような態度がそれである。

代わって幅を利かせているのが「結果論」で、これが戦史利用において恐ろしい誤用と弊害をもたらしている。

たとえば「一ノ谷合戦」は河内源氏軍が勝利した。これは源義経の「鵯越《ひよどりごえ》」の賜《たまもの》であるという。だから歴史から教訓を得ようという者は「鵯越」を模倣すればよいと考える。そう考えた多くの人達が「鵯越」を模倣し、そして失敗してきた。

もしメッケルが、あるいはネルソン提督が、諸葛孔明《しょかつこうめい》が、史実の結果を聞かされずに「一ノ谷合戦」の布陣を見たら、勝ったのはどちらだと言うだろうか。「鵯越」を絶賛することは、「関ヶ原合戦」での東軍の布陣を「見事な配置」と賞賛して模倣するようなものなのだ。

史実のみを追い求めることは一つの手法であり、間違いではない。しかし「なぜ歴史を学ぶのか」という本義から見直すと、二つの問題がある。

一つは、先述したように、確実な史実ということで、一次史料のみしか使おうとしない姿勢である。研究者として批判を受けないようにするために万全を期す態度であるが、言い換えればただの保身にすぎない。しかも一次史料の隙間を空想で補ったりしている場合も散見される。

では一次史料はどこまで「事実」なのか。

軍記物語である『源平盛衰記』の寿永二年（一一八三年）七月二十一日の記述として、

「新三位中将資盛《すけもり》卿大将軍として、肥後守貞能《さだよし》等を相具して二千余騎、宇治路より田原路を廻りて近江国に指下る」

とある。

一次史料である吉田経房《つねふさ》の日記『吉記《きつき》』では、

「今日新三位中将資盛卿・舎弟備中の守師盛《もろもり》、並びに筑前の守定俊等、家子を相従えたり。資盛卿雑色《ぞうしき》宣旨を頸に懸く。肥後の守貞能《さだよし》を相伴い、午の刻ばかりに発向す。都盧三千余騎。法皇密々御見物有り。宇治路を経て江州に赴く」

と記されている。

やはり一次史料の『玉葉《ぎょくよう》』では、

「午の刻、追討使発向す。三位中将資盛大将軍として、肥後の守貞能を相具し、多原方に向かう。予の家東小路（富小路）を経る。家僕等、密々見物す。その勢千八十騎と（慥《たし》かにこれを計《はか》うと）。日来、世の推す所七八千騎、及び万騎と。而るに見在の勢、僅かに千騎、有名無実の風聞、これを以て察すべきか」

と記されているのである。

一次史料であっても風聞であれば正確な数字ではないこと、そして軍記物語にある兵数が、たんなる思いつきや想像ではなく、風聞なりのそれなりの根拠をもった数字で書かれていることを示唆している。一次史料のみにこだわれば分析は限定的になってくる。源平時代については良質な研究が多いが、戦国時代などは首をかしげる研究態度も多いように思える。

## ●結果論の罠

もう一つの問題は結果論の罠に陥ることである。先に挙げた「一ノ谷合戦」だけではない。『兵器と戦術の日本史』（原書房）の中に私が愛用している言葉がある。

「たとえ愚策でも勝利したと見做される時は成功策とされる」

「屋島合戦」「壇ノ浦合戦」等々、じつに多くの合戦について「愚策も勝利すれば賢策と見做される」が当てはまっている。確実な事実として「勝利」があり、勝利するのはそのやり方が正しいからだとなり、そのやり方こそが「名作戦」であるという図式が成立しているのである。

これは凝り固まった実証主義とは違い、歴史から教訓を得ようとしながらもイフを認めず、一つの史実しかないことから教訓を導き出そうとして陥る現象である。

旧日本軍は、勝利の法則性は何かを探ろうと様々な戦史から教訓を得ようとしたから、昨今の歴史学よりは評価できる。しかし「結果論の罠」にはまり、誤った法則を勝利の原則と考えたために危機に陥った。その象徴的事例は「勝利した戦い方に共通しているのは、敵に対して迂回し、側面や背後を奇襲することであった」という考え方が跋扈《ばっこ》したことである。「一ノ谷合戦」だけでなく、「桶狭間合戦」も「迂回作戦」の正しさを示すもののように扱われた。

「桶狭間合戦」については『信長公記《しんちょうこうき》』と『信長記』の記述が違っていて、「敵に対して迂回し、側面や背後を奇襲する」そのものが当てはまらないという意見も数々出されている。だが、もし戦略的な見地から考えるならば、そのような史実の検証よりも先に検討すべきことがあるのである。それは「もし、桶狭間合戦の信長の立場にいたのが上杉謙信、武田信玄、北条氏康、毛利元就だとしたら信長と同じような戦いをしたろうか」という問いである。

そのように考えてみると、じつは『信長公記』の記述であろうと『信長記』の記述であろうと、「桶狭間合戦」での信長の行動そのものが評価に値しないことがわかる。名将でも政略家でも、桶狭間に今川義元がいるのを発見するのではなく、まずはいかに桶狭間に義元を誘致するかが考えられたはずである。

おのおののやり方は違うが、「永禄四年の川中島合戦」で謙信は八幡原に信玄を誘い、「三方原《みかたはら》合戦」で信玄は徳川家康を三方原に誘い込み、「厳島合戦」で元就は厳島に陶晴賢《すえはるかた》を誘い込んだ。元就や氏康は故意に下手に出て敵を油断させ、一度、桶狭間に入り込んだら、そこから動かないように工夫したろう。信玄なら事前に裏切りも誘ったろう。謙信は行軍する今川軍そのものへの攻撃を行い、行軍を変えさせる動きをしたろう。謙信、元就、氏康は清洲城を囮として利用した可能性もある。

奇襲は、そうした各種工夫の末の締《し》めにすぎないのである。

迂回しようがしまいが、大切なのは「奇襲の条件を整える」ことである。迂回も一つの方策だが、歴史を見ると、だいたいは見破られて失敗している。迂回することは、ある程度戦慣れしている者なら、というよりも素人でも考えつくことである。ということは相手も予想しているということなのだ。

大切なのは、いかに迂回を悟らせないかである。そして十分に準備して狙いを定め、最後に引く引き金が「奇襲」なのである。

にもかかわらず、「迂回して奇襲」というだけの愚策が模倣されるようになる。愚策を模倣して成功するはずがない。

日本軍の場合も、愚策の模倣が、数限りなく敗戦を導いた原因となった。

リデルハートは「戦略の誤用が歴史に与えた影響」と述べている。これはナポレオンの戦い方が戦争を悲惨な状態にまで高めてしまったという意味であるが、日本の場合にはそこまでもいかないレベルであった。これが結果論の危険性を如実に示すものである。

## ●思いつきが「史実」扱いに

「迂回して奇襲」が古来より弊害をもたらしているものだとすれば、近年、合戦史の方面で猛威を揮《ふる》った謬説《びゅうせつ》が「兵農分離優位仮説」である。

これは昭和五十五年頃から急速に流行したもので、「農兵は農作業の関係上、農繁期には戦えない。兵農分離した軍隊は一年中戦争できる」という思いつきを、史実で確認をしないままに世に送り出し、誰も検証しないままに一人歩きし、やがて定説化し、「史実」に近い扱いを受けるようになった事例である。

小説家が小説の中で言っている分には、フィクションと見なせるからよい。だが、歴史系のコラムとして、このような意見が出てくるようになると問題である。多くの人が謬説を検証しないままに受け入れ、ここまで一般化した以上は誰かが検証しているだろうと高をくくり、「自分が調べたところ武田信玄は農繁期には戦争をしていない」などとしたり顔で言う。

ところが実際には信玄は年中、農繁期に兵を動かしているのである。

だから「すでに戦略が発見されたのだから、歴史の役割は終わっている」などと割り切ってはいけないのである。戦略の妥当性の検証は終わっていないのだ。

つまり「戦略という法則を歴史から発見する」という帰納法から、「戦略はこの合戦にあてはまるのか」という演繹法《えんえきほう》に比重は変わっていかなければならない。

しかし現在、戦略を当てはめて分析する作業は、あまり進んでいない。それが昨今の「川中島合戦」に対する評価などを見ると痛感することである。

名将同士の合戦は世界史の中にも時々見られることがあるが、戦略や戦術を当てはめて分析すれば「川中島合戦」の精緻で深遠なる戦略は、「ザマ合戦」「フライテンフェルト合戦」「アンカラ合戦」などとは比較にならないほど高度である。

世界史の多くの戦いの場合、名将同士であったとしても、おおかたは向かい合って戦闘直前の布陣をどうするかが勝敗の決め手であった。戦略的な部分は、せいぜい進軍方向から相手を不利な戦場に誘い込む程度であることが多い。

しかし謙信と信玄は、決戦に向けての戦略的布石を一年以上前から準備し、作戦地帯に入ってからも、一カ月弱も心理戦を続けている。

信玄は、北条氏康や一向一揆と連携して包囲態勢を作り上げて謙信の軍を川中島に集中しないようにしておいて、前線基地・海津城を築き、棒道に狼煙台《のろしだい》を置き、素早く兵力を集中させ、海津城を中心に部隊が動き回れるようにしておいた。

謙信は軍用道路の整備、越中国への出兵などでのちのちに信玄が疑惑を懐くような仕掛けをしておいた。

そのうえで両軍が作戦地帯・川中島に入ってからは、双方の布陣、移動があたかも将棋の駒を打つように進む。おのおの布陣と移動を見ながら、心理的な変化も含めて、互いに何手先まで読むかの勝負で、信玄は五～六手先まで読むが、謙信は七～八手先まで読んでいたために結局、謙信が信玄を上回ることとなった。

ここまでくると、合戦というよりは囲碁や将棋の名人戦並みである。ところが総じて歴史家の「川中島合戦」の評価は低い。戦略を知らないからである。

もちろん人文系の歴史家が戦略という用語そのものを知らないということはないだろう。時には人文系の歴史家の著書でも、題名で「戦略」に触れていそうなものもある。

しかし文中で戦略という言葉を多用したり強調したりしていれば、実際の戦略には触れずとも済む、という問題ではない。なんでもかんでも評価して、批判されるものさえ評価して無理やり名将に仕立て上げる必要もない。

武将の名を入れて「○○○の戦略」といった本を見かけ、期待して手にとってみれば最初から最後まで「戦略」がついに一言半句も出てこないで終わったり、文中やたら「戦略」という言葉が出てくるわりには、本当の「戦略」は一つも出てこないで「政略」でも「戦術」でもすべて「戦略」としてしまったりと、おそらく著者は「戦略」の定義も知らないのだろう、というレベルの内容も多いのだ。

## ● 戦略と古戦史を学ぶ意義

「戦略」を学ぶことは、見えないものを見抜く力を与えるものである。

歴史においても、表層的な事象だけでは読み解けないことが、「戦略」その他社会科学の諸法則を知っているだけで理解できるようになってくる。皮膚上のできものを丹念に眺めているのではなく、皮膚に現れた症状から内部における疾患を見つけられるのが名医なのである。

有名な「川中島合戦」についても、史実のみを見るならば、小さな国境をめぐる争いという事実しか見えない。そして、そんな小さな国境をめぐる争いに数万人を動員して死闘を繰り広げた上杉謙信と武田信玄は愚かだという結果論に落ち着く。

しかし謙信と信玄は天才である。二人には凡人には見えない「土地の持つ力」が見えていた。だからこそ、数万人を動員して死闘を繰り広げてでも、川中島を確保しようとしたのである。

土地の価値というものは、広さや生産性だけではかれないものがある。全体から見れば点にすぎない土地でも、それが決定的に重要な地点であることもあるのだ。

これは最近のクリミア半島問題を見てもわかる。半島をめぐる事態は二〇〇七年のオレンジ革命を皮切りに、二〇一〇年には親露的政権の成立、二〇一四年には親ＥＵ派のクーデター、それに対する親露派の反発、クリミア半島のロシア編入と推移した。ロシアのプーチン大統領は、核兵器の使用までにおわせた。ユーラシア大陸の中で見れば、クリミア半島など点にもならないだろう。しかしクリミア半島の重要性は高く、ロシアからすれば、核兵器を使ってでも確保する必要があったのだろう。実際に過去、この地ではヨーロッパ大戦とも呼べる「クリミア戦争」が起きているのである。

「川中島」や「クリミア半島」の重要性を教えてくれるのは地政学であり戦略である。「戦略」を知ることは歴史や時事問題への理解を深めてくれるが、そればかりではない。自分の日常にも応用することで、物事により効率的に対処できるようになるし、時には危機を回避することさえできる。

『孫子』をよく理解すれば武田信玄の軍事行動はよく理解できる。信玄の行動に謎などなくなってくるし、効用と限界も明らかになる。そして初めて自分に当てはめての応用もできるようになる。私自身も信玄を理解していたおかげで、そのやり方を応用し、小さいながらも危機を回避できたこともある。

「戦略」は社会科学の中で幅広い領域を占めているが、もちろん「戦略」が及ばない部分も大きい。しかし社会科学的知識による分析が歴史理解を深めることと、その応用による危機回避が力を発揮するのは「戦略」にとどまらない。戦略だけではわからないことも、他の社会科学的領域の知識を併用することで見えてくるし分析も深まる。源平の争乱がなぜあれほどひどいものになったのか、その一端は混乱の中心にいた後白河法皇を知らなければならない。そして「関ヶ原合戦」が戦略だけでは説明がつかず、小早川秀秋と吉川《きつかわ》広家の存在を知らなければ東軍勝利の理由がわからないように、「一ノ谷合戦」の勝敗も後白河法皇の特性を知らなければわからない。

「戦略」を中心に分析していても、すべてが「戦略」で説明できない以上は、その不備を補うことが必要になる。後白河法皇の異常性を説明するのは「戦略」ではない。私は心理学の「サイコパス」という概念のおかげで、後白河院という人物がよりよく理解できただけでなく、大学院時代の形式的な指導教官の異常性も理解できた。

たんにエゴイストというだけでは説明できない出来事が歴史上見られることは多いし、日常生活の中でも出合うことがある。徳川家康などは究極のエゴイストのように思えるが、サイコパスではない。息子の死に涙する情の深さはある。惜しむらくは、もしサイコパスという概念をもっと前に知っていれば自分自身もあんなにひどい目に遭うことも、人生の貴重な時間を無駄にすることもなかったろうということである。だからこそ崇徳院《すとくいん》、平家一門、安徳天皇、あるいは護良《もりなが》親王などの無念もよく理解できるし共感も覚える。

やはり今一度、原点に戻り本質を見極め、戦略の各種概念を当てはめてみて長短を比較する必要があるのではないか。そしてそれを行うに際しては、古い時代から見直したほうがより理解が深まると考えた。

戦略に限らないが、物事は出発点はシンプルで本質そのものを示すことが多い。現在の複雑な為替相場や株式市場であっても、その発生段階では本質そのものを示したシンプルな形であった。いきなり現在の為替相場や株式市場を勉強するよりも、まずその基本原理が何かをよく理解したうえで勉強したほうが理解も深まることだろう。

その意味で古戦史は、様々な戦略をより本質的な姿で映し出してくれる。今まで手つかずに残っていた古戦史の中から戦略を発見し、発掘することは、意義があることだと信じている。

このような問題意識と意図をもっている本書では、ハウツー本にありがちな「脈絡なく勝った戦いを並べる」という方式や、入門書にありがちな「該当する一つの事例のみを挙げる」という書き方はしていない。戦略自体は多様であり、相互に対立する理論もある。一つの戦略にしても、うまくいった場合ばかりではない。時代や社会的背景、部署の個性も違う。

だから「戦略」の中のある概念を取り上げ、成功失敗含めてそれに該当する合戦を複数見つけて、メインの合戦と、比較するための諸合戦を対比分析していきたい。妥当性の検証は最終的には読者に委ねたいと考えている。

なお本書の原型では「大戦略」も取り上げていたが、より詳細に見るために「軍事戦略」と「作戦戦略」、そして一部の「戦術」のみに限定したことを付記しておきたい。

第一章

# 「平治の乱」――完璧な合戦

## ●『孫子』と『戦争論』を複合させた

戦略で古戦史を分析していくとき、最初に取り上げる合戦は、戦略の構造を見るモデルケースとなるものが望ましいように思える。その意味で最もふさわしいのが、平清盛による「平治の乱」の鎮圧である。上杉謙信と武田信玄による「川中島合戦」が最も華麗な戦略の姿を示すものならば、大政治家にして名将であるという「万能の巨人」平清盛による「平治の乱」の鎮圧は最も完璧な戦い方である。

「平治の乱」の鎮圧の完璧さというものは、あらゆる角度から見ても落ち度がないことに象徴されている。そして『孫子』と『戦争論』を複合させたという意味で特筆される。

今から二千五百年前に孫子(孫武)が著した『孫子』と、二百年前にクラウゼヴィッツが著した『戦争論』は古典的戦略論として東西の横綱である。両書とも普遍的であり深遠な哲学であり、多くの人が一冊だけ戦略論の本を挙げろと言われたら『孫子』か『戦争論』のいずれかを出すだろう、と言われている。

ところがこの東西戦略書の双璧たる両書は、しばしば対立的なものとして取り上げられることがある。

孫子は戦争の要素を抽出しているのに対し、クラウゼヴィッツは戦争の本質は何かを分析している。孫子が生きた二千五百年前は分業が未発達の古代に当たり、役割分担も曹操がそうであったように一人の指導者が時には政治家であり、戦略家であり、戦術家であることもあったが、クラウゼヴィッツは近代の人で、分業の発達を受けて戦略と戦術の区分を定義している。

『孫子』は抽象的だが、『戦争論』は具体的で理路整然としている。『孫子』は平易な文体で短いが、『戦争論』はドイツ観念論の流れを汲んで難解な文体で、しかも長文である。内容的にも「戦わずして人の兵を屈する」ことを「善の善なるものなり」と述べる『孫子』と、決戦をもいとわない『戦争論』、情報重視の『孫子』と、「戦場の霧」のように情報軽視の『戦争論』、兵数の大小に関する記述の違いなど相違点が多々見られる。このため『孫子』と『戦争論』の整合性をどのように見ていくかが、研究者のみならず戦略を立案する人にとって懸案であった。

マイケル・ハンデルは『戦争の達人たち』の中で『孫子』と『戦争論』、それにジョミニの『戦争概論』の相違はおのおのの視点の位置の違いと見なしている。「孫子が主として、最も高い戦略レベルにおける戦争の追考に関心を示しているのに対して、クラウゼヴィッツは、より低いレベルの戦略／作戦的な戦闘に焦点を当てている」。『孫子』が外交戦略や政治的取引までも範疇に入れているのに対しクラウゼヴィッツは純粋に軍事問題に絞っている。『孫子』は国家レベル、政治指導の視点まで加味しているのに対し、『戦争論』はより戦場という現場での視点が中心となっている。

このハンデルの視点に対し、平清盛の「平治の乱」の鎮圧も『孫子』と『戦争論』の整合性をより具体的に現実世界で立証したものである。では「平治の乱」はどのような形で展開して鎮圧されたのだろうか。

平治元年（一一五九年）十二月九日、時の権力者・信西《しんぜい》入道に反感を抱いていた藤原信頼《のぶより》と源義朝は、信西と協調していた平清盛とその一族がわずかな人数で熊野詣でに出かけて平安京を留守にしている虚を衝いて、叛乱《はんらん》を開始する。

九日の夜、信頼と義朝その勢五〇〇余騎が三条烏丸にあった院の御所・三条殿を奇襲、御所に火を放ち、後白河上皇及び上皇の姉である上西門院を内裏の東側にある一本御書所《いっぽんのごしょどころ》に幽閉した。同じ頃、信西入道の宿所がある姉小路西洞院へ押し寄せて火を掛ける。十三日、信西は奈良（近江方面ともされる）への逃亡中に地中に潜伏している所を発見され首をはねられた。次いで内裏を占拠した信頼・義朝らは二条天皇を清涼殿の北側にある黒戸の御所に押し込める。そしてお手盛りの除目《じもく》を開始する。信頼は右近衛大将、義朝は播磨守になり、味方した貴族へも官位を濫発する。

熊野参詣の途上にあった清盛のもとに叛乱の報告が届いたのは乱勃発の翌日十日のことである。このあたりの詳細は『平治物語』と『愚管抄』で若干、差異はあるが、総勢は息子の重盛（いなかったという説もある）、基盛、宗盛などわずか一五人足らず、清盛はいったん西国に落ちて勢力の増大を図ることまで考えた。これは敵の勢力圏から離脱し、味方の勢力圏にて力を回復する方法である。しかし、清盛は在地武士の湯浅権守宗重《ゆあさごんのかみむねしげ》や熊野の別当湛快《たんかい》の援助で何とか兵を調える。

こうして清盛は最初に軍事力を確立した。

この段階での清盛の行動は、情報を収集し、可能な限り確実なデータに基づき、複数の目標（西国か平安京か）をもちながらもおのおのにリスク計算をし、最終的な方向性を己の軍事力と敵の軍事力の客観的な差により決定するものであった。ここで「可能性の技術」としての戦略は「ゲームの理論」的に形成されていることがわかる。そのうえで敵の待ちかまえる平安京に上洛する。これは『孫子』でいう兵を「死地」に入れたことになる。

平安京における平家（平氏の中の特定の一族なので平家という表現が正しい）の根拠地・六波羅《ろくはら》はなかば要塞化され、多くの郎党が住んでいた。ここに紀州と一部西国の兵を率いて清盛は戻ったのだから、クラウゼヴィッツが言う「決定的地点にできるだけ多くの軍隊を使用する」の観点から、清盛の平安京における優位は確立されている。さらに、戦略的に「決定的な地点に有利な戦闘力を巧みに投入する」「将士がかかる決定的地点を正しく判定する」ことが模索され出す。

軍事的に見て、反乱軍の失敗は迎撃もせず、伏兵も置かず、清盛を簡単に上洛させてしまったことにある。本来は平安京にあって六波羅をも監視下に置き、しかも内裏《だいり》を占拠している反乱軍は有利な形での迎撃が可能であった。信頼だけでなく義朝も軍事的に無能であることは、この一件からも判断できる。

反乱軍側が清盛の上洛に対して何の手も打たず、静観した背景にはもう一つの理由があった。

信頼は、政治的主導権確立のために河内源氏が唯一の武力の保持者になることを内心恐れ出していた。姻戚関係等もあった清盛が信頼に恭順するならば、むしろ清盛を生かして源平の勢力を拮抗させ、信頼自らはバランサーになろうと考え出したのである。逆に義朝は、自らが軍事力の唯一の保持者となるために清盛を完全に抹殺したかった。この叛乱側の不協和音は清盛に「時」を与えることになる。義朝は戦力増強もしていない。わずかに悪源太義平《よしひら》を呼び寄せただけである。これはまだ関東において義朝の勢力が小さかったからでもあるだろう。

クラウゼヴィッツは「防禦《ぼうぎょ》は、待ち受けと積極的行動という両《ふた》つの異質的な部分から成る」（『戦争論』中、岩波文庫）と指摘しているが、六波羅に入った清盛は、待ち受けでは完全に優位な状況に入った。段階は「防禦は攻撃よりも強力な戦争形式であり、その旨とするところは敵をいっそう確実に征服するところにある」に移行していく。

## ●政治的正統性を確立してから作戦戦略へ

清盛の平安京帰還の情報が伝わると、二条天皇の側近の中に信頼から離反する動きが見え始める。また、叛乱に不満を高めていた人達の中に清盛につこうとする動きが見え始める。清盛の上洛に最初に反応した内大臣藤原公教《きんのり》が藤原経宗《つねむね》・藤原惟方《これかた》ら二条側近派に近づき、信頼からの離反を勧める。政治的勝利の可能性を見てとった清盛は政治的正統性を確立し、叛乱軍に対して政治的に勝利した状態にすることを考える。

ここで諜報が事の正否を決定するほどの重要性を占めてくる。天皇奪還のために内通役となったのは、惟方の妻の兄弟である藤原尹明《ただあき》であった。『孫子』に言う「先知なる者は、鬼神に取る可《べ》からず、事に象《かたど》る可からず、度に験す可からず。必ず人に取りて、敵の情を知る者なり」で、清盛は確実な情報から次の一手を考えたのである。

清盛は信頼を油断させるために、従者であることを示す「名簿」を提出した。水面下での諜報とは裏腹に味方になることを示したのである。『孫子』は言う、「兵は詭道なり。故に能にして之に不能を示し、用いて之に用いざるを示す」「利にして之を誘い、乱して之を取る」「卑《ひ》うして之を驕らしむ」。これは他の多くの兵法書でも、「文伐十二節（武韜《ぶとう》『六韜《りくとう》』）」「剛は必ず辞を以て服す（図国《とこく》『呉子』）」と様々に強調されている。

清盛は藤原経宗・惟方と通じて天皇と中宮を内裏から脱出させることにしていた。二十五日夜、二条大宮に火を放ち注意を引き付けているうちに、経宗と惟方は後白河上皇と女装させた二条天皇を内裏から脱出させた。二条天皇は六波羅に迎えられ、後白河上皇は美福門院、上西門院とともに仁和寺《にんなじ》に入った。油断しきった不意を突くこの作戦は、『孫子』の「其の備え無きを攻め、其の意《おも》わざるに出づ。此兵家の勝にして、先ず伝う可からざるなり」と見ることができる。

天皇奪還の効果は限りないものがあった。戦略的に見ても「先ず其の愛する所を奪わば、則ち聴かん」で、敵を軍事的に操縦することが可能になる。この後の戦いはすべて清盛主導で遂行することが可能になった。心理的にも政治的にも清盛は「先に戦地に処《お》りて、敵を待つ者は佚《いっ》し、後れて戦地に処りて、戦いに趨《おもむ》く者は労す」立場を手にしたのである。叛乱側の最大の力の根源たる天皇奪還は「敵に取るの利は貨なり」であり、「戦わずして」政治的に勝利を最初に得たことになる。「敵に勝つ者は、形無きに勝つ。上戦は与《とも》に戦う無し」と『六韜』の「龍韜」でも述べられている。

しかし、この政治的正統性の確立のもたらした意味は、たとえ軍事的に敗北したとしても、政治的に勝利した立場を与え続けるほどに大きい。官軍の立場を奪い、叛乱側の「謀を伐《う》つ」ことにより、信頼も義朝も無目的なままにたんに追討を待つ身となってしまった。こうして清盛は、政治的に「勝兵は先ず勝ちて而《しか》る後に戦いを求め」の状態を確立した。あとは軍事的に敗北させるという仕上げである。とはいえ政治的視点では「すでに敗るる者に勝てばなり」の状態にあるから、どのみち敗北はない。今度は、有利な立場を利用してどれぐらい完璧に叛乱を鎮圧するかに清盛の手腕が発揮される番である。

ここから先が戦略分野の担当するところとなる。クラウゼヴィッツは極限点に至った段階で「攻撃者の蒙った一般的な損失に因る結果にすぎないにせよ——行動と会戦の決意とは、まさに防禦者の側にある」と述べているが、二条天皇の行幸こそが河内源氏軍にとっての政治的極限点であり、いまだ軍事的には防禦者であった清盛が攻勢に転じるタイミングでもあった。

信頼だけでなく河内源氏もまた朝敵となって意気消沈している。このまま放っておけば立ち枯れするだけであるため絶望がある段階に至ったときに考えが切り替わり、心機一転して逃亡して関東で再度叛乱を起こす可能性もある。関東は独立機運が高いから、関東の叛乱となると事は大規模になる。このため清盛は軍事的行動を起こし河内源氏を殲滅《せんめつ》する最高のタイミングを天皇を奪還されて士気低下したこの段階と踏んでいた。清盛が天皇の六波羅遷幸を平安京中に宣伝すると、関白基実《もとざね》以下、公卿のほとんどが六波羅に集まってくる。『平治物語』によると、清盛はこれを「家門の繁昌、弓箭《きゆうせん》の面目」と言って喜んだという。信頼と姻戚関係の基実も受け入れたことは清盛の度量の広さを物語る。

清盛は、圧倒的劣勢から始まって戦闘開始前に準備万端に整えた。『孫子』の「謀攻篇」で言う「勝を知るに五あり。以て戦う可きと、以て戦う可からざるとを知る者は勝つ。衆寡の用を識る者は勝つ。上下、欲を同じうする者は勝つ。虞《ぐ》を以て不虞を待つ者は勝つ。将、能にして、君、御《ぎよ》せざる者は勝つ。此の五者は、勝を知るの道なり」のすべてが整ったということである。清盛は軍事的な基本要素も整える。最終戦場として設定した六波羅の空間、その空間が矢合戦となると見なしての武装、兵数、その彼我の比較と計算をする。

清盛はこの段階ですでに河内源氏軍が得意なのが騎馬の突撃であることも考慮している。およそ五、六手ほど先を予測していた、といえるように思える。自己の利点と欠点、そして敵の利点と欠点を考慮する姿は「彼を知り己を知らば、百戦殆《あや》うからず」と「五事七計」がいかなる形で複合的に実践されるかを示している。つまり河内源氏軍の軍隊としての性格と、その指揮官である源義朝に対して「大凡《おおよそ》、戦の要は、必ずまづ其の将を占ひて、その才を察す（論将『呉子』）」をも行っていたのである。そして戦力など彼我との比較において勝利の可能性が最大限に高まった瞬間に清盛は決断する。

『平治物語』が華々しく描いている「平治の乱」で展開されている戦術面における個々の戦闘は一連の流れにそって行われる各種側面に対応したものであり、全体計画の中で位置づけられている。清盛においては戦略という計画も見事ながらも、個々の戦闘がどのような役割を担っているかの認識も見事であり、しかも個々の戦闘でも一切手抜きが見られない。つまり戦略家としても戦術家としても第一級であった。それは「勝兵は先ず勝ちて而る後に戦いを求め」に入ったことを意味する。

じつはこの戦略には、降りかかっていた難題への対処が含まれていた。平家（官軍）側は戦闘に際し、新造されたばかりの内裏の焼失を防ぐことを要求されたのである。「火攻」は最も簡単な戦い方であるが、それができない。戦闘開始前、双方の戦力は平氏三〇〇〇騎（内裏軍は待賢門《たいけんもん》＝一〇〇〇騎、郁芳門＝一〇〇〇騎、陽明門＝一〇〇〇騎？）、源氏二一〇〇騎と『平治物語』には記されている。

河内源氏軍にとっての利点は内裏に籠もっていることで、これが一種「籠城軍」の強みを有していたが、目的も目標もなくただ立て籠もっているだけで、実際はパニックのあまり何をしていいかもわからなくなっていた。

二十六日、信頼・義朝追討の宣旨《せんじ》に従い平家軍は内裏に籠もる信頼・義朝らの軍勢を討つべく進軍することになった。清盛自身は本営の六波羅にとどまり、総指揮をとることにする。練り上げた戦争計画に従い、全体の進捗状況を見極めながら指示を出すためである。討手（前線）の大将軍には重盛、頼盛、教盛が選ばれる。清盛の意図としては、戦争の全体計画を立てた上で前線司令官に大綱を理解させ、最終決戦地域をすでに想定して自らがその地にとどまり、最終決戦の準備をしていたのである。「戦いの地を知り戦いの日を知らば、則ち、千里にして会戦す可し」の最も適切な例といえる。

平家軍は六波羅を出撃、加茂川を馳せ渡り西の河原に控える。一方、内裏の河内源氏軍は待賢門、郁芳門《いくほうもん》、陽明門を固め、承明、建礼の脇の小門はともに開いて平家軍の攻撃に備えて待機している。

## 「半進半退する者は、誘うなり」

平家軍の進路は既存の文章からは不明であるが、『平治物語』には、「近衛、中御門、大炊《おおい》御門より大宮のおもてへうち出て、御所の陽明、待賢、郁芳門へをしよせたり」とあるから、直線的な進軍であった可能性が高い。これは「碁盤の目」状態の平安京の道路状況を考えれば、へたな小細工は無用と考えていたのであろう。最初は直進的にしておいて、後の軍の進退運動により罠をかけようというものであろう。すなわち「凡そ戦いは、正を以て合い、奇を以て勝つ」の一つの例であろう。

重盛は、五〇〇騎を大宮面に残して、五〇〇騎にて押し寄せ待賢門へ向かう。待賢門の守備は信頼であった。平頼盛は義朝の固める郁芳門へ押し寄せる。平教盛（経盛？）は源光保《みつやす》・光基《みつもと》らが守備する陽明門に向かった。平家軍の攻撃は一見すると数にまかせた単純な正面突破に見えるが、真の狙いは隠されている。

思慮の浅い悪源太義平は挑発に乗ってきた。軍記物語は義平の華々しい活躍を描写するが、じつは、義平は敗戦にのみ貢献している。重盛が待賢門を破ると、逃げ出した信頼に代わって悪源太義平が防戦、有名な大庭での騎馬戦が繰り広げられる。

『平治物語』では、平家軍は河内源氏軍に撃退されたことが強調されているが、河内源氏軍にとって最大の問題は戦いの末の目的が明確ではなかったことである。対して平家軍は、この小戦闘にさえ目的が明確であった。戦術的目的は戦略的目的に従属しながらはっきりと定められている。そのために攻めては引き、再び攻めてを繰り返していく。河内源氏軍は「半進半退する者は、誘うなり」と見破らなければならなかったのである。

待賢門攻略の平家軍指揮官・重盛は機を見計らって大幅に退き、義平は内裏を出て追撃を開始する。一方の頼盛も郁芳門から引いて義朝の軍勢を誘《おび》き出す。その間に平教盛の軍勢が陽明門に迫り、光保、光基は門の守りを放棄して寝返ってしまった。教盛は内裏に入り門を固めてしまう。

ここで平家軍は、偽装撤退を開始し、追撃というおいしい餌を示して「利して之を誘う」ことをしたのである。内裏は平家軍が占領という形になる。こうしてほとんど無傷で平家軍は内裏を手に入れた。この戦い方は前漢屈指の名将・韓信の「背水の陣」の戦い方に類似している。

内裏を占拠され帰るところをなくした河内源氏軍の目の前で平家軍は六波羅に向かってさらなる偽装撤退を開始する。平家軍は作戦の第二段階に移っていた。攻撃から撤退を装い、敵を攻撃的な意図の防禦に迎え入れようとしていた。防禦の形をとりながら攻勢を行うのである。つられて河内源氏軍は六波羅まで引き寄せられることになる。判断ミスによって防禦から撤退ではなく攻勢に転じてしまったのだ。

しかも義平は、平家軍撤退路に仕組まれた罠にまでかかった。平家軍は源頼政の陣所前をわざわざ通過する。兵庫頭源頼政は叛乱に加わりながらも戦いに加わらず三〇〇余騎にて六条河原に控えていた。天皇が奪還されたために形勢不利と見て戦いの成り行きを静観することにしたのであろう。頼政の中立に逆上した義平が頼政軍に向かって突入していく。

河内源氏と摂津源氏の死闘が繰り広げられ頼政軍は一時混乱して敗退したが、実際は義平にとっての「崩」そのものとなる。こうして本来は無用な戦いによる戦力消耗と疲弊、しかも新たなる敵を創出することになった。平家軍は河内源氏軍の戦力消耗とともに、頼政軍をして背後を遮断させる予備軍とすることに成功した。

明らかに『孫子』を熟知していたと思われる『平治物語』の作者は、「天の時は地の利に優る事は無い。地の利は人の和を超える事は無い」と述べる。この「人の和」を失った河内源氏軍に対し「地の利」を得た平家軍が待ちかまえる。「人を致して人に致されず」の典型である。クラウゼヴィッツもまた地形について数多く述べているが、軍事的天才の有する「地形感覚」に言及している。

それは「いかなる地形についても即座に正しく幾何学的要素を構想し、これに基づいて容易にその土地の様子に通じる能力」とされる。「陣地を占めている防禦軍が、攻撃者側における会戦の決意を待ち受けるばかりでなく、換言すれば攻撃者が我が方の陣地の前面に進出するのを待ち受けるばかりでなく、敵が実際に攻撃を仕掛けるのを待ち受ける」「防禦者が、攻撃者に加える抵抗を自国の内地に移すという方法である。この退却の目的は、攻撃者の戦闘力を次第に弱体化させて、彼が前進をみずから中止せざるを得ない時点を待ち受けるか、さもなければ彼が前進の頂点に達した際に、少なくとも防禦者の抵抗をもはや排除できないような時点で待ち受けるか」。

河内源氏軍を完全に殲滅するために、六波羅にて防禦という強力な形をとりながら「待ち受ける」。「防禦の目的に適うように築城された設堡陣地を以てすれば、いっそう強力な抵抗が可能であるし、そのうえ敵兵力がかかる抵抗に出合って半ば消耗すれば、防禦者はいっそう効力のある反撃を加えることができる」。クラウゼヴィッツの言うところの防禦の二要素、そして『李衛公問対』の「攻むるはこれ守るの機、守るはこれ攻むるの策、同じく勝に帰するのみ」、「攻守は一法なり。敵、我と分かれて二事となる。もし我が事得ば、即ち敵の事敗れ、敵の事得ば、即ち我が事敗れん。得失成敗、彼我の事分る。攻守は一のみ。一を得るものは百戦して百勝す。ゆえに曰く、彼を知り己を知れば百戦して殆《あや》うからずとは、それ一を知るの謂か」が想起される。

清盛は、河内源氏軍を六波羅内深く誘致する。なにも気が付かないままに河内源氏軍は六波羅に突入する。清盛は、要塞に立て籠もり上から矢を浴びせかける戦いにするつもりだったのである。河内源氏全軍に賀茂川を無事に渡らせ、六波羅まで招き入れた清盛は戦術レベルにおいて殲滅戦を指揮する。

辻塀に囲まれ、五条の橋を解体して造った防禦壁まで備えた狭隘地《きょうあいち》に入り込み、河内源氏軍は得意の騎馬の突撃力と機動力を完全に殺されたうえで、塀の上から一方的に矢を浴びせかけられる。平家軍にとって戦闘とは安全な場所から相手の頭の上に矢を射かけるだけのもの。あまりにも一方的な戦いとなった。クラウゼヴィッツは敵の完全な敗北につながる「勝利を得るには包囲攻撃か、或は変換した正面をもってする会戦が必要である」と述べている。

### ●逆転劇としても大成果

「平治の乱」は、日本の古戦史史上でも稀に見るほどの河内源氏軍大敗北で終わった。圧倒的に有利な状況に立ち、二二〇〇騎で始めた叛乱がわずかに二〇余騎に激減して敗残の源義朝はかろうじて戦場より逃げ出した。愚かな指揮官のもとにいる兵達の悲劇であり、ほぼ全滅に近い惨状である。

清盛は対抗軍事力をなくし、唯一の実効性を有する存在となる。これ以降、全国の兵権は平家が握り、全国の兵乱はすべて平家の手により鎮圧されることになる。清盛は個人的に武士を家人としたのみならず国衙《こくが》に組み込む形でも武士を組織化した。こうして天下における唯一の正統性と実効性をもった軍事力を確立したのである。政治から戦術まで、戦争におけるあらゆる面を一人の人間が計画し、指揮したもので、これほど完璧なものは他に見当たらない。

逆転劇としても、戦国史上最大といわれている北条氏康の「川越夜討ち」や永正の一向一揆を打ち破った朝倉宗滴《そうてき》ですらこれほどの兵力比を逆転したわけではない。十数騎で劇的な勝利を収めたのは尼子経久《つねひさ》の月山《がっさん》戸田城の奪取や竹中半兵衛の稲葉山城乗っ取りがあるが、清盛のように天下人となるほどの大成果ではなかった。

クラウゼヴィッツは「戦争は異なった手段で行う政治の延長」としたうえで「戦略は戦争計画を立案し、所定の目的に到着するための行動の系列をこの目標に結びつけるのである、則ち戦略は個々の戦役の計画を立て、またこの戦役において若干の戦闘を按排するのである」と見なしている。政治的勝利（天皇を奪還し）――戦略的勝利（内裏より敵を六波羅にまで誘き出し）――戦術的勝利（六波羅で殲滅）――勝利の活用法（唯一無比の軍事権掌握）という流れができあがっているが、これはそのまま清盛のとった手順である。

それは同時に『孫子』にある通り「不敗の地に立ちて（伊勢国・伊賀国を抑え六波羅に入る）」、「詭道（名簿を提出し）」を仕掛け、「敵の敗を失わざるなり（天皇を奪還し）」、『孫子』「謀攻篇」にある通りに「上兵は謀《ぼう》を伐《う》つ（天皇を奪還して戦争目的を失わせる）」「その次は交を伐つ（二条天皇派、頼政を離反させ）」「その次は兵を伐つ（六波羅での殲滅戦）」、「城を伐つ（内裏を攻略）」が並ぶ。前後するところはあっても、大方の流れは「上兵は謀を伐つ」「その次は交を伐つ」「その次は兵を伐つ」「城を伐つ」にもなっていて、『戦争論』と『孫子』が論理構成上は等しいことを示している。

しかも、平治の乱鎮圧の各局面は『戦争論』と『孫子』の文言でちりばめられている。そして「政治の延長」として政治目的を達するために行われた戦闘は「費留」とはならずに、成果を最大限に活用させた。平清盛こそはその前後数世紀の誰よりも偉大な政治家であり、戦略家であったのだ。

このときの清盛に比べれば、他の名将達も見劣りは避けられない。巨大な戦いの中において、全体計画の正しさと、その中での役割を正しく遂行した人物として、革命戦略の中での楠木正成の例が挙げられる。しかし正成でさえも小粒に見えるほど、清盛は偉大な存在であった。

# 第二章

# 平家都落ちに見る戦略的成功——撤退の意義

## ●撤退はあらゆる軍事行動の中で最も困難

軍が進撃するときに、敵は幾多の罠を仕掛ける可能性もあるから対策は講じておかなければならない。どのように攻めたら効果的なのかも考える必要がある。このように進撃時の注意というものは「戦略論」にもよく登場するが、撤退について書かれた内容は少ない。

考えてみれば、「勝利の法則」を追求しようというのに、負けて逃げ出すことを前提にした内容が、あまり登場しないのは当然かもしれない。撤退は必ずしもすべてが敗退ではないが、不利を感じてであることが多い。敗軍を考えるよりは、勝利する軍隊を考えるほうが建設的であるし、不利にならないように行動する指針が戦略である。

しかし撤退こそは、あらゆる軍事行動の中で最も困難がつきまとうことである。敗退のように負け戦で引き揚げるとなれば、敵からただただ追われて討ち取られるばかり。不利を打開するための行動も、基本は不利な状態から始まっているのだから相手が有利であることには変わらない。たとえ負け戦でなくても、戦場では何が起こるかわからない。いわゆる不測の事態が起きないなどとは断言できないのである。拡大するのは勢いに乗っていれば楽であるが、そのときにおいてさえも、つまずきへの対処を危機管理上、考慮していなければならないのである。

勝つことよりも負けないことを主眼とした武将には、意外と撤退例は少ない。最初から守勢に入っている傾向が強いから、撤退せざるを得ないほど進まないのである。両上杉軍を「川越夜討ち」で破り、関東全域に拡大しようとしていた北条氏康は、北方から上杉謙信の南下が伝えられるや否や、すみやかに小田原城に撤退した。勢いに乗って戦おうとは考えないからである。撤退はしたが、敗退ではないから氏康は十分に籠城態勢を準備することができた。

慎重で用心深い武田信玄は七分勝ちという言葉を残し、勝利しても進撃を途中でやめることを繰り返した。しかし、信玄の場合には、負け戦の時ほど戦場にとどまろうとする傾向が見られている。無敵武田軍のイメージを維持するために「芝を踏む」ことにこだわったからだが、この点は評価が分かれるだろう。

北条氏康や武田信玄のように、勝利することを望むよりも、負けることを恐れる司令官であるなら危惧は少ない。それでも氏康や信玄でさえも進撃するということは、勢いに乗って進むことや、敵を攻略する積極策として現れることが多いのだから、その段階で撤退を考えることが稀なのは必然的である。

撤退時は、進撃よりもはるかに多くの罠が仕掛けられている。進撃時に仕掛けられているのが、油断に乗じる方法、あるいは油断を誘う方法とすれば、撤退時は、「撤退」そのものが危険性に満ちているのである。敵にすれば「追撃」ほど楽で成果を収められることはない。追撃の勢いにまかせて、一気に根拠地まで攻め込むことも可能である。予想帰路に伏兵などをしのばせて全滅に追い込むこともあるだろう。

かといって状況から見て、撤退をしないことは、さらに危険な状態、戦場における「全滅」を引き起こすことがある。見切りの撤退は大切なことである。それは軍隊の温存だけではなく、精神的にも影響を及ぼしているからである。『軍隊と革命の技術』（岩波書店）を著したキャスリン・コーリーは、敗軍を戦場にとどめる危険性を指摘する。負け癖のついた軍隊ほど始末に負えないものはない。逆に、敵にすれば、こんな相手を打ち破るのは簡単であると、自信満々で臨んでくるだろう。

戦史の世界においても、成功した撤退は少ない。そもそもが、撤退せざるを得ないのが「失敗」であることが多いのだが、失敗は加速する傾向がある。「負けて退却する」ことを想定して行動する司令官がいたとすれば、よほど用心深いか消極的か、いずれかであろう。皆、考えることは勝利することであり、策定した戦略がうまくいかないという前提で思考を凝らすよりは、いかにその戦略をうまく立てるかを考えるはずである。

## ●撤退と商売

では、撤退をうまく行うにはどうしたらいいのであろうか？　撤退についての金言を述べているのは毛沢東である。「戦争というものは商売と同じで、元手を失うと思ったら、面子《めんつ》になどこだわらず、さっさと引き揚げるべきである」。元手を維持できれば、次の商売のチャンスもある。

これは戦争についても当てはまることである。つまり戦局を分析し、政治的判断で戦力の損失を避けることこそが撤退の意義であり、早めに決断すれば打撃も危険も少なく、遅れれば全滅の可能性すら出てくる。大切なのは反撃の切り札であり抵抗の要ともなる軍隊を温存できるかということである。そして可能ならば戦っても有利な態勢にもっていくことである。毛沢東などは、逃げ回っていれば追い掛けている敵にも乱れが出てくるからその弱いところを攻めればよい、とまで言っている。

ロシアに侵攻したナポレオン・ボナパルトに対してロシア軍の司令官クトウゾフ将軍はひたすら撤退し、最終的には帝都モスクワも放棄した。モスクワ放棄の決断は相当につらいもので、決定した晩にクトウゾフは何度も激しく慟哭したという。愛するモスクワを犠牲にしてまで守りたかったのはロシア軍であった。モスクワ防衛のために虎の子のロシア軍を失えば、あとは侵略者のなすがままとなる。結局、維持されたロシア軍は冬将軍とともに反撃してナポレオンを追い払う。

しかし多くの場合にはクトウゾフのような判断はできない。なんとか国境線で敵を食い止めようとする。四方を海で囲まれた英国をうらやみフランスが国境上に築いたマジノ線をはじめとして、多くの要塞線が国境防衛のはかない願望のもとに築かれていく。日本でもマジノ線と類似した発想はあった。

文治五年（一一八九年）、源頼朝は大規模な奥州藤原氏征伐の軍を起こす。この「奥入」（「奥入り」「奥州追討」「奥州合戦」「奥州征伐」とも呼ばれる）には『吾妻鏡《あずまかがみ》』によれば、二八万四〇〇〇騎が動員されたという。

奥州藤原氏の当主・泰衡《やすひら》は先代の秀衡《ひでひら》同様に奥羽が外部に対して独立勢力として存在できるような幻想があった。そこで平泉よりもかなり南にあった阿津賀志山《あつかしやま》とそれに連なる山々に重点的に兵力の配置を行い、日本海側では念珠関に重点を置いた配置とし、刈田郡四方坂に予備軍を配置、および名取・広瀬川には大縄を引いて柵《さく》をつくり、予備軍を配置した。栗原、三迫、黒岩口には城塞が築かれ、一野辺付近には若九郎太夫と余平六巳下郎従に数千の兵を預けておいた。さらに多賀城周辺、追川丘陵地帯、玉造柵、平泉には小拠点が築かれ、ゲリラ線に備えていた。

防衛の重点は最前線の防衛網である。とくに伊達と刈田郡の間の阿津賀志山の前面には防塁が四重に設けられて要塞化されていた。防塁の最大のものは阿津賀志山の前面の厚樫山から阿武隈川に至る三キロメートルの阿津賀志山防塁であるが、さらにそれを突破した場合に備え大木戸防塁、貝田防塁、越河防塁と第二、第三、第四の防塁を造り一種の要塞線となっていた。阿津賀志山防塁は二重の堀と三重の土塁によりなり、堀幅五丈、逢隅川の水を引いていた。兵力も二万人と称される最大のものを配置していた。山内三〇里に軍兵が充満し、突撃用の騎兵も七〇〇〇騎いたとされる。大将は西木戸太郎国衡《くにひら》、副将は金剛別当秀綱とその子秀方とした。

もし泰衡がこうした要塞線で国境近くの水際防衛ができると判断したら、それは落ちてきた巨岩を薄い膜で受け止めようとしているのに等しい。三方面から侵入を開始した頼朝の軍によって縦深《じゅうしん》突破されて一気に平泉は陥落する。

軍を後方に撤退させ、北の最果てに強大な城塞を築いて籠城していれば「前九年の役」「後三年の役」程度の抵抗は可能であったし、それこそ撤退する相手を追撃すれば一気に関東に攻め込むことも可能だったかもしれない。泰衡に必要だったのは、クトウゾフ同様に平泉を捨てても軍を温存するための撤退の発想だった。

このように撤退についての多くは、戦場で指揮する司令官の判断もさることながら、一段上の政治的指導者の決断も正否を分かつものとなる。現場の指揮官は正しい判断をしていても、戦争目的から戦争を指導する政治家が、前線を無視することをしがちであることは、ヒトラーとスターリングラード攻防の問題からもわかる。シビリアン・コントロールとの関係で捉えると、成功した撤退の中には、大局的見地での判断、戦略的判断と政治的判断が見られることが多いことに気がつく。

戦略的判断での撤退が、最も大きな成功に結びついたのが、寿永二年（一一八三年）の平家都落ちである。

## ●平家都落ち——西国の海に入りシーパワーを結集

平安時代の終わり、我が世の春を謳歌していた平家も、相次ぐ河内源氏の反乱、指導者・平清盛の死、旧権力との対立と、栄華に陰りがさし込んでいく。そして反乱鎮圧の最中、寿永二年五月十一日（一一八三年六月二日）に、越中国と加賀国の国境にある砺波山《となみ》の倶利伽羅峠《くりからとうげ》で木曽義仲と大規模な会戦を行った。この「倶利伽羅峠の合戦」で木曽義仲に敗北した平家は、単に北陸での地盤を失っただけではない。「墨俣《すのまた》合戦」で勝利して進撃していた東海道からも撤退を余儀なくされる。北陸は木曽義仲の勢力圏に組み込まれた。なによりもの痛手は、近畿地方で培った兵力のほとんどを失ってしまったことである。破竹の進撃で義仲は南下し、平安京に入ろうとして叡山に入る。

清盛亡き後、実質的な平家の軍事司令官は平知盛《とももり》であった。平家の残存兵力は七〇〇〇人にも満たない。当初、知盛はそれを用兵によって挽回しようと考えた。他の方面はとりあえず捨て、全力をもって義仲を討ち、しかるのちに他方面を制圧しようとする。すなわち多正面作戦を一正面の連続で切り抜け、しかも最も強力な敵から倒そうとしたのだ。義仲さえ倒せば、義仲と連合を組んでいた残りの河内源氏は吹き飛んでしまう。

そこで平資盛・肥後守平貞能に千人の兵をつけて宇治田原方面に出撃させ、義仲の腹背を突き、自らは重衡・頼盛らとともに勢多川にて迎撃するという策を立てた。これは天然の堀ともいうべき河川で正面の突撃を緩和しながら注意を正面に集中させておいて、鋭角的に側面・後方をつくというものであって、この場合にとり得る策としてはかなり優れたものであるが、奇襲や強襲ではなく正面きっての戦術的用兵による対応であった。

しかし五万人という巨大な義仲軍の兵力を考えると、義仲そのものの討ち取りに失敗すれば、たとえ一度は撃破しても、木曽義仲軍は一次的に後退するだけで、再び舞い戻り、兵力の少ない平家軍は「ヒュロスの勝利」さながらに最終的に敗れてしまう。そこで大きな方向転換がとられ、平家は住み慣れた平安京を捨てることにした。

「昨日は東関の麓にくつばみをならべて十万余騎、今日は西海の浪にともづなをといて七千余人、雲海沈々として、青天既に暮れなんとす。孤島に夕霧隔て、月海上に浮べり、極浦の浪を分け、塩に引かれて行船は、半天の雲さかのぼる。日数歴れば、都は既に山川程を隔て、雲井の余所にぞ成る。遥々来ぬと思ふにも、唯尽ぬ者は涙なり。浪の上に白き鳥のむれいるを見給ひては、彼ならん、在原のなにがしの隅田川にて言問ひけん、名もむつまじき都鳥にやと哀也。寿永二年七月二十五日に、平家都を落果ぬ」

『平家物語』語るところの名文である。「壇ノ浦」と並んで、最ももの悲しい都落ちの場面。平安京を追われた平家は落人として追捕されて、運命をすぐに終える感覚に囚われる。ところが都落ち後、二年間近く平家は西海の一大勢力として存在し、一時は平安京奪還の動きまで見せるのだ。成功の要因は、あまり知られていないことだが、都落ちが冷静に計算された戦略的撤退であったからである。

そもそも、都落ちを示唆したのが亡き大相国《だいしょうこく》平清盛である。清盛は「平治の乱」の初期段階で、讃岐国か筑紫に落ち延びることを検討している。

守るに適していない平安京を捨て、平家の力の根源たる西国の海に入りシーパワーを結集して勢力を回復し、逆に政治的都市平安京に駐屯して力を枯渇させた敵を打倒する、というものだ。まだ勃興して間もない頃より、西国に対しては十分に平家の勢力を扶植してあった。陸軍と異なって海軍は技術が必要なうえ、船という資本も必要であった。当初より平家が多数の艦船と水夫を擁していたことは盛時の清盛の偉大さでもある。都落ちの段階で平家は海軍として出発できたのだ。

平家だけではない。のちに足利尊氏も、平安京を捨てて九州まで落ち延びることによって復活している。戦国の世にあって織田信長上洛の報に接し、平安京の支配者であった三好氏は四国・阿波に逃れていく。当時の三好氏の勢力はさして強力ではなかったが、それでも四国における勢力を維持し信長に抵抗し続けることが可能であった。

逆に平安京防衛を図った勢力、たとえば「承久《じょうきゅう》の変」での後鳥羽上皇は瀬田の戦いに敗れてあっけなく敗退している。うまく平安京を防衛した例としては、足利尊氏の上洛軍を撃破した後醍醐天皇軍が挙げられるが、これは尊氏のさらに背後から登場した北畠顕家《あきいえ》の奥羽の軍の存在があったからである。

平知盛は、守るに不適な平安京で、負け癖のついた少数の兵で対抗する愚を悟り、平安京という象徴的都市よりも、兵力そのものの温存を重視したのである。軍隊が自信を喪失した段階においては、逃亡と裏切りが続出して自然崩壊する可能性がある。政治的都市平安京にとどまることは、まさに平家「軍」崩壊の危機に直面するともいえる事態となる。これを避けたのである。

平家の地盤である西国に入った時、日本史上唯一ともいうべきマハン型海軍戦略が展開される。日本最高といっても過言ではない海軍戦略家・知盛の指揮下、屋島や彦島といった海軍戦略の拠点を手に入れ海軍で戦う態勢を整え、平家は雄々しくも復活し、ついには「水島合戦」で義仲を破り、さらに「室山合戦」で新宮十郎行家を破っていく。こうした戦略的成功事例と他の撤退事例を比較すると、どのような差異があるのだろうか。

## ● 金ヶ崎の退《の》き口――信長は「袋のネズミ」状態となった

「成功」とはいっても、損害を最小にとどめた撤退が、織田信長の「金ヶ崎の退き口」である。信長の生涯で、最大の失敗ともいうべき戦いの帰結であった。

永禄十二年（一五七〇年）四月二十日、織田信長は、徳川家康、池田勝正、松永久秀ら配下の諸

侯三万の軍を率いて北陸へ向かった。信長の命に従わぬ、越前国・朝倉氏と若狭国・武田氏を攻めるためである。とくに朝倉氏の当主・義景《よしかげ》は、かつて自分の庇護《ひご》のもとにいた足利義昭を奉じて信長が上洛したのを快く思わず、また以前から信長を成り上がり者とさげすむ傾向があったが、さらに信長との対立を深めた義昭からも、密かに信長を討つように指示されていたため、前年に出された信長からの上洛の催促を無視していた。この信長の上洛命令は、名目的には将軍・足利義昭よりの命という形をとっていたため、信長に朝倉攻めの口実を与えるものとなった。さらに直接的には信長と義景との間に、敦賀郡金ヶ崎城をめぐる攻防があった。両者の間で、取る取られるの攻防があり、信長の越前攻めの段階では、朝倉氏が領有していた。

四月二十五日、信長軍は朝倉側の手筒山城を攻撃、二十六日には朝倉景恒《かげつね》が籠もる金ヶ崎城を陥落させた。朝倉軍は敦賀郡の放棄を決意し、防禦に向いた地形である木ノ芽峠一帯での防衛態勢を整えた。石高を兵力比と見なせば、信長の領土が二四〇万石、さらにその同盟勢力が加わっているのに対して、朝倉氏は八七万石と格段の差がついていたため、朝倉軍としては、前面に出ての合戦は不利とみたためである。信長軍は風評で一〇万人ともされる大軍であることに加えて『孫子』の言う「勢」の利用もあって、破竹の進撃を続ける。

だがここで、信長の義弟で同盟関係にもあった北近江国の浅井《あざい》長政が朝倉側について参戦する。長政は海津に出て疋田方面から織田軍の背後を塞ごうとした。このため信長軍は越前と北近江からの挟撃状態に置かれたのである。

通説によれば、朝倉氏との同盟関係と過去の恩義から父・浅井久政らが朝倉側にたっての参戦を強固に主張、妻・お市（信長の妹）を愛する浅井長政は苦境に立ったが、結局は久政らに押し切られたという。もともと信長は、浅井氏にことわりもなく朝倉氏を攻めないという約束を結んでいたのに、それを破ったため浅井氏側が激怒したとされるが、信長にすれば知らせれば、かえって長政は苦境に立つだろうと考え、あえて知らせないという配慮をしたとも考えられる。そのために進路も若狭国経由としたのだろうが、日本海と琵琶湖に挟まれた地形の敦賀に大軍を率いているために、まさに信長は「袋のネズミ」状態となった。『朝倉記』によれば、松永久秀が浅井氏の動きに気づいたとされているし、お市の方が両端を紐で結んだ小豆袋を信長に送り、長政の裏切りを知らせたという話も伝わっているが、『信長公記』にはいずれも掲載されていない。

腹背に敵を受けた信長には、いくつかの選択肢があった。信長軍は大軍であり、戦術的には内戦の利を占めているが、狭い地形に閉じこめられた形となっている。軍事的天才ならば、目の前の朝倉軍を全力で撃破し、返す刀で浅井氏を叩き潰すという方法もあった。逆に、朝倉軍に押さえの一隊を置き、全力で浅井軍を叩き潰し、反転して朝倉軍を倒すこともできた。

上杉謙信は「川中島第四回戦」で妻女山に向かった別働隊が到着する前に八幡平の武田信玄本隊を破り、武田信玄は「三増峠合戦」で北条氏康の部隊が到着する前に北条氏照や北条氏邦の部隊を破った。どちらも素早い機動と前面の敵を撃破できる戦術がなくては成り立たないものだ。時間的には半日の猶予もなかったが、軍事的天才ならば「金ケ崎」以上のきわどさも勝利に変えることが可能であった。

しかし、信長は異なっていた。朝倉軍は信長との決戦を求めて前面に出るということはせず、木ノ芽峠一帯で防禦態勢をとっているため、容易に突破はできない。さらに後方に下がって一乗谷城に籠もられれば、身動きがとれないまま浅井軍との挟撃に遭う。同様に小谷城に浅井軍が籠もってしまえば、今度は城に釘付けの状態で朝倉軍の追撃を受けることとなる。よほどの軍事的天才でなければ、戦略や戦術での打開は不可能であった。

信長の決断は明確で、「逃げる」つまり撤退であった。それも、自分さえ無事でいれば軍隊の再建はたやすいと見なして、はたから見れば、身一つで逃げ出すにも等しい逃亡を開始した。大将がわずかな供回りのみを連れて真っ先に逃げ出したのである。残された織田軍はあわてて撤退を開始した。他の武将が行ったなら、憶病で恥知らずとののしられるかもしれないが、織田軍の損失が予想外に少なかったことから、この撤退は成功例として知られるようになる。これが、「金ケ崎の退き口」である。

『信長公記』によれば、金ケ崎城に木下藤吉郎（のちの豊臣秀吉）を残し、湖北に広がる浅井氏の勢力圏ギリギリの朽木谷を越えて京都をめざす。『朝倉記』によれば、松永久秀の働きで、近江豪族・

朽木元綱《くつきもとつな》が味方したとされている。三十日に京都に到着した。『継芥記《けいかいき》』によれば、供はわずか一〇人程度であったという。二十八日、敦賀に朝倉義景率いる二万人が到着したが、信長は逃亡し、織田軍もかなりが撤退していたため、戦果は追撃戦でわずかに一三〇〇人程度を討ち取っただけにとどまった。

決断力に富んだ果断な革命家でありながらも、軍事的には凡庸な信長は、もてる兵力による戦略的対応やその場における戦術的対応はできなかったが、相手よりも有利な状況、すなわち大軍を集めるまで待つことができる人物であった。己の欠点を知り抜いていたといっていい。だからこそ不利と見なせば戦いを避けるという賢明さをもち合わせていたのである。

のちに、豊臣秀吉が諸侯に対し、信長が率いる五〇〇〇人と、蒲生氏郷が率いる一万人が戦ったら、どちらが勝つかと問いかけたことがあるという。氏郷は勇敢な武人であり名将との誉れも高かった。しかも兵数は倍ある。ところが秀吉自身の答えは、信長が勝つというものであった。蒲生軍から兜首が五つ上がったら氏郷の首が入っているが、たとえ信長軍の首級が四九〇〇個上がっても、その中に信長は入っていないだろう。そして大将が生き残ってさえいけば再起は可能になるというのである。この信長が、自分の得意とする政治分野の過失で「本能寺の変」に出合ったことは、進撃時の油断とはいかなるものかを象徴している。

## ●追撃戦は最も楽な戦いである

知盛の撤退が戦略的判断、信長の撤退が政治的判断だとすれば、同じ成功例としても直江兼続《かねつぐ》の長谷堂城からの撤退は、態勢立て直しというよりも、まさに敗戦の連鎖を止めた戦いであった。「関ヶ原合戦」の最中、最上義光を攻めていた兼続は、大軍を擁していたにもかかわらず手こずり、長谷堂城と上山城では大敗北を喫する。とくに長谷堂城攻めは、兼続自らが率いる上杉軍本隊が一万八〇〇〇人という兵力を擁して力攻めを行いながら、一〇〇〇人の守備兵に阻まれ、多数の被害を出しているのだから、現場で指揮する戦術家としては、かなり疑問符がつく。そこへ「関ヶ原合戦」での西軍の敗退の知らせが届けられた。兼続は、目の前の戦闘だけでなく、大局的に見ても勝利の可能性がなくなったことを理解し、自害することを考えたという。しかし、前田慶次郎らの進言もあり、撤退を決意する。

追撃戦は、最も楽な戦いである。最上軍と、最上側に与《くみ》した伊達政宗軍は、上杉軍を追撃したが、鉄砲隊の一斉射撃という反撃を受ける。この撤退作戦は、鉄砲隊の一斉射撃で追撃軍がひるんだ隙に進み、さらに追撃してくると一斉射撃を行うというもので、戦略というよりも戦術的に見事なものであった。それでも損害は大きく、須川の激戦では、上杉側の記録では最上方二一〇〇人、最上側の記録では自軍六二三人、上杉方一五八〇人の死者が出たとされている。この撤退はたしかに軍事行動の中では最も困難なものとされ、それを見事に演じた兼続の評価は高まったのだが、戦略として見るべきものは少ない。

敵に背を向けるということでは同じであっても敗走と撤退とは異なるし、撤退も予期せぬ事態への対応とあらかじめ準備していた撤退では違う。さらに、本格的な名将には撤退をあたかも敗退のように偽装することもある。これは、弘治三年（一五五七年）川中島第三回戦で上杉謙信が見せている。

弘治三年、四月十八日に信越国境を越えた謙信は武田方の山田城や福島城を落城させて南下する。四月二十一日に善光寺に着陣、二十五日には朝日山城を再興して陣所とする。五月に入って謙信は信玄との決戦を求めてさらに積極的に活動するが、それは凄まじい心理戦となった。過去の一連の経過から信玄を打倒しないかぎり川中島地方の回復はままならない、と謙信は判断している。

謙信は陣所・善光寺から一気に飯山に後退した。信玄を善光寺平にまで誘き出そうと考えたのである。しかし慎重このうえない信玄は上野から信濃に入りながらも、遠くから謙信の行動を静観する姿勢を見せた。この時謙信は信玄に決戦を強要するために、再び南下し武田領深く坂木・岩鼻付近まで進み、武田軍の一部を撃破した。

信玄は川中島での正面衝突を避け、七月に部下の山県昌景《やまがたまさかげ》を北安曇に派遣する。謙信の春日山城まで七〇キロ程度の距離である。この時、上杉方の小谷《おだに》城が攻略された。謙信は多方面からの信玄の攻勢にさらされ、春日山城防衛の危機が迫っているように見え始める。信玄が提示した駆け引きである。

しかし謙信は信玄の意図を逆手にとる。謙信は八月に入って一気に偽装退却を行う。春日山城が危ないから撤退するように見せかけたのである。「追撃戦」という「おいしい戦い」を信玄に見せたのである。謙信の意図は思い切って武田領に侵攻し、信玄が出てきたところで一転撤退し、追撃してきたら反転して迎撃する、というものであった。そして追撃してくる信玄を八月二十九日、上野原で迎え撃った。『孫子』「軍争篇」には「いつわり北《に》ぐるに従うなかれ」とあるが、それを熟知している信玄でさえも乗ってくるほどに偽装が戦略レベルで仕組まれていたのである。

この「上野原の戦」は相当な激戦ながら、勝敗がつかずに双方兵を引いたとされているが、感状は謙信が発給したもの三点しか見当たらず、信玄は感状を発給していない。最近の研究では感状の発給が合戦の有利不利を表すとされている。たとえば天文二十四年（弘治元年、一五五五年）の長期対陣中に行われたらしい戦闘では信玄の感状の発給数のほうが多いので、少なくとも「存在したらしい小戦闘」では武田方が有利だったのではないか、と仮定されていたりする。その視点で言えば「上野原の戦」は謙信が有利ないし勝利したようである。

謙信は武田領内での諸城を攻略し、敵領内奥深く侵攻したうえ、最後には信玄に決戦を強要し、しかも勝利するという成果を収めたことになる。しかし、信玄もまた謙信を自領から撤退させているだけでなく、糸魚川沿いの小谷城を陥落させて領土を拡大しているのだから、双方が目的を達成するという形になったのである。名将同士の戦いは、かくもすさまじくも見事なものになるのである。

## 潰された楠木正成の良策

クラウゼヴィッツの言葉を借りれば「可能的戦闘」で、実現したら勝利に結び付いたかもしれない撤退もある。建武三年（延元元年、一三三六年）に楠木正成が行った献策である。大軍を率いて九州から上洛しようという足利尊氏に対し、少数で大軍を迎え撃つならば正面衝突は危険であるから野戦は避けるべきだが、同時に平安京は守るに適しない政治的都市である。

そこで正成は、後醍醐天皇を比叡山に避難させ、足利軍を平安京に入れてしまおうと考えたのである。新田義貞も叡山に入り、ここを防衛拠点とする。大軍を有した叡山はめったなことでは落ちない。正成は河内国に戻り、近畿一帯の勢力で淀の川尻を塞ぐ。足利軍が衰弱してくれば、後醍醐天皇側に加わる兵も増えてくるはずである。彼我の力の差を比較し、時がきたらば叡山と河内国から挟撃することで足利軍は倒せるはずである、と正成は述べたことになっている。

政治的都市である平安京は守るに適さず、逆に攻撃を受けやすい形をしている。そもそも食料の調達さえままならない。遠く木曽義仲が平安京に大軍を駐屯させていただけで兵力を減少させせてしまった例がある。叡山と淀川で食料が遮断されれば、足利軍は大軍であること自体が不利になる。

平安京が防衛に適さぬことは、後醍醐天皇軍も足利軍もともに経験済みのはずであった。叡山と河内国に敵がいる状態で足利軍が平安京に入ることになれば、袋のネズミ状態になるともいえる。持久戦となるかもしれないが、後醍醐天皇軍にとって勝利は確実にやってくるはずであったから、叡山に籠もった後醍醐天皇軍はひたすら防備を固めていればいい。まさに『孫子』「形篇」に曰く、「昔の善く戦う者は、先ず勝つべからざるをなして、以て敵の勝つべきを待つ。勝つべからざるは己に在るも、勝つべきは敵に在り」である。

おそらく正成の策を実施したら後醍醐天皇側は勝利しただろう。それを潰してしまったのが後醍醐天皇の側近の一人、坊門清忠である。聖戦論を強固に主張し、結局は正成は兵庫に向かうこととなる。それが「湊川合戦」の悲劇につながったのである。

第三章

# 「一ノ谷合戦」「屋島合戦」と「桶狭間合戦」——迂回と奇襲

## ●「一ノ谷合戦」――低レベルの愚将だった源義経

迂回して敵の側面や後方を奇襲するという戦い方は、名作戦と呼ばれるものの常道である。じつは「迂回して奇襲」という考え方は、ある合戦の両軍の図を示して、学生などに「君ならどう戦う」と聞くと最も多く出てくる解答であり、戦史などに関心を懐《いだ》く人なら誰もが思いつく程度のことである。ということは、実戦において一方が「迂回して奇襲」を考えついても、相手が予想していることが多く、失敗の確率がかなり高いことになるのである。戦略理論家もこれについては様々に論評している。

クラウゼヴィッツは奇襲そのものに懐疑的であるが、リデルハートは「奇襲」「迂回」を推奨しながらも、それが必ずしも「間接的アプローチ」になるわけではないと指摘し、『孫子』は「迂直の計」ということで「迂を以って直と為し、患を以て利と為すにあり」と述べ、その解説ということで曹操は『魏武註孫子』の中で「示すに遠きを以てし、その道里を速くして、敵に先んじて至るなり」と述べている。

「迂回して奇襲」そのものは誰もが考えつく凡庸な作戦だが、「迂回」「奇襲」を敵に悟られないように行うことは名将の仕事である。そもそも「迂回」するのは、こちらの動きがわからないようにするために大回りすることであり、「奇襲」は相手が予期しないときに行うから効果がある。この本質的な意義から考えると古戦史では誤解多き議論が横行していることに気が付く。たとえば永禄四年（一五六一年）の川中島合戦で武田信玄は、別働隊を組織し、霧の中を「迂回」させたとされるが、霧の中を進むなら上杉謙信はその行軍が見えないのだから、迂回する必要などない。

しかしステレオタイプ的に「迂回して奇襲」が名作戦と考えてしまうことから、「迂回して奇襲」を行った人物への誤った評価も横行する。このために愚将が名将と見なされ、愚策が賢策と見なされることがある。その最たる例が源義経と彼の戦い方の例である。義経こそは「名将と見なされた愚将」の最大の存在といえる。そして、誤解が横行している最も顕著な例でもある。義経が行った三大合戦を、世上の評価とは無関係に白紙の状態から分析すれば、愚策とさえ呼べぬ低級なレベルに落ち着くはずだ。その中でも、「迂回して奇襲」の典型例とされるのが「一ノ谷合戦」である。

義経が、歴史の表舞台に登場するのは、頼朝の命によって、木曽義仲討伐のために上洛するところからである。寿永三年一月二十日、「宇治川の合戦」で木曽義仲は敗れている。これを義経の名作戦によるものと言う人もいるが、義仲が平安京を守ろうとした失策もさることながら、そもそも兵力差がありすぎた戦いで、勝敗ははじめから見えていた。こうした河内源氏同士の内紛が行われている頃、都落ちののち、西国で勢力を回復した平家は、東進し続け、寿永三年一月に摂津国・大輪田泊にまで進出していた。五畿内のうちにまで入ったのであるから、上洛は時間の問題である。

これに対して二月四日、河内源氏軍は平家攻撃日時を七日と設定した。兵力は、『吾妻鏡』や『平家物語』では大手軍五万六〇〇〇余騎を範頼《のりより》が、搦手《からめて》軍二万騎を義経が率いたことになっているが、『玉葉』では一〇〇〇～二〇〇〇騎程度としており、おそらくは『玉葉』の記述のほうが的を射ていると思われる。対する平家軍は数万とされているから、当たり前の方法では勝利は不可能である。「奇襲」を好む河内源氏に対し、平家が得意なのは包囲戦である。このときにも河内源氏軍は包囲戦に遭う可能性が高かった。

河内源氏軍は、平安京を出発して、平家が陣を置いた福原を攻撃することにする。義経は、丹波路を進み、播磨国・三草山で資盛、有盛らの陣に夜襲を仕掛けて破り、資盛、有盛らを土肥実《さね》平《ひら》に追撃させて山道を進撃した。『平家物語』では、大軍で夜襲をかけたという不可解な記述となっているし、また三草山の敗戦を一ノ谷の平家軍が知っていたような内容にもなっている。一般には、ここから義経は迂回して進むことにしたとされるが、『吾妻鏡』によれば、鵯越《ひよどりごえ》で軍を二分して、安田義定、多田行綱らに大半の兵を与えて通盛・教経の一万騎が守る夢野口（山の手）へ向かわせ、義経はわずか七〇騎を率いて、さらに山中の難路を西へ転進したとされる。

『平家物語』によれば、二月七日卯の刻（午前六時）、源氏の一部が、平忠度《ただのり》の守る塩屋口の西城戸に攻めかかり、合戦が開始される。平知盛、平重衡らの平家軍名将達が守る東側・生田口の陣には、源範頼率いる大手軍五万騎が攻め掛かったが、不意を打たれたにもかかわらず、堀と逆茂木を重ねた陣内にいた平家軍は善戦する。突撃を堀と逆茂木で阻まれた源氏軍に、平家軍から一斉に矢が放たれた。源氏軍がひるんだ機を捉えて、平家軍は陣内から二〇〇〇騎を繰り出して反撃を開始し、範頼率いる源氏軍では死傷者が続出し、河原高直、藤田行安らが討たれてしまう。ようやく梶原景時・景季父子が逆茂木を取り除き突進する。「梶原の二度懸け」である。義経と分かれた安田義定、多田行綱ら源氏軍も、夢野口（山の手）から攻撃を開始する。生田口、塩屋口、夢野口で激戦が繰り広げられるが、平家軍の予想外の抵抗に源氏軍は苦戦を強《し》いられっぱなしであった。

同じ頃、山中を進んでいた義経は、一ノ谷の裏手に出る。『平家物語』によれば、武蔵坊弁慶が道案内を探し、猟師の若者がこれを引き受けた。これが義経の郎党となった鷲尾三郎義久である。義久が鵯越は到底人馬は越えることのできぬ難路であると説明すると、鹿はこの道を越えるかと問い、冬場に鹿は越えると答えると、「鹿が通えるならば、馬も通えよう」と兵たちを励まし、平家の一ノ谷陣営の裏手に出たとされている。そこは断崖絶壁の上であり、平家は山側を全く警戒していなかったとある。

眼下の戦いを見下ろして、義経は坂を駆け下る決断をする。これも『平家物語』によれば、義経は馬二頭を落として、一頭は足を挫いて倒れるが、もう一頭は無事に駆け下った。義経は「心して下れば馬を損なうことはない。皆の者、駆け下りよ」と言うや先陣となって駆け下った。坂東武者たちもこれに続いて駆け下る。二町ほど駆け下ると、屛風が立ったような険しい岩場となっており、さすがの坂東武者も怖気《おじけ》づくが、三浦氏の一族佐原義連が「三浦では常日頃、ここよりも険しい所を駆け落ちているわ」と言うや崖を駆け下り、義経らもこれに続き、三千騎が一気に平家の陣に突入する。予期せぬ方向から攻撃を受けた平家軍の陣営は大混乱となり、義経はそれに乗じて方々に火をかけたため、平家軍は我先にと海へ逃げ出したとされている。

『吾妻鏡』には、この『平家物語』の記述を受けた形であるが、兵数に差があり、「源九郎は勇士七十余騎を率いて、一ノ谷の後山（鵯越と号す）に到着」「九郎が三浦十郎義連《よしつら》ら勇士を率いて、鵯越（この山は猪、鹿、兎、狐の外は通れぬ険阻である）において攻防の間に、商量を失い敗走、或いは一ノ谷の舘を馬で出ようと策し、或いは船で四国の地へ向かおうとした」とある。

じつは、義経が奇襲を試みた場所には諸説があり、『平家物語』でも『吾妻鏡』でも鵯越としているが、これでは平家本陣のある一ノ谷から東方八キロであるから奇襲の効果も薄いとして、一ノ谷の裏手にある鉄拐山《てつかいさん》を下ったとする説が今日では有力になっているが、実情は不明である。要は、大きく山中を迂回して敵の予期せぬ背後から奇襲した、ということしかわからない。

奇襲を試みた場所が確実でないのは、『玉葉』が逆落としについて記述していないためである。『玉葉』では、定能が伝え聞く合戦の子細として、搦手担当の義経が、先ず丹波城を落とし、次いで一ノ谷を落とし、大手担当の範頼が、浜地より福原に寄せ、「辰の刻より巳の刻に至るまで、猶一時に及ばず、程無く攻め落とされをはんぬ。多田行綱山方より寄せ、最前に山手を落とさると。大略城中に籠もるの者一人も残らず。但し素より乗船の人々四五十艘ばかり島辺に在りと。而るに廻し得るべからず。火を放ち焼死しをはんぬ。疑ふに内府等かと。伐ち取る所の輩の交名未だ注進せず。仍《よ》って進さずと。劔璽《けんじ》・内侍所の安否、同じく以て未だ聞かず」とだけ書かれている。

早朝の奇襲（朝駆け）に加えて、予期せぬ方角からの攻撃に平家軍は混乱し、平忠度の守る塩屋口の西城戸も突破される。逃げ惑う平氏の兵たちが船に殺到して、溺死者が続出した。生田口の東城戸では副将の重衡が八〇〇〇騎を率いる安田義定、多田行綱らに攻められ、危機に陥っている夢野口の救援に向かった。午前十一時頃、一ノ谷から煙が上がるのを見た範頼は大手軍に総攻撃を命じた。知盛は必死に防戦するが兵が浮き足立って、ついに敗走を始めた。安徳天皇、建礼門院らと沖合いの船にいた総大将の宗盛は敗北を悟って屋島へ向かった。

## 攻略の勝利――後白河法皇の陰謀による手助け

平家の敗因が「迂回して背後からの奇襲」というのが義経の鵯越にあった、というのが大方の見方であり、昨今では塩屋口の西城戸から生田口に至る一一キロという長大な範囲に布陣していた平家軍の不備も指摘されている。広範囲であれば、兵はまばらに宿営することになり、大軍であっても薄く広く広がることになる。籠城軍さながらに野戦陣地内に軍隊を一丸にしておいたほうが防備はしやすいはずであった。しかし、これは戦時という意識の下でこそ指摘される欠点であろう。

結果論ではなく、冷静に分析していくと、この「一ノ谷合戦」には大きな疑問が残る。まず、逆襲のチャンスがあった平家海軍がほとんど何の動きもしていないこと、圧倒的な兵力差があったにもかかわらず、鵯越よりも前の三草山で平家軍の一部が破られていたことなど不可解なことが多すぎるのである。これは、合戦の背後を探らなければ、軍記物語の華やかさからは窺い知れぬことである。

『孫子』謀攻篇には有名な言葉が載っている。「彼を知り己を知れば、百戦して殆うからず」。『孫子』に限らず、『六韜』をはじめとして中国兵法は敵の情況・性質・戦力などを知ることを重視する。情報収集の重要性を指摘する『孫子』では、独立した一章として「用間篇」を設け、わざわざ「名主・賢将は、以て動く所人に勝ち、成功し衆に出る者は、先に知ればなり」と述べているほどである。

ところが平家軍の配置を知らぬはおろか、山中で迷いながら進むなど、義経においては、事前情報が把握されていない。そしてその結果、義経の行動はかなり危険な領域に入っている。一ノ谷合戦においても平家が海軍をもち、それを前面の海に展開していることも、一ノ谷の地形もほとんど考慮の外だからである。

一ノ谷は山と海に挟まれた狭隘地《きょうあいち》である。平家は背後に山を背負いつつ前面の海に海軍を展開していた。義経が、背後から平家軍の陣に入り込んだため驚いた平家軍は海上に逃れた、敵の予期せぬところを襲った見事な奇襲ということになっているが、いかに軍記物が華々しく描いたとしても、冷静に観察すれば義経は自らその狭隘地に入り込み、平家海軍によっていつ何時にも逆襲の包囲を受けるかもしれない形となっていたのである。

これが同じような「迂回して背後からの奇襲」でも「倶利伽羅峠合戦」と違うのは前面に海が広がっていたことである。木曽義仲が行った倶利伽羅峠での夜襲は、夜が更けるまで時間稼ぎをして堅陣に籠もる平家軍の注意を引きつけておきながら、密かに迂回して大きく包囲する形で片側の地獄谷のみを空けておいた。いきなり夜襲を食らった平家軍は慌てて敵のいない方角の地獄谷をめざして敗走し、そのまま谷に転げ落ちていった。

ところが一ノ谷の場合は、お忘れの方も多いようだが平家には海軍があった。平家の海軍が大きく前面に展開し包囲に転ずることを、陸軍しかもたない河内源氏軍は狭隘地で手をこまねいて見ているしかない。

では海から逆襲して勝てる情況にあった平家軍は、なぜそのまま海上を逃れていったのだろうか？　わざわざ河内源氏軍が罠にかかるために飛び込んできたかに見える最高のチャンスを逃して。理由は簡単で、後白河法皇の陰謀によるものである。二月六日、福原で清盛の法要を営んでいた平家一門へ後白河法皇からの使者が訪れ、和平を勧告し、源平は交戦しないよう命じた。和睦の使者を送るから武装解除して出迎える用意をしておけと後白河法皇が修理権大夫（坊門親信）を通じて平家に嘘の通達をしていたのである。法皇の命令ということで平家軍は完全に武装解除され、平和も間近いと思っていたところに河内源氏軍が攻め込んできたのであるから、これは油断のレベルではない。ただ驚き慌てた。

合戦直前の二月六日の後白河法皇の休戦命令は、合戦後の宗盛の書状からも明白である。『吾妻鏡』の二月二十日己卯に出ている内容であるが、「去る十五日、本三位中将、前の左衛門尉を四国に遣はし、勅定の旨を前の内府に告ぐ。これ旧主並びに三種の宝物、帰洛し奉るべきの趣なり。件《くだん》の返状今日到来しをはんぬ。京都叡覧に備ふと。その状に云く」として書状が公開されている。「去る十五日の御札、今日（二十一日）到来す」で始まる書状の中身を要約すれば、「休戦命令を信じていたら、源氏に襲われて一門の多くが殺された。（平氏を陥れる）奇謀ではないのか」という法皇への抗議の文面である。

そもそも「三草山合戦」にしても、迂回による成功ではなく、戦時態勢を解いていたから成功した戦いである。夜襲が頻繁に行われていた時代、何事もなければ平家軍も、そう油断はしなかったにちがいない。そもそも全方位からの攻撃に備えての三草山の陣であるから、義経がどのような進路をとろうと、あまり問題ではなかった。そして三草山が突破されていたからこそ、義経は鵯越ができたのであり、平家の後方に回ることもできたのである。油断は、背後が山であるかどうかではなく、政略によって整えられていたものであり、油断がなければいかなる状態であっても海上からの逆襲が可能であった。

これは、塩屋口の西城戸でも河内源氏軍が勝利していることからもわかる。圧倒的な兵力差に加えて、城（障害物）に入った軍が負けることは通常はあり得ない。『孫子』でも城攻めには大軍が必要であることが述べられている。よほどの知略がなければ城の攻略は不可能である。そして誰もが認める愚将・範頼が少数の部隊を率いて、正面からぶつかって突破しているのである。平家が武装解除されていなければ、そして平和がくるという確信がなければ、河内源氏軍敗北となっていたはずであった。

「奇襲」が、たんなる戦術上の「奇襲」に終わったときには、勝敗は即決せず、むしろ態勢を整え直した相手から反撃されて敗北することが多い。後白河法皇の陰謀により平和を信じ切ったところへの「だまし討ち」であったから大混乱を引き起こしたのだ。

もし後白河法皇の陰謀がなければ「鵯越」があったとしてもたんなる奇襲に終わり、義経は狭隘地に入り込んだところでなにものも得られずに右往左往したあげく海上から攻め寄せる平家軍によって包囲殲滅されてしまったろう。というよりも、「壇ノ浦合戦」での計画から見ても、平知盛は、囮として、わざと少数の兵を陸上に駐屯させ、攻め込んだ源氏が罠に食いついたところを、海上から包囲して殲滅してしまったろう。

戦国時代に中国地方の覇者となった毛利元就は述べている。「唐の兵書に曰わく。合戦は謀多きが勝ち、少なきが負けに候」。まさに一ノ谷合戦は後白河法皇の陰謀の勝利であって、河内源氏の行動、とくに「鵯越」などはおまけにもならない。戦いが始まる前に勝敗が決していたという点でいえば、まさに『孫子』の言うところの「勝兵は先ず勝ちてしかる後に戦いを求め」た後白河法皇の勝利である。戦いの勝敗の九九％は「院の御所」の「御簾《みす》の中」ですでに決していたのである。

## 平家との抗争は一日で終わるはずだった

それでは陰謀の手助けがなかったとして、軍事的視点のみから考察したとき、本格的な名将であれば「一ノ谷合戦」をどのように行うであろうか？　このとき、平家海軍が集結しているという稀に見る有利な条件に対し、義経だけでなく河内源氏軍の誰も考慮していないことは驚愕すべきことである。もし「火攻」を企てれば事は一瞬にしてつく。集結している船に火をかける。それはまさに『三国志』に登場する「赤壁合戦」の再現になっただろう。

「一ノ谷合戦」も、のちの「屋島合戦」も、停泊中の平家艦隊は無傷のまま放置されていた。停泊中の艦隊への奇襲、とくに火攻めが有効であった。史上名だたる海戦において、そうした例は枚挙に暇がない。百年戦争中に、エドワード三世が指揮した「スロイスの海戦」もネルソンが指揮した「ナイルの海戦」や「コペンハーゲンの海戦」も、無敵艦隊アルマダが敗れた「グラフェリンゲン沖の奇襲」も、そしてスパルタのリサンドル（リサンドロス）が指揮した「アイゴスポタモイ海戦」も、名将によって停泊中の艦隊が狙われたのである。そして平家との抗争は、この日一日で終わったはずなのである。

その意味で「一ノ谷合戦」の勝利は『孫子』火攻篇で言う「夫れ戦えば勝ち攻むれば取るも、其の功を修めざる者は凶なり。命《なづ》けて費留《ひりゅう》」であった。無傷の海軍を持つ平家の制海権は揺るがず、瀬戸内海はその後一年間近くも「平家の海」であり続けた。そして後白河法皇が望んだ三種の神器の奪還も、義経の失敗によって水泡に帰したのであった。

海軍が無傷であったため、平家の打撃は限定的なものであった。『玉葉』の二月六日の記事では「或る人の話によると、平氏は一ノ谷を退き、伊南野に向かった。しかし、その軍勢は二万騎である」。それどころか、「また別の人の話では、平氏が引き揚げたのは謬説であり、その軍勢は数千、数万を知らず」とすらある。

続く屋島合戦はのっけから「愚の骨頂」であった。「迂回して奇襲」の観点で見ても問題がある。勝浦に上陸した義経が平家方の豪族桜庭良遠《さくらばのよしとお》（田口成良の弟）の舘を襲って打ち破り、徹夜で讃岐国へ進撃して翌二月十九日に屋島の対岸に至ったとされる。平家は、阿波国と讃岐国各地の津（港）に一〇〇騎、五〇騎と配して海上からの襲来に備えていたから「迂回」にはなっている。ところが義経は周辺の民家に火をかけたので「奇襲」になっていない。

この「屋島合戦」は、「一ノ谷合戦」で平家軍がなぜ海上に逃げ出したのち、逆襲に転じずに撤退したかの理由を如実に語っている。「奇襲」＝「間接的アプローチ」ではない。パニックを起こさなければ戦いは継続する。「屋島合戦」では、大軍と勘違いして屋島と庵治《あじ》半島の間の壇ノ浦浜付近の海上へ逃げ出した平宗盛も、敵が意外に少数なので逆襲に転じている。憶病な宗盛すら、そのまま逃げ出さず反撃に出たのである。

宗盛は、兵力の逐次投入という愚かしい戦い方をしたが、それでさえ小勢の義経軍は苦戦する。『長門本 平家物語』や『源平盛衰記』では平家が焼けたあとの内裏《だいり》を奪回しているのだ。宗盛が思い切って大軍で四方から包囲すれば、ことは簡単であった。なにしろ海軍をもつ平家は自在に起動して屋島の周りを囲めるのに対して、義経は手も足も出ないからである。屋島は浅瀬とはいえ、海に隔てられた島である。義経はその中に入り込んだのである。周囲には平家の海軍が包囲するように展開可能な局面となっている。結局、「一ノ谷合戦」も「屋島合戦」も、義経は「袋の鼠」状態になっている。殲滅戦で一〇〇％の勝利が確定していたかに見えた平家がなぜ撤退したかは謎である。後続の河内源氏海軍到着を恐れたという節もあるが、宗盛の性格から見て存外『平家物語』にある「扇の的」の話があったのかもしれない。それほどに不可解な撤退なのである。

しかし、誤りの系譜は続く。「迂回して奇襲」は「賢策」と見なされ、勝利した戦いにはこの原則が当てはまると見なされたため、「桶狭間合戦」も同列に見られることになった。

## ●「桶狭間合戦」――義元の進撃に対して戦争準備もろくにしない信長

評価することすら憚られるレベルの愚将・義経と、革命家としては世界屈指の織田信長を同列に論ずることは信長にとって失礼かもしれない。しかし、「迂回して奇襲」の系譜では避けられないのが「桶狭間合戦」である。

永禄三年（一五六〇年）五月十二日、今川義元は自ら大軍を率いて駿府を発ち、西進を開始する。五月十七日（六月十日）、尾張の今川方諸城の中で最も三河に近い沓掛城に入った今川軍は、五月十八日（六月十一日）夜、松平元康《もとやす》（徳川家康）が率いる三河勢を先行させ、大高城に兵糧を届けさせた。

栗原信充《のぶみつ》の『重修《ちょうしゅう》真書太閤記』などから、義元の西進は上洛のためといわれてきたが、『信長公記』の記述では、以上の内容だけしか書かれておらず、信長側の丹下砦、善照寺砦、中嶋砦によって包囲された鳴海城と、やはり信長側の丸根砦、鷲津砦により、今川側の鳴海城、沓掛城との連絡を遮断されて孤立した大高城の救援ともとれる。西三河の支配権は今川氏発給文章が少ないことからまだまだ強化する必要があったろうし、鳴海に対する付け城による封鎖も解除する必要もあった。ちなみに『武功夜話』でも義元の行動は上洛とされていない。

しかし、それならばなぜ大軍を動員したのか、という疑問が出る。大規模な動員は莫大な費用が発生するから、元が取れないことはしない。信長を倒して尾張を平定しようとしたという解釈も成り立つが、重要なのは海西郡《かいさい》の蟹江城から、服部左京助友定が舟千艘を率いて大高城下に参戦したということである。『信長公記』では、「河内二の江の坊主、うぐゐら（弥富町・鯏浦）の服部左京助（友定）、義元へ手合せとして、武者舟千艘計り、海上は蛛《くも》の子を散らすが如く、大高の下、黒末川口まで乗り入れ候」とある。水軍の動員は、補給を考えてのことだろうから、今回の西進が大規模な遠征に伴うものであると解釈できる。

信長は、この義元の進撃に対してほとんど無策であったことが『信長公記』に出ている。五月十八日夕刻になっても、信長は軍議すらしない。これは好意的に解釈すれば「企図の秘匿」とも敵間者への警戒ともとれるが、判断がつきかねていたともとれる。あくまで籠城と見せかけ、敵の目標を清洲城に絞らせ、直進させるためにギリギリまで城に籠もり、おそらくは放たれている斥候が義元に連絡する前に義元の本隊を強襲できるタイミングで出撃した、という言い方もできる。しかし、そうだとすれば籠城するようなカムフラージュもしていない。しかも義元本隊の位置の連絡が入る前に城を出てしまっている。『信長記』では、籠城策を却下した話が出ているから、本当だとすれば、外に打って出る可能性を示唆するわけで、義元に警戒心を植え付ける愚策である。

五月十九日（六月十二日）夜明け、今川軍の松平元康と朝比奈泰朝《やすとも》は織田軍の丸根砦、鷲津砦に攻撃を開始した。今川軍の攻撃開始の報を得るや信長は幸若舞「敦盛」を舞い、出陣の身支度を整えると、清洲城を出発する。付き従う者わずか六騎、午前八時頃には源太夫殿の宮につき、熱田より上手の道を進み、丹下の砦に出て、さらに善照寺砦に入った。従う兵は、およそ二〇〇〇人といわれる。この間に今川軍先鋒の猛攻を受けた丸根、鷲津の両砦は陥落。大高城周辺の制圧を完了した今川軍は、義元率いる本隊が沓掛城を出発し、大高城の方面に向かって西に進んだ。一方の信長軍は昼頃、善照寺砦より出撃する。鳴海から見て東海道の東南に当たる桶狭間の方面に敵軍の存在を察知し、東南への進軍を開始した。

この段階で、信長が義元の本体把握に成功していたのかどうかは疑問である。このため、戦略的にも無策、戦争準備もろくにしない信長が唯一行ったのが情報戦であったという説が浮上している。この合戦の計画で信長が全精力をつぎ込んだのが梁田政綱《やなだまさつな》に整備させた情報網であり、信長がこの合戦全体で全神経を集中させたのは義元の本隊の位置の把握ということになるのである。

じつは、桶狭間合戦の不鮮明さは、義元の本陣さえ諸説が出ていることからもわかる。『信長公記』の記述では桶狭間山とあるから、義元は山に布陣したという人もいる。ところが同じ『信長公記』では直後に、桶狭間は土地が低く入りくんで深谷で足をとられ、草木が高く低く生い茂っている難所であると記されており、やはり窪地のイメージが出ているのである。

## ●無策を「迂回して奇襲」という愚策と置き換えた

加えて、現在は清洲城を飛び出したあとの信長の行動についても二つの説が出ている。一つは、『信長記』をもとに大日本帝国参謀本部が唱えている「迂回攻撃説」で、善照寺砦を出た織田信長は、今川義元の本隊が窪地となっている田楽狭間（または桶狭間）で休息を取っていることを知り、山道を迂回し、太子ヶ根という背後の山に回った後、田楽狭間の北の丘の上から今川軍に奇襲をかけ、大混乱となった今川軍を散々に打ち破ってついに義元を戦死させたというものである。しかし、『信長公記』では、これらの内容は書かれていない。加えて言えば、豪雨であれば視界はふさがれるから、あえて迂回をする必要などなくなる。

『信長公記』では、善照寺砦を出た織田信長は、善照寺砦と丸根、鷲津をつなぐ位置にある鳴海城の南の最前線・中嶋砦に入り、桶狭間方面に敵軍が行軍中であることを知る。丸根、鷲津砦を攻撃した直後で疲れきっているはずであり、戦場に到着したばかりの新手の織田軍が仕掛ければたやすく打ち破れるはずであると見なし、豪雨で視界が利かないうちに田楽坪にいた今川軍に接近し、正面から攻撃を仕掛けた。今川軍の先鋒は織田軍の予想外の正面突撃に浮き足立ち、混乱が義元の本陣に波及してついに義元は戦死した。これでは、まるで今川軍の一部隊を攻撃し拡大して波及したように見える。

現在ではさらに、偵察や地形の調査を行って『太閤記』が「能言」といい、『桶狭間合戦記』が「忠信武功」とした戦功第一の簗田政綱の活躍さえ否定する見解が多い。

確実に言えることは、信長の勝利は、突然の豪雨に紛れて今川軍の目に付かないように義元本陣に近づき攻撃した、というだけである。この合戦では、初期の段階から戦術面での考慮が見られない。優れた戦術家の行う旋回運動も、釣り野伏せも、側面攻撃も、何も考慮されていない。雷雨に隠れてはいたものの、これは直接的アプローチであった。信長を一言弁護しておけば、信長自身は「桶狭間合戦」が評価に値しないことをよく知っていた。だから「桶狭間合戦」と同じ戦い方は二度としなかったのである。これは義経などと比較して信長の偉大さを物語る。信長は十四歳の初陣から四十九歳で死ぬまでに大小一二〇回近い合戦をしているが、そのほとんどすべてで数の優位を保っている。その例外が「桶狭間合戦」であった。

「桶狭間合戦」と同様に圧倒的な兵力差をはね返した合戦でありながらも、「厳島合戦」はあまりにも対称的であった。最終的に雷雨が味方したという奇妙な一致はあるにしても、まったく策を立てずに義元を油断させた信長とは異なり、毛利元就の厳島合戦は策謀で埋め尽くされていた。元就が全知全能を傾けて行なったのは、いかにして陶晴賢を厳島へ誘き寄せるかであった。囮の城を厳島に造り、その城の重要性を敵のスパイにわざと吹聴し、自らの命を担保に敵に毛利家重臣の裏切りを信じさせ、まさに元就が己の知謀の全てを出し尽くし、陶軍二万を狭隘の地厳島へ押し込んだ時、勝敗の九割はついたといえる。厳島自体は戦略上の要地であるから占領されることは危険であり、「肉を斬らせて骨を断つ」といえる。厳島の合戦は心理戦と謀略戦のミックスしたものであり、あえて誤解を恐れずに言うなら謀略の芸術品である。元就の用意周到・準備万端の政略に比較すれば、信長の奇襲は、かなり不安定なものであったが、最終的には情報キャッチが厳島集結と同じ効果をもたらし、それに今川本隊の酒宴と雷雨が加わることで、ようやく劇的な勝利が生まれたのである。

明治時代になって、大日本帝国陸軍参謀本部は日本史上有名な合戦の研究を行っている。その一つに「桶狭間合戦」があった。しかし、『信長公記』が伝える「桶狭間合戦」では、無策に近いから何の教訓も得られない。そのために「迂回して奇襲」ととれる小瀬甫庵《おぜほあん》の『信長記』を大幅に採用して、それに義元本軍の位置を信長に知らせたという梁田政綱の話を付加して「迂直」と「用間」が行われた、としたように思える。つまり無策を、「迂回して奇襲」という愚策と置き換えてしまったのである。

「小牧長久手合戦」のように「迂回して奇襲」がうまくいかない実例がありながらも、こうした源義経から織田信長に至るまでの系譜で、「迂回しての奇襲」こそが勝利の法則と見なされるようになり、後世に悪影響を及ぼしてきたのである。

「迂回して奇襲」の意義とは、前面の相手に気付かれないように背後や側面に回り込み、奇襲をかけて混乱させるという方法である。予期せぬ方向から、無防備な部分に不意をついて攻撃すれば、相手が混乱するのは当然である。しかし、誰でもこの方法に気が付き用心するから、逆に待ち伏せされて捕捉殲滅されることが多いのである。したがって「迂回して奇襲」は勝利の秘訣ではなく、いかに気が付かれずに「迂回して奇襲」を行うのかがポイントなのである。しかし、山中迷いながら進んだ義経や、義元の本陣を確認しないまま飛び出した信長のインパクトにより、本当の重要点は隠されてしまったのである。

# 第四章

# 「元寇」に見る兵の質の限界、「千早攻め」ほかとの対比

## ――強兵と弱兵

## 野戦で考えれば河内源氏軍のほうが強兵

弱兵と強兵のどちらが戦に勝ちやすいのか？　こんな設問があれば「何を馬鹿なことを」と思われる方も多いだろう。戦争に勝つのは強兵に決まっていると、思われるにちがいない。しかし、歴史の指し示すところ、これは確実なことではない。それどころか、弱兵が勝つことが至って多いのである。もちろん、一対一の戦いにおいて強兵の強さは否定できない。そして強兵のほうが無理も利くし、指揮もしやすい。ところが戦争になると、兵の強さと勝率は必ずしも比例しないのである。

「平治の乱」（一一五九年）という戦役で、教科書ともなり得るほど模範的やり方で完勝した平清盛が率いていたのは、備前国・備中国・伊勢国を主力として紀伊国などからも集まった兵であったのに対して、河内源氏では近江国・尾張国・三河国・相模国・武蔵国・上総国・常陸国・信濃国・甲斐国の兵であった。野戦で考えれば、明らかに河内源氏軍のほうが強兵である。平家軍は歩兵であるのに対して、河内源氏軍は突撃力のある騎兵中心であったからだ。また、「建武《けんむ》の新政」に向けての長大な革命戦略で護良《もりなが》親王が率いていたのも、その中での役割を演じた楠木正成、赤松円心といった、後醍醐天皇側として戦った名将達が率いていたのも、いずれも弱兵であった。「長篠合戦」で無敵と呼ばれた武田軍を破った織田信長の軍も脆弱《ぜいじゃく》であった。もちろん、「承久の変」の後鳥羽上皇軍のように、戦略と戦術が稚拙ならば、弱兵が強兵に勝てることは少ないのだが、あえて弱兵が強兵を圧倒したという例を挙げてみたい。一つは「元寇《げんこう》」である。

日本の歴史で、最も尚武の気風が強かった時代とは、第二次世界大戦前と鎌倉時代であろう。ともに「強兵」の時代であった。ところが、どちらの時代の軍隊も惨めな敗戦をきっしたのだ。敗北する軍隊を「堕落していた」と述べる人も多いのだが、どちらも日々の鍛錬は怠りなかった。

とくに、鎌倉武士が堕落していったと述べたとすれば大きな反発をくらうかもしれない。鎌倉武士は日々精進し、生活は質素、しかも厳しい訓練を怠らず、武人として誉れを重んじていた。それは最後の最後まで続いており、鎌倉幕府最後の執権・北条高時の死に際しては鎌倉武士百数十人が命をともにした。「嘉吉《かきつ》の乱」で命乞いをした室町の武士とは対照的といえる。その精強さは「関東の兵は天下の兵に匹敵する」と『太平記』に書かれているほどであった。しかし、これほどの質素さと武芸を誇りながら、なぜ軍事的に鎌倉幕府は滅ぼされたのであろうか？

## 元寇の段階で露呈した鎌倉武士の限界

じつは、鎌倉武士には、あまり戦略的に優れた戦いが少ない。幕府成立以前に行われた「一ノ谷合戦」「屋島合戦」「壇ノ浦合戦」は、いずれも河内源氏軍が「負けるべき戦い」であった。「富士川合戦」は、戦闘はなく平家軍が撤退してくれたものであり、奥入り（奥州藤原氏の征伐）と、「承久の変」は敵の過失に加えて圧倒的大軍と直線的な突撃力がものを言った戦いで戦略はあまり見られない。

だが、一騎一騎を見れば精強であったから、鎌倉武士には勝てぬと多くの人が思い込んでいた。そのために、叛乱などを起こしてあえて戦いを挑もうという者は出てこなかったのである。しかし、戦が下手であるという実態がわかれば、状況は異なってくる。後醍醐天皇軍を率いていた護良親王、楠木正成、赤松円心らは、鎌倉幕府を滅ぼすことが十分に可能だと考えていた。

鎌倉武士の限界は、それが崩壊するよりもはるか六十年以上も前、文永十一年（一二七四年）の「元寇」の段階で露呈していたのである。そして、このことはとくに西国の武士に深い印象を与えていた。

そもそも、この時の鎌倉政権は、大陸で起きている国際情勢の変化も、元の国力も、戦い方も一切関知していない。それどころか、フビライの牒状が当時としても歴代中国皇帝のものと比較しても、異例なほどに礼を尽くしていることにさえ気がつかなかった。好戦的なジンギスカンとは異なり、モンゴルとは思えぬもので、言葉を選び、当時フビライが送ったなかでも異例なほど丁寧な書き方であり、臣属すら求めていない。これに比べれば足利義満が受理した後の明国皇帝の書簡など無礼を通り越している。傲岸不遜《ごうがんふそん》な降服要求文書並みである。なにしろ「唐入」後の講和の時に秀吉に送った書状でさえ「天を奉じ運を承《う》けし皇帝制して曰《いわ》く。聖仁皇運天にあまねく」と冒頭に記すほどなのだ。鎌倉政権は夜郎自大《やろうじだい》の典型、つまり「彼を知り、己を知る」ことがなかったのだ。そして、稚拙な外交の末に、「文永の役」を迎えることになる。

一般的には、「文永の役」は圧倒的なモンゴルの大軍の前に、少数の鎌倉武士が勇敢に立ち向かったようなイメージがあるが、実態は逆である。遠征してきた元軍はわずか二万八〇〇〇人、しかも本当に精強なモンゴル兵はごくわずかで、大半は「脆弱」と評判な漢人と、八〇〇〇人の高麗《こうらい》の兵隊が中心であった。遠征距離から見ても元軍が不利であることは明白である。対して鎌倉軍は九州全体の動員力で一〇万人にもなるから、約三〜五倍の兵力、しかも地の利があった。武器も必ずしも元軍が上だったわけではない。その当時としては最高技術の結晶たる日本刀という武器を有し、弓の射程も元軍を上回っていた（かつては元軍の弓の射程のほうが二倍近く長いと考えられていた）。元軍のほうの記録でも、副元帥の劉復亨《りゅうふくてい》は鎌倉軍（倭軍）を一〇万人と見ており、『高麗史節要』に出ているように、むしろ元軍が「小敵の堅《けん》」であった。

鎌倉幕府の外交の失敗により、元軍の来寇を招くことになり、直接的な被害を受けたのは西国である。対馬と壱岐を蹂躙して住民を虐殺した元軍九〇〇隻の軍船は、十月十九日には博多湾に到着し、湾西端の今津に停泊して威力偵察として一部兵力を上陸させた。ここで迎撃に出た少弐《しように》景資《かげすけ》率いる五〇〇騎の鎌倉幕府軍と交戦になる。日本軍が、戦はじめの鏑矢《かぶらや》を放って爆笑をかうところから戦端が開かれる。

戦闘は、一方的に元軍優勢に進む。十月二十日、元軍船団は東に進み、百道浜《ももち》、地行浜《じぎよう》、長浜、那ノ津、須崎浜、東浜、箱崎浜に上陸した。高麗兵を主力として博多湾西部の百道浜から上陸した元軍は、二手に分かれて麁原《そはら》と別府に陣を構え、そこから前進を開始する。

一騎当千の勇敢なる鎌倉武士、ところが、その結果たるや散々なものである。既存の武器を利用して個人の武勇のみを磨いていたために兵器開発をまったく怠り、「てつはう」や「毒矢」といった元軍の新兵器に悩まされたことは『蒙古襲来絵詞《えことば》』などを通じて有名であるが、それ以上の問題は戦略と戦術の不在であった。

集団戦法をとる元軍は、鎌倉軍と向かい合った時に戦術的な動きをとる。かたや鎌倉軍は戦略はおろか、戦術すらない。元軍と向かい合い、個人が掛け合い戦法で一対一の戦いを行おうとした。鏑矢を爆笑され、集団戦法に翻弄され、いやというほどに己らの無力さを思い知ったはずである。大軍でありながらも、寡兵であるかのごとく打ち破られていくわけだから、戦いとしては最低のレベルである。

もちろん、戦闘に際し、個人としての活躍は鎌倉武士には見られている。歩兵中心で二〇〇〇人程度の元軍は、赤坂まで進んだところで救援に駆けつけた菊池武房の率いる二三〇騎に撃破されたことが『八幡愚童記』には出ている。また、『蒙古襲来絵詞』には、竹崎季長《すえなが》が鳥飼潟から祖原《そはら》へ追撃して、上陸地点より五〇〇メートル付近まで押し返していることも出ている。

しかし、個々人の勇敢さが戦局を変えないことは「保元の乱」の鎮西八郎為朝、「平治の乱」

の悪源太義平の例からもわかるとおりで、鎌倉幕府軍は押され、元軍は博多に進入し、ついには占領した。そして、矢が尽きたために、それ以上の前進はせず、博多の市街に火をかけて焼き払い、船団へと撤退する。

この時に、秦《しん》の穆《ぼく》公使の孟明《もうめい》の「焚船」や漢の韓信の「背水の陣」のたとえを引きながら、さらなる戦闘を望んだ高麗軍の金方慶と、『孫子』の「小敵の堅は、大敵の擒《きん》なり」を引用して、撤退を主張した派遣軍総司令官・忽敦《こつとん》のやりとりが『高麗史金方慶伝』や『高麗史節要』に出ているから、元軍の司令官達は、客観的分析での自軍の不利、戦略と戦術を考慮していることがわかる。

結局、元軍は帰還することになったが、その晩に暴風雨が吹き、壊滅状態になったのである。これが「神風」だが、「神風」が吹かなくとも元軍は撤退したわけであり、もしそうであれば「神風」神話とは別個な、無敵鎌倉軍神話ができた可能性がある。後世に対して、どちらがひどい悪影響となったかは、わからないが。

## ● 戦争を避けようという意識が皆無

「文永の役」のあと、鎌倉幕府が無策であったわけではない。博多沿岸約二〇キロにも及ぶ有名な元寇防塁を築いている。防塁は高さ一メートル、幅二メートルで、もっとも頑強な部分で高さ三メートル、幅二メートル以上とされている。しかし、防備面はともかく、外交はお粗末で、元からの使者を斬り捨てるという暴挙に踏み切った。国使を斬るというのは、明らかに野蛮国の振る舞いである。同時に戦争を避けようという意識が最初から皆無であることもわかる。

当然のことのように、第二次「元寇」は起こる。この「弘安の役」では、元軍は二手に分かれ、東路軍四万二〇〇〇人、江南軍一二万五〇〇〇人であった。元・東路軍は一部の船団を長門まで派遣するという戦略的行動もとったが、少数であったため、すぐに九州に向かった。長門方面に十分な兵力を配置していたのは鎌倉幕府としては上出来である。

しかし、技術、補給、その他の条件を考えず、あくまで地図上での話であれば、このときに元軍が九州に向かうと見せかけて鎌倉幕府軍の主力を九州に釘づけにし、長門国に大軍を差し向ければ「間接的アプローチ」になったことは否定できないだろう。元軍の長門国到着が、大きな動揺を誘ったことは『勘仲記《かんちゅうき》』や『壬生官務家日記抄《みぶかんむけにっきしょう》』が伝えるところで、敵が長門国に来たということは九州が制圧されたのだ、という判断さえされていたことが『八幡愚童記《はちまんぐどうき》』には出ている。

元寇防塁はさすがに効力を発揮した。元・東路軍は防備の薄い志賀島と能古島をめざし志賀島に上陸したが、鎌倉武士の斬り込み攻撃を受け、ひとまず海上に待避し、元・江南軍との合流をめざして壱岐島へ移動した。遅れて発した元・江南軍は七月に平戸付近に到着し、元・東路軍と合流を果たす。そして肥前国・鷹島での小戦闘ののち、博多をめざして移動して総攻撃をかけようという矢先に暴風雨に襲われた。

## 個々の武勇を重んじる思想のもろさ

「弘安の役」でも、個人的武勇は大いに見られた。小舟に乗って敵船に乗り込み、斬り込みをかける戦法は、それなりに効果を発揮した。斬り合いになれば、日本刀は相当な威力の兵器であった。このように、鎌倉武士はたしかに強力であったが、それは奥州攻め、「承久の変」当時の意味で強力であったにすぎない。これと同じ現象は歴史の随所に登場する。第二次世界大戦中、マジノラインに籠もったままで、ドイツ軍機甲師団の電撃戦に手も足も出なかったフランス軍は、第一次世界大戦的な意味で強力な軍隊であった。戦略だけでなく、連合軍に「戦術」的にも敗北を続けた大日本帝国陸軍は日露戦争的な意味で強力な軍隊であった。誰も大日本帝国陸軍が練習を怠っていたとか腐敗していたとか言う者はいないであろう。しかしその強力さは旧時代のままであって、維持されたのは古いタイプの強力さであった。

「元寇」は、鎌倉幕府を支える軍事力の無力さを露呈したものでもあったから、鎌倉幕府にとっても深刻な打撃を与えたはずであった。漢人、南宋人、高麗人といった歩兵を主体とした「脆弱」な元軍に、一騎当千と称された鎌倉武者達が苦もなく討ち取られていったのであるから、鎌倉幕府は当然ここで思いきった改革を行うべきであったが、それよりも戦争の経過を封印することを望んだようである。『吾妻鏡』の編集を元からの国書到着の一年半前に終え、再開することはなかったのである。

戦争を左右するのは戦略と戦術であり、個々の武勇ではない。個々の武勇を重んじる思想は、集団での戦いを重んじないために戦争にはもろいことが多い。必要なのは個々の武勇でなく、戦略と戦術であることは明白であるが、ペルシア軍に玉砕したスパルタ軍でも鎌倉幕府でも、自分たちの政権の性格と相容れないため、排除されがちとなる。戦略や戦術を認めることは鎌倉幕府を支える根本の原理、すなわち「関東の原理」を否定することにつながりかねなかった。ここにイデオロギーを守る軍隊の問題が浮上する。なぜなら関東地方が古来より戦略・戦術に無縁であったかといえば疑問だからである。

平安時代の中期に関東独立を夢見た平将門の戦い方は、明らかに戦略と戦術の原則にのっとっていた。それが「掛け合い戦法」のみが中心になっていくのは、鎌倉幕府という体制に組み込む際に定義化されたものなのかもしれない。すなわち体制とそれを支えるイデオロギーが「戦略と戦術」を否定し、支配原理としても「個人の武勇」を配置したのである。

もともと関東地方は新開地であり、開拓地主の支配する世界であった。ところが、近畿中央の支配圏に入ることで、せっかく開拓した土地は「公地公民」や「荘園」として取り上げられ、あるいは服属されることになる。そのために、古来より独立の気風が強かったのである。

鎌倉幕府は、その関東の開拓地主のやり方を全国展開した政権であり、政治的課題として土地所有権の調停を重視していた。戦時ではない平時に、開拓地主が家の子郎党を率いて正面衝突を繰り返しているのは得策ではない。西洋中世の騎士同様に、個人の戦いで決するのがよいことになる。その延長上に、戦時においても、磨きをかけた個人の武勇のみを拠り所に、名乗りを上げて一騎打ちを繰り返し、その恩賞として土地をもらうという姿勢が強まることになる。

職能としての武士であった西国武士に対し、開拓地主の関東武士が戦いを挑んだのが「源平合戦」の一つの要素であり、『平家物語』で語られた二種類の武士団の差異である。鎌倉幕府の公式の戦い方は、「源平合戦」の随所に見られた一騎打ちで、これが軍隊を構成する基本原理となる。

それは平時における鎌倉への忠誠心、御恩奉公を基本的理念として、関東の開拓地主の領地の安堵と一体化して鎌倉幕府を頂点とした巨大なヒエラルキーを構成するものであった。土地をめぐる対立が多くあったとしても、戦いが一騎打ち主体ならば大規模な戦闘につながる前に争いは阻止された。つまり「一所懸命」という形での対立要因の多さにもかかわらず、戦争が頻繁に勃発するのを抑止できたのである。恩賞を与える方としても、個人の武芸のみを見ているのは安心である。戦略と戦術によって事を決するようになれば小戦闘が絶えなく続くことになる。これは体制を揺るがし続けることだろうし、いずれは政権に対する戦闘も生み出す可能性すらあった。

一騎打ちに対して集団戦法は、兵士一人一人を顔の見えない存在として、大将の采配のもと、手足のごとく兵を使う戦いとなる。個人の領地の積み重ねである鎌倉型ヒエラルキー、とくに鎌倉幕府を支える軍事力とは相容れない。元軍と戦って苦戦を強いられ、またかつて平家軍の基盤として戦略と戦術を重視した経験のある西国武士はともかく、こと東国では、「戦略と戦術」は鎌倉幕府政権の性格と相容れないので排除されがちであったため、眠ったように鎌倉武士の姿は不変であった。

こうした「停滞」の根本には、一般的な意味での「イデオロギー的軍隊」の問題がある。いかなる政治的イデオロギーであったとしても、そのイデオロギーを守るべき軍隊は政治的軍隊に転化しやすい。

政治的軍隊とは、外部の敵との抗争ではなく、国内支配を役割の中心に据えた軍隊である。外部の敵とは他の国や勢力の軍隊のことである。外側に目を向けた専門的技術的軍隊は、切磋琢磨し、戦術や戦略を練り上げ、武器を開発し、軍隊組織に工夫を重ねている。相手もまた軍隊の精強度をたえず向上するよう努めているから、そうした相手との対抗には軍隊は全力を挙げなければならない。しかし国内の敵とは、暴徒のように自分達と同等か、それ以下の武装しかもたず、武装集団としてははなはだ脆弱であるから、外の敵とは比較にならないほど容易に撃ち破ることができる。

それでも、その軍隊が革命当初に、あるいは政権奪取時に示した力の強力さは、多くの人々の心に鮮明にインプットされているから、イメージの維持をうまく行えば権力は維持される。

鎌倉武士にしても、栄華を誇った平家一門に取って代わった時の「質実・剛健・精強」のイメージは、奥入り（奥州藤原氏の征伐）と「承久の変」によって比類ないほどに強化されていった。鎌倉武士のルールにのっとって戦う以上は、西国や近畿の武士は、東国、とくに坂東武者に勝てなかった。勝つとすれば、別種の戦い方が要求されるのである。そして元寇より六十年の時を経て、その別種の戦い方をする者達が、日本最弱の兵を率いて、鎌倉幕府打倒に立ち上がった。

## ● 赤坂、千早の攻防——日本最弱の兵を率いて大軍と戦った楠木正成

平安時代から戦国時代に至る期間、軍隊として最弱といえば、まず僧兵集団が挙げられる。たとえば、叡山の僧兵は、まともな戦いで勝ったためしがなかった。強訴《ごうそ》をたくらんでは都を守る平家、河内源氏に撃退され続け、「法住寺合戦」では少数の木曽義仲軍に蹴散らされ、足利義教に苦もなくねじ伏せられ、織田信長によってあっけなく滅ぼされた。

ところが、その叡山が一度だけ大勝利を収めたことがある。元弘元年（一三三一年）、「建武の新政」に向けて、鎌倉幕府に対する戦いの狼煙を、大塔宮護良親王《おおとうのみやもりながしんのう》が叡山で挙げたときである。「元弘の変」である。この時の指揮官は、叡山がかつて抱いたことのない名将・護良親王であった。

叡山が山岳拠点であるという利点を護良親王はフルに活用する。守るに適した地形的な有利さ

に加えて、山を中心に周囲から攻め寄せる敵と戦ったから、局地戦ながらも「内線の利」につながった。しかも天皇行幸を信じ、自らが官軍であるという思いが、叡山の僧兵の志気を高め強兵へと変えていく。『孫子』「勢篇」で言うところの「勢」の利用である。

『太平記』によれば、鎌倉幕府軍は五畿内の軍五〇〇〇騎を正面攻撃軍として赤山禅院ふもとに、搦め手には美濃、尾張、丹波、但馬などの兵七〇〇〇騎を唐崎の松付近へと差し向けた。対する叡山では一夜にして六〇〇〇騎が集結する。さらに出陣段階では一万騎にもなっていた。官軍となった叡山は奮い立った。戦端は唐崎浜付近で開かれた。叡山軍三〇〇人が鎌倉軍七〇〇〇騎と戦闘を開始したのである。この時、叡山側は地の利を利用して劣勢ながらも善戦する。唐崎は東は湖、西は泥田、道も狭いため大軍の利点は殺されていく。

その間に後方より進む叡山軍は三手に分かれていく。今道方面に三〇〇〇騎、三宮林に七〇〇〇騎、そして小舟三〇〇隻が大津に向かう。一方面に重心を置き、しかも湖面を利用して背後を突こうというものである。新手の大軍の登場に動揺したうえ、背後を突かれた鎌倉軍は一気に敗退する。叡山側も深追いせず七分勝ちにて退いた。護良親王の見事な戦い方であった。そして、この戦術的勝利は弱兵でも強兵を破れることを印象付けた。

ここから、「建武の新政」に向けての戦いが各地で開始される。

高校の頃の倫理・社会の教師におもしろい話を聞いたことがある。かつて陸軍の将校として日本のいくつかの地方の兵隊を指揮した経験があったその教師は、どこが弱いといって、ともかく弱い兵隊は京都・大阪の兵隊で、これは当時の将校仲間共通の認識であったというのである。この日本最弱の畿内兵を率いて、坂東武者の大軍と戦ったのが楠木正成である。

自らが「治天の君」にならんという野望をもって、鎌倉幕府打倒の声を挙げた後醍醐天皇に呼応し、元弘二年／正慶元年（一三三二年）九月十一日、河内の悪党・楠木正成はわずか五〇〇人の兵とともに赤坂に籠もった。『太平記』記すところの二〇万七五〇〇騎ともいわれる鎌倉幕府の大軍が正成の籠もる赤坂城に向かう。正成は城内に二〇〇人、背後の山に三〇〇人の弓兵を潜ませ、突撃してきた鎌倉幕府軍に、まず櫓からの一斉射撃をしてまたたく間に死者一〇〇〇人を出させ、退いたところを背後の山に潜んでいた三〇〇人が二手に分かれて突撃し、同時に城門も開いて二〇〇人が打って出て矢を射かけて撃退する。さすがに慎重になった鎌倉幕府軍が塀を乗り越えて侵入を図るが、赤坂城の城壁は二重になっていたため、攻め寄せた幕府軍は外側の壁を倒されて上から石やら大木を落とされて七〇〇人、さらに煮えたぎる熱湯をかけられて数百人と損害を出していく。鎌倉幕府軍は、ここで兵糧攻めに切り替え、ようやく陥落させたものの、正成は奇策を用いて脱出していた。自害したふりを装って敵の大軍の中に身を紛らせて落ち延び、付近に潜伏したのである。

そして元弘二年（一三三二年）四月三日、正成は河内国湯浅城を奇襲した。この時に正成は敵方の兵糧が運搬されているところを襲撃し、まんまと運搬している者になりすまして城中に入り込み、城を乗っ取ってしまう。楠木軍は七〇〇騎にもなり、あっという間に和泉国・河内国の二カ国を平定する。さらに楠木正成は四天王寺へ出陣してここを占領する。鎌倉幕府は早速近畿地方の軍五〇〇〇騎を派遣、対する楠木軍は二〇〇〇騎である。しかも野戦であるから籠城のようにはいかないはずであった。

正成は軍を三手に分け、中心部隊を住吉・天王寺付近に隠し、わずか三〇〇騎を渡部橋の南詰に出して対峙させた。囮である。あとはうまく敵が餌に食いつくかどうかであった。前面の楠軍が小勢であることを確認した鎌倉軍の大軍は嵩《かさ》にかかって川を渡って進撃を開始する。対して楠木軍は退却を開始したので、勢いに乗った鎌倉軍は天王寺まで攻め寄せた。『呉子』には「河の半渡」を攻めよとあるのだから、少数の部隊が少しでも有利に戦うためには当然そうするはずである。それが逃げ出すということは裏に何かあると勘ぐるのが思慮深さになるのだが、鎌倉軍にはそれがない。

攻め込んだ鎌倉軍は、あらかじめ待機していた楠木軍によって包囲されてしまう。戦国時代に薩摩の島津氏が得意とした「釣り野伏《のぶせ》」である。天王寺の東からの一隊は敵を左手に受け、天王寺西門から別の一隊が魚鱗の陣で突撃し、もう一つの隊は住吉の待つの陰から鶴翼で包囲するように展開した。鎌倉軍は慌てて撤退、川に追い落とされることを避けるために渡部川のところで踏みとどまろうとしたが、敗軍化した兵はとどまらず一気に追い落とされてしまう。これが「天王寺合戦」である。さらに正成は七月に知略を使い、四天王寺に籠もった猛将・宇都宮公綱《きんつな》を「戦わずして人の兵を屈する」形で追い出してしまう。

こうして正成が鎌倉軍の目を引きつけているあいだに、護良親王は紀州国・大和国の鎌倉幕府側の武士の館を奇襲して討つということを繰り返して勢力を扶植《ふしょく》し、約三〇〇〇人の兵とともに吉野で挙兵したのである。これも籠城策である。

正成がこれに呼応して元弘二年（一三三二年）暮れに河内国の赤坂城、金剛山の千早城で蜂起し籠城する。対する鎌倉軍は『太平記』によれば三〇万七五〇〇騎といわれる大軍である。この数字は、もちろん誇張であろう。しかし兵は日本全土から招集されていた。四国からは軍船三〇〇隻、長門国・周防国からは軍船二〇〇隻、甲信地方からは七〇〇〇騎、北陸からは三万騎、総勢八〇万騎にも及ぶと書かれている。ちなみに『神明鏡』によれば四八万騎、『保暦間記《ほうりやくかんき》』によれば五万という数字が挙がっている。「元弘の変」に続いて二度目の大動員である。しかし『太平記』に山陰の兵の記録がなく、長門国・周防国の兵も陸路ではなく海上より寄せたということは、赤松円心の活躍による遮断の効果が大きいと思われる。

元弘三年（一三三三年）正月、阿曽治時率いる正面軍八万騎が河内道から赤坂城（上赤坂）へ、大仏高直率いる側面軍二〇万騎が大和道から金剛山千早城へ向かい、二階堂出羽入道率いる一手二万七〇〇〇騎は紀伊道を経て護良親王立て籠もる吉野城へと向かった。側面軍ながら最大の兵力が千早城に向かったということは、鎌倉軍の重点を示している。

正成は南河内一帯に多くの砦を築き、縦深陣地を構築していた。兵力的にそれだけ強大であったかどうかはわからないが、金剛山を大要塞と化したという説によれば、最前線(前哨陣地)を構成するのが大ヶ塚から持尾に至る線で、第二防衛線(前進陣地)に相当するのが下赤坂城を中心にした一帯、赤坂城(上赤坂)と観心寺を結ぶ一帯が主防御線(本防衛線)であり、詰めの城として千早城があった。赤坂城と千早城を結ぶ線は約八キロである。護良親王は愛染法塔を本営にして吉野川南岸に四つの塁を築き、丈六平から薬師堂までを第一次防御線、蔵王堂から金峰神社までが第二防衛線を形成していた。

『楠木合戦注文』によれば、鎌倉幕府軍の軍法は優れたもので六カ条からなり「一、合戦の陣頭において先陣争い統制を乱す者は不忠とす。一、主人が負傷しても退くな、親子、孫が命を落としても退かず戦勝せよ。一、押買、押捕などの狼藉《ろうぜき》を禁ず。一、大塔宮護良親王を逮捕、誅殺した者には近江国麻庄を賜る。楠木正成を誅殺した者には丹後国船井庄を賜る」というものであった。ここでは斎藤実盛が語った関東武者の戦い方が軍法として明示され、今回の戦争目的が護良親王と楠木正成の首級を挙げることという形で明確化されていた。もっとも戦争を政治の延長上でとらえるとするならば、真に首級を挙げなければならないのは後醍醐天皇ということになる。

実際、護良親王と楠木正成が死去した後も戦乱が続いたのは後醍醐天皇という存在があったからである。
しかし、鎌倉軍の戦略と戦術としての攻城方法は単純かつ単調なものである。ひたすら直進しての突撃を繰り返したのである。要塞化された地形で後方の本城と連携しての防衛の前に、この単調な攻め方での損失はおびただしいものとなる。上赤坂方面（赤坂城）での死傷者は一日で六〇〇〇人、千剣破城（千早城）では二月二十八日に死傷者一八〇〇〇人にも上ったとされる。激戦の末に赤坂と吉野を攻略した鎌倉軍は、『太平記』によれば一〇〇万人にまで膨れ上がった。正成が率いているのはわずか千人であるが、知略の限りを尽くして幕府方の大軍を翻弄した。大軍を誇る鎌倉軍に対して、正成は城近くまで引き寄せたうえで、櫓から大石や大木を次から次へと落として大混乱に陥れた。

千早城の水断ちを図る鎌倉軍に対して、正成はあらかじめ城内に水槽を二〇〇～三〇〇個も作らせて貯水していた。何日たっても水汲みに誰も来ないことに鎌倉軍が油断して見張りをおろそかにした頃を見計らい、正成は優秀な射手二〇〇～三〇〇人に夜襲を仕掛けさせた。警護していた名越軍は二〇人ほどが討ち取られて撤退。正成は奪い取った名越家の旗を城に持ち帰ってはやし立てる。城攻めのときに寄せ手が激怒すると、籠城側の罠にかかる。名越軍は激怒。大挙して城に押し寄せたが、大木転がし攻撃にあって四〇〇～五〇〇人が圧死、五〇〇〇人ほどが射落とされている。

千早城の城壁も二重になっていた。攻め寄せた鎌倉軍は外側の壁を倒されたため、六〇〇〇人も谷底に落ちたという。先の「赤坂城の攻防」から、何も学習していないことがわかる。軍奉行・長崎高貞は「兵糧攻め」に切り替える。すると正成は、甲冑を着せた藁人形を城の麓に並べた。眼下の寄せ手は、城兵が決死の覚悟で打って出てきたと勘違いした。慌てて城に攻め登り、藁人形であることに気が付いた時にはもう手遅れ。たくさんの大石が落ちてきて三〇〇人が即死、五〇〇人が重傷を負ったとされる。

苛立つ鎌倉軍は巨大はしごを作らせた。これに綱をたくさん付け、城に向けて倒し架け、つり橋のようにしたのである。寄せ手の先陣がまさに城内に突入しようとした時、千早城からたいまつが投げ込まれた。続いて油がまかれ、火矢が放たれた。架け橋は燃え始め、寄せ手は前方は火に、後方は押し出そうとする味方の大軍に阻まれ、身動きが取れなくなった。大混乱の中、橋は耐えることができなくなり、兵たちを乗せたまま落ちていく。

正成の後方では吉野を脱した護良親王が、鎌倉幕府軍の後方攪乱を続けた。こうして、この小さな城の攻防は百日間も続き、大兵力を釘付けにしたため、各地での叛乱が群発し、鎌倉軍は征伐の手が回らなくなってくる。千早城に兵力を張り付けていることは鎌倉幕府の動員能力を決定的に低めていたのである。これに西国の軍事力が使用できない状態が赤松円心の活躍によって併発し、戦いは鎌倉幕府滅亡に向けて動いていく。

## 戦の勝敗を分けるのは兵隊の強さではない

脆弱な少数の兵で、精強な兵を主力にした桁違いの大軍に勝つということは、常識的に考えれば不可能であったが、正成はそれをやり遂げた。

なぜだろうか？　簡単に言えば、戦の勝敗を分けるのは兵隊の強さではなく、戦略と戦術の優劣だからである。そして、弱い兵を率いている司令官ほど、自軍の脆弱さを知っているから、策を練り上げるのである。絶えず訓練して精強さを保っている兵隊は、たしかに個人としては強い。しかし、戦は集団同士のぶつかり合いなのである。

東国の兵が、個人の武勇に頼って戦っている限りは、恐ろしい存在ではない。東国の強兵が真に恐るべき存在となるのは、「個人の武勇」という呪縛から解き放たれ、軍事的天才によって組織化され、戦略や戦術の原則に従って行動するようになってからである。戦国の世になり、上杉謙信と武田信玄が出るに至って、東国の兵は最強の軍団となり、西国や近畿の兵は勝てなくなったのである。しかし鎌倉幕府下においては、戦略や戦術は忌み嫌われていたから、戦略と戦術に長じた指揮官さえいれば、攻め込んできた鎌倉軍は大軍であったとしても恐れるに足らないものであったのである。

# 第五章

# 建武の新政と鎌倉幕府

## ——革命戦略と新国軍の建設

## ●鎌倉幕府という革命政権

クーデターと革命が異なるように、民衆蜂起の叛乱がすべて革命であるわけではない。革命として成功するには革命の醸造要因がある。それがなければたんなる一揆として終わってしまう。革命の醸造要因、言ってみれば革命の必要条件は社会の変動である。この社会の動きに対して、政治変動がどう対応するかが革命に至る、至らないの分かれ道となる。

政治変動についてはチャールズ・ティリーの研究が名高いが、革命との絡みでは四つの指標が示されている。時の政権が効果ある政策をとる「実効性」、時の政権を正しいと見なす価値的態度「正統性」、軍隊や警察といった「物理的強制力(ウルティマ・ラティオ)」、政治変動を加速させる要因としての「加速性」である。これらが有効に機能していれば叛乱は起こっても革命には至らない。鎌倉幕府の末期、叛乱が革命に至る可能性は高まっていた。

しかし社会変動は必要条件である。これが政権打倒の叛乱として結実するには革命戦略という十分条件がなければならない。

革命の醸造要因が整っていながらも、藤原信頼と源義朝の「平治の乱」がたんなるクーデターとなったのは戦略の不在にある。一方、治承四年(一一八〇年)の源頼政の反乱は、「平治の乱」と違って緻密な戦略に基づいていた。それはクーデター戦術というよりも、革命戦略ともいうべきものである。キャスリン・コーリーは反乱の成功は軍隊の動静にあると見た。この場合であれば近畿の平家帰属武士の動向がこれにあてはまるであろう。頼政はまず後白河法皇の子である以仁王《もちひとおう》を抱えて正統性を確保し、諸国の河内源氏残党に決起を促した。河内源氏残党が諸国で蜂起すれば、平家は諸方に討伐軍を派遣し都はがら空きになる。そこで頼政が、真空となった平安京を占拠するのである。

しかし頼政は、中核となるクーデター戦術は練り上げていない。また諸国の河内源氏残党が叛乱を起こすのか、平安京は本当に手薄となるのかも不確かであった。清盛が在地の勢力をもって反乱を抑える可能性も高い。そして「以仁王の令旨《りようじ》」を諸国にもって回る源行家が軽率であったため事が露見してしまう。頼政は、意見の相違が続出する中で時を失い、以仁王を連れて平安京を離脱。当初は叡山に逃れて源氏蜂起の知らせを待とうとしたが叡山が頼政に味方しないことを知り、園城寺の僧兵とともに南都に逃れようとしたところを宇治川付近で平知盛の軍と遭遇し敗れてしまった。

源頼朝が叛乱に踏み切った理由は恐怖からである。「以仁王の令旨」がもたらされたため遅かれ早かれ逮捕されると考えたのだ。頼朝の叛乱は頼政以上に他人頼りのずさんなものであった。北条氏の加勢をいれて数百人で目代《もくだい》山木兼隆を討ち、華々しく旗揚げすれば、義朝が扶植していた家人がはせさんじると思ったのだ。このずさんなクーデターは失敗した。にもかかわらず最終的に頼朝が成功したのは、頼政から始まっていた革命戦略が加速されつつあったこと、経済の東西格差、関東の独立機運、地球の温暖化という要因の賜である。とくに関東の独立気風にうまく乗ったためである。独立指向の強い坂東武者はことあるごとに中央政府に反対してきた。頼朝は平家に対する旗頭として利用価値があった。この叛乱は、当初は平将門以来の伝統的な関東独立をめざしたものであった。

頼朝も初め支配をもくろんだのは関東の武士階級という一地方の一階級であった。場合によっては平家とは東西分立で共存する可能性もあった。なぜなら、関東と西国では武士の気風が異なるからだ。最悪の場合には、西国は別種の存在と見なせる。しかし、坂東武者の支配者である河内源氏の棟梁は一人でなくてはならない。ここで、頼朝支配のもう一つの拠り所としての、「関東の原理」が登場する。鎌倉幕府のもと公式化された「関東の原理」とは土地所有を主体とした侍従関係である。土地の所有を認め、保護する代わりに奉公するというシステム。それは土地私有保護体制ともいえた。根幹にあるのは関東の特性であった。関東の地域特性は開拓地であるということである。

## ●頼朝はバランス・オブ・パワーの安定を守る「重石《おもし》」

日本が統一国家を形成していくなかで、導入したのは中国の唐がとっていたのと同じ律令制度である。律令制度のもと、すべての土地は国家に属する。ところが関東地方は後代になって徐々に開拓された地域であった。苦労して開墾した土地は、農地になると同時に「公地公民」の原則によって国家に取り上げられる。関東人にとって土地は命にも代えがたい代物であった。関東の人間は、これを中央による搾取と見なした。したがって、「関東の原理」が求めるのは、古代において防人が嘆いたように、そして平将門が主張したように、元来は「独立」であった。

平清盛が政権を握った時、武家政治が開始される。それはシステムを変え、軍事力を有する者が権力者になる形とした。しかし「武家」とはいっても、西国武士の発想を中心としていた。清盛は、様々な形で関東諸豪族に配慮した。たとえば、坂東武者を三年交替に平安京へ出仕させる京都大番役を新規に設置して、関東を近畿中央に融合しようとしたが、関東と近畿では経済の発達度合いが異なっていたためかえって違和感を与えてしまった。日宋貿易が大量の宋銭を流入させたため西日本では貨幣経済が発達していたが、関東ではそうしたレベルに至っていなかった。『承久記』によれば、帰郷するときに坂東武者が「手ヅカラミヅカラ蓑笠ヲ首ニ掛、カチハダシノ躰ニテ下リシ」とある。

関東諸豪族は、近畿中央から離脱したいが、それができないという時に、頼朝が叛乱を起こしたのである。この叛乱が、関東の諸豪族に格好の旗印を与えた。義家の子孫ということで、頼朝をいただいて中央からの離脱を考えたのである。

頼朝もこの点はよく心得ていた。頼朝は「ドングリの背比べ」のような状態の関東の豪族の均衡の上に乗る帽子のようなもので、頼朝が存在することによって豪族相互の争いが防止されていた。それはバランス・オブ・パワーの安定を守っている「重石」のような存在であった。頼朝は自分を支えるのが、「関東の原理」というイデオロギーであることを知っていたから、平安京には関心を示さず、関東武者の求心力であることのみに精力を注ぎ続けた。

折しも地球そのものが温暖化していた当時、西国が干魃《かんばつ》による飢饉続きなのに対して、緯度が北の関東は豊穣の地となっていた。富士川まで遠征してきた平維盛率いる近畿地方の軍隊は、ろくな食べ物もないため、食い詰めてきたあぶれ者である駆け武者が中心であったが、迎撃に向かった関東の兵は、豊かな生産力に支えられ、そしてその豊かな関東を独立させようという強固な意志で固まった精兵であった。補給もままならぬ平家軍は、戦う前から敗北していたのである。

頼朝の野心は限定されたものながらも徐々に拡大していき、ついには「武士」という一階級のみで日本全国のすべてを支配しようと考えるに至る。軍事力が権力を左右する以上、軍事力を構成する「武士」階級を支配することは権力の中枢を握るにも等しい。頼朝にすれば、政権の維持も奪取も軍事力によるのだから、それさえ握っていればいいということである。征夷大将軍には軍政を敷く権利があるから、いざとなれば朝廷など軍事力でねじ伏せることができる。

すでに「保元の乱」「平治の乱」によって政治システムは変わっていた。「治承・寿永」の「源平合戦」はシステム変更ではなく、システム内における「覇権変更」となり、「衛兵政治」の中で「関東の原理」を主軸にした軍事力が主体となるものであった。それは関東武者の野望の拡大と軌跡を一にしていた。

関東地方の中央からの自立を夢見ていた関東の豪族達は、西側武士との戦いに勝ち進むにつれて、今度は「関東の原理」で日本全土を支配しようと考え出す。その過程で、日和見的に関東勢力に与した西国の武士達は、望んでもいない体制に組み込まれていくことになる。平家政権のみが、自分達の利益を守ってくれると信じ、最後まで平家に与して戦ったのは、一部の賢明な西国武士のみで、大半は自分達を守ってくれる存在「平家」を裏切ることにより、自分自身も没落することになる。中には恩賞に目が眩んだ周防国船所の五郎正利のように、河内源氏に船を献上するという最低の選択をしてしまった者さえいた。そして、西国・近畿の軍事力を完全に屈服させ、関東内部での権力抗争が進み、北条氏が勝ち抜いた時、関東諸豪族のバランサーであった河内源氏将軍は、捨て去られることになったのだ。粗大ゴミのように。

この関東の武士が形成する軍、のちの鎌倉幕府の軍隊は一種の革命軍であった。兵隊供給の母胎が社会のどこの部分にあるかによって軍隊の形式も戦略も、そして政権のあり方も変わってくる。そして革命軍はイデオロギー的軍隊でもあった。

坂東武者は、その厳しい訓練や質素な生活、そして武勇を重んじる信条とは裏腹に軍としては脆弱なものである。これは戦略・戦術の軽視、武器の発達への無関心によるものである。革命軍とは革命を遂行する軍であり、革命成就後は革命政権を守るイデオロギー的軍であり、政治的軍隊である。トロツキーの労農赤軍、毛沢東の人民解放軍はともに創設段階では強力な革命軍であった。しかし、その目的は体制とイデオロギーを守る軍であった。政治的軍には致命的欠点がある。

政治的軍とは政治に影響され、影響を与える軍である。他の軍隊と競い合い、切磋琢磨するよりも国内の政治に関心をもってしまう。南米各国の軍隊は国内の政治に関心を持った。それは外国軍を相手にするよりも、はるかにたやすい暴徒を相手にするという行為で、比較にならぬほど大きな利益、すなわち国内での権力に介入できるのだ。外国軍に対抗できる軍とは、政治的軍ではなく純粋に技術的軍である。

関東の原理を守ろうとした革命軍は、自分達の勝利は自分達が重んじている個人的武勇によるものだと考えていた。「一所懸命」の関東の豪族達にとって土地をめぐるものが争いの基本であり、一カ所をめぐって集団で戦っていては戦乱の世となってしまう。鎌倉幕府がその争いの仲裁をするものであり、あるいはどちらかの土地所有を認める存在であった。どうしてもダメならば一騎打ちがある。戦略や戦術は集団で争われるものだから顧みられることもなく、ただ既存の兵器を武士の魂の如く大切にし、武勇のみを重んじる豪傑が闊歩する時代が続くのだ。

権力の基盤が土地所有にあるということは、それ以外の部分からの富の流入を危険視することになる。土地のみが収入源なればこそ土地を安堵する鎌倉幕府のみが忠誠の対象になる。他からの富の創出は忠誠心を薄めることにもなりかねない。加えて言えば、後世に徳川家康が理解したように、土地以外の部分からの富の存在は、土地のみに収入を頼る権力機構構成員の力を相対的に低下させる。となれば鎖国に似た体制に突入するのは必然である。そして「承久の変」を経て、政治的にも全国化された「関東の原理」は、その拡大とともにイデオロギーとしても強固な存在となっていった。文字通り、既存秩序を正当化し守る思想となっていったのである。その中で、鎌倉武士でない武装勢力、より正確にいえば「関東の原理」からはずれた武士達が近畿から西国に大量に存在するようになる。そして鎌倉幕府が長く続くことで鎌倉幕府軍は保守化していった。

## 革命の組織者・護良親王

『太平記』の時代の前段は、「関東の原理」や政治的軍隊の没落と絡み合う形で進んでいた経済の変化にあった。土地と米を基盤にした東国経済に対し、西側世界では貨幣経済の発達が見られていた。平清盛が輸入した宋銭の流通、生産力の高さがもたらす物質的豊かさ。これらは温暖であった平安の世から、鎌倉時代に移行した時に世界的に起こった小氷河期現象とも絡み合って西国の力を上昇させていた。寒冷期には南の地方の生産性が高まってくる。奥州藤原氏の没落が、秀衡時代の外交や軍事的失敗、泰衡の敗北がなくとも時間の問題であったように、より北方に近い世界の土地生産性は低下する。経済のより発達した地域の覇権を軍事的に押さえ付けていたのが鎌倉政権であった。戦略はおろか戦術すら不毛であった鎌倉時代が終焉し、南北朝動乱前、「建武の新政」に向かう際、後醍醐天皇のもとには、世界的レベルの革命戦略家が複数存在していた。

土地と無関係な「悪党」は、京武者としての美学をもった平家一門はむろんのこと、従来の西国武士よりもさらに徹底した商人的武士である。かつての水軍がそうであったように、土地所有意識が低い。それは商人にとっての利潤獲得と同様に勝つことを第一とする戦い方をする者でもあった。農民的武士としての鎌倉武士とは対極に位置する。

一定ルール内での土地争いを考えていた御家人達は、土地原理で制御できない悪党を新しい階級と見なした。「悪党」は御家人ではない軍事勢力であり、その起源は地頭に反発して自治化を進める農民勢力や、在地土豪などであり、流通活動に携わる者も多かった。そして地頭による土地収奪に悩まされた公家達は在地住人が行う流通の利益に目を付け保護を与え、代わりに利益を得ていた。反地頭勢力としても商業的利益を追う者としても、これは叛乱段階で近畿・西国の旧勢力と新階級が連合することを容易くさせた。社会の変化に連動して兵隊の供給母胎も変わってくる。そして、ほぼリンクする形で存在していた東西の地域的対立と旧勢力内の階級的対立は、貴族や西国武士といった中に存在する知識人達の鎌倉政権への反発にもつながっていった。

後嵯峨上皇の後継者である「治天の君」には、後深草天皇とその弟の亀山天皇がいた。ところが後嵯峨天皇は後継者を指名することなく死去する。そのため皇位継承権をめぐる対立が起こった。後深草天皇系列が持明院統、亀山天皇系列が大覚寺統で、どちらも決定的な力がないために鎌倉幕府により両統鼎立《ていりつ》が進められる。後醍醐天皇が、最初から壮大な革命理論や政権構想を抱いていたとは思えない。不満の大本は両統鼎立にあった。大覚寺統と持明院統から交互に天皇が出る仕組みでは、後醍醐天皇の後継は自分の皇子達ではなく対立している持明院統にもっていかれる。自分の後継者すら自分の意のままにならない状態が後醍醐天皇の不満を鬱積させたものにする。鎌倉幕府は朝廷を意のままに動かそうとしたのではなく、基本的に「忠実なる仲買人」の役割を負っていたにすぎない。しかし後醍醐天皇にとってはそう映らなかった。後醍醐天皇は、自らが「治天の君」となることになれば、こうした横暴と無縁になれると考えたようである。

新しい時代の幕開けを準備する革命戦略家は後醍醐天皇に最も近い存在の中にいた。叡山の天台座主の地位にいた後醍醐天皇の皇子・大塔宮護良親王こそ革命戦略の組織者であり指揮官であった。護良親王は後醍醐天皇の第一皇子である。文保二年（一三一八年）に延暦寺梶井門跡大塔に入室したため大塔宮と称された。嘉暦元年（一三二六年）落飾して尊雲と称し、翌年天台座主となっていた（なお還俗して護良と改名したのは元弘二年とされている）。護良親王が天台座主であったのも、平安京に隣接する叡山の軍事力こそが、都での戦いに重要な要素を占めることを理解していたからである。

護良親王は倒幕のための戦略を練り上げていた。後醍醐天皇は密かに南都に移動する。一方で後醍醐天皇は叡山に行幸したと大いに宣伝しながら後醍醐天皇の身代わりを叡山に入れ、後醍醐天皇を狙ってきた鎌倉幕府軍を護良親王の指揮下、叡山でくいとめる。その間に後醍醐天皇は諸国に「倒幕の宣旨《せんじ》」を配布する。

叡山は「革命の拠点」というよりも、「動かぬ」陽動作戦部隊であった。鎌倉幕府の目を叡山に集中させるのである。鎌倉幕府は「倒幕の宣旨」は叡山から発せられていると考え、叡山攻略にやっきとなるであろう。しかし本体は別の安全なところにあって「倒幕の宣旨」を際限なく発行していくのである。「宣旨」は諸国を駆けめぐる。全国の不満勢力を糾合するために時間が必要であった。計画通り後醍醐天皇は突如として内裏を抜け出し南都に向かい、そこから笠置山に入った。笠置山は天険なうえ、僧兵が揃っている。笠置山が「倒幕の宣旨」発行拠点となった。倒幕の戦略は革命戦略になっていく。

南都・北嶺は都の争乱の主役にはならないが、無視できない、あなどりがたい勢力であった。革命軍の主力として長期戦に耐え得るかどうかは疑問であるが、平安京に隣接して常時数千人の兵を保有することは決戦が差し迫った時、あるいは緊急に際して即戦力として無視できない軍事力である。叡山は護良親王の見事な戦い方で鎌倉軍を破る。しかし、西塔にいた偽天皇・大納言師賢が本院に移る時、折からの山颪《やまおろし》によって御簾《みす》がめくれ偽物であることがばれてしまった。騙されたことを知った叡山は雰囲気が一転し、やむなく護良親王は叡山を捨てることにする。革命戦略の一端が瓦解し、これは笠置山にも波及することになる。

護良親王の策は陽動作戦としては成功であった。後醍醐天皇が笠置山に無事に入れたからである。しかし数日の猶予しか与えられなかった。鎌倉幕府側は後醍醐天皇が笠置山にいることを探知したからである。これは笠置山に天皇支持者の武士達が大和国・河内国・伊賀国・伊勢国などから続々と参上していたからである。天皇の側近・文観《もんかん》は、真言宗の寺院勢力をまとめることに尽力した。籠城軍の兵力は約四〇〇〇人。対して平安京における鎌倉幕府本営の六波羅探題では、近畿を中心に一〇万騎にも達する兵を集めた。緒戦で敗退した鎌倉幕府軍は東西南北から笠置山を包囲する。南は近畿五カ国の軍七六〇〇騎、東は伊勢国・伊賀国・尾張国・三河国・遠江国の軍二万五〇〇〇騎、北は山陰道八カ国の軍一万二〇〇〇騎、西は山陽道八カ国の軍三万二〇〇〇騎。四方から取り囲み、東と西の比較的平坦な地形に大軍を集結させている。しかし九月二日に始まった攻撃は、峻険な笠置山の地形に邪魔されて思うように進行しない。しかもこの頃後醍醐天皇は、革命戦争を戦い抜くために欠くことができない戦略家を手に入れていた。楠木正成である。

## 革命の戦略家・楠木正成

元弘元年（一三三一年）九月十日に、後醍醐天皇のもとに五〇騎の兵とともにはせ参じた楠木正成はただちに革命戦略を献策する。正成の鎌倉幕府打倒法は、正成が河内国赤坂において挙兵し、鎌倉幕府軍を笠置山と赤坂に分散させ、それと同時に「倒幕の宣旨」を配布することで各地に叛乱を起こさせて鎌倉幕府軍を分散させようというものであった。いかな鎌倉幕府でも各地に兵が分散されれば根拠地は手薄になるから簡単に攻略できるはずであった。これを革命戦略としてとらえるとどうなるか。これは個々には陣地戦の形をとった実質的遊撃戦であった。基本的には護良親王と同じ発想である。問題は諸国での叛乱がどれ程の数になるかである。それによって分散の度合いが決まる。したがって、正成ができるだけ多くの敵を引きつけることにより鎌倉幕府の手持ちの兵力は少なくなり、諸国の叛乱は誘発しやすくなる。

毛沢東の『我が遊撃戦』には有名な言葉が記されている。「たえず変動する長い戦線での作戦に用いるべき。中国の軍隊が勝利するには、迅速な前進、迅速な後退、迅速な集中と迅速な分散というひろい戦場での高度の運動戦が必要」、遊撃戦の場合は、相互に連絡がとれないなかで、個々の小集団が戦闘しなければならないという状況を想定し、さらに『持久戦論』「敵進我退（敵が進撃してくれば退き）、敵駐我攪（敵がとどまれば攪乱し）、敵疲我打（敵が疲れれば攻め）、敵退我追（敵が退けば追撃する）」、そして①戦略的防御、②対峙、③反抗という三段階に運動戦、遊撃戦、陣地戦で対応すると述べている。比較してみると正成の献策とかなり類似していることがわかる。

さらに『孫子』「虚実篇」の「人を形せしめて我に形なければ、則ち我は専《もっぱら》にして敵は分かる。

我は専にして一となり、敵は分かれて十となれば、これ十を以って一を攻むるなり。則ち我は衆《おお》くして、敵は寡《すくな》し。よく衆を以て寡《か》を撃たば、則ち吾のともに戦う所の者は約なり。吾のともに戦う所の地は知るべからず。知るべからざれば、則ち敵の備うる所の者多ければ、則ち吾のともに戦う所の者は寡し。故に、前に備うれば則ち後ろ寡く、後ろに備うれば則ち前寡く、左に備うれば則ち右寡く、右に備うれば則ち左寡し。備えざる所なければ、寡からざる所なし。寡き者は人に備うる者なり。衆き者は人をして己れに備えしむる者なり」と比較すれば、正成の戦略の普遍性はさらに明らかであろう。

革命戦略の中枢を占めるのがゲリラ戦である。ゲリラ戦とは、巨大な一つの戦線を作らず、小規模の部隊に分かれ、会戦を徹底して回避して、小規模な襲撃と待ち伏せをもって戦争を継続する方法である。それは非対称な者同士の戦いである。

正規軍との戦いに勝利がおぼつかなければ、正規軍との正面衝突の会戦は避けなければならない。その代わりに正規軍を衰弱させる戦いが継続される。そこでは分散・独立戦闘の価値が増大する。ゲリラ側は自ら分散することによって敵正規軍に分散を強要し、有利な戦場だけで戦う。すなわち、ある時期と場所において相対戦闘力の優位を確保するため、自ら分散する。ゲリラが各地で蜂起すれば既存権力の支配地は失われる。そのため支配地を維持しようと正規軍が分散される。分散されればされるほどに正規軍各部隊は小規模となってゲリラによる奇襲・包囲などによる殲滅を受けやすくなる。

ゲリラ側は一般に小部隊戦闘を基本としており、これらの部隊は独立した戦闘を行い、それに適した編成である。軍事的な戦闘力において劣勢なゲリラ側は必然的に決戦を回避するため、これらの戦いは一般に長期化し、持久戦、消耗戦化する。そしてゲリラ側が優位に立てる心理作戦や政治宣伝戦で勝利を収めようとする。そのために大義名分の有無が士気に影響し、戦いを継続する士気の根源となる。これらが護良親王、楠木正成、後醍醐天皇、そして北畠親房らが延々と続けた長い戦いの本質なのである。

もちろんゲリラ戦争がすべて革命戦争ではない。社会と遊離していればゲリラは存在すら困難になる。一九七〇年代の日本にあって、新左翼が持ち込んだカルロス・マリゲーラらの都市ゲリラの思想は、当時の社会とは無関係なテロルと破壊活動を展開し、内ゲバと浅間山荘事件で終了した。少数の者達がテロルを敢行しても社会を変動させるものにはならない。社会的基盤の中から兵力が大量に供給されて初めて社会変動としての革命になる。

## ●「悪党」を生み出した社会の流動化

正成が基盤にしていたのは関東型の武士ではなく、かといって土地を所有していた西国型の武士でもない。瀬戸内海の水軍に見られたような、関東では武家と見なさないような、従来の武士階級とは異質な武士「悪党」であった。土地を基礎にピラミッド化された関東の武士団に対し、「悪党」とは既存の社会秩序からあぶれ出た存在である。土地と農民の直接的な支配関係が薄く、そのために制度外から富を得ようとする集団である。「悪党」は土豪であり盗賊であり、時に応じて商人や、農民でさえある時もあった。それは「侍」の枠組みよりはずれた「兵」でもあったが、多くは流通と結び付いていた。

こうした「悪党」を生み出したのは社会の流動化である。盤石を誇る関東のピラミッドに対して、近畿地方は荘園領主の土地への直接的支配が強く、一方で農民が生産者としての立場を強固にし土地所有権を背景に自立化していった。やがて荘園領主と自立化した農民とは直接的に結び付いていくようになる。従来、荘園領主の代官的役割を担っていた荘官武士はその狭間にあって次第に権限を失っていくようになる。地位の流動化である。そのために荘官武士達は土地の生産を直接管理することが減少し、代わりに富を武力で収奪するようになっていく。地位も権限もなく、ただ武力のみを保有する「悪党」は、このように流動化の産物であった。変革の主体はこの流動化した人々である。この段階では、かつて革命の主役であった坂東武者は社会的にだけでなく、イデオロギー的にも軍事形態でも保守勢力となっている。

こうした「悪党」には既存の倫理観は当てはまらない。少なくとも鎌倉武士的な名誉は重んじられることが少なく、代わりに「利益」を得ることを直接に追い求めているから、「勝利」の追求も機能的本質をついている。「名誉」よりも「勝利」こそが追求されなければならないし、「勝利」よりもその結果としての「利益」が大切であった。これがために、関東とは異なった合戦の原理が登場する。

正成はこのあと下赤坂城で挙兵した。正成の活躍は、「赤坂城攻防戦」「天王寺合戦」「千早城攻防戦」と続き、その個々の合戦の華やかさに目を奪われがちだが、これらの合戦は巨大な革命戦略の一部にすぎない。

護良親王は山伏の服装をして奈良から紀州にかけて歩きながら味方を集めていたのである。叡山を出てからの護良親王の足取りは『太平記』を読む限りは明らかではない。しかし、その配下に播磨国の豪族・赤松円心の息子・則祐《のりすけ》を加えていたことからもわかるように、諸国を回りつつ「革命の火種」を播いていたのである。

階級などという考えが想像だにされなかった時代にもかかわらず護良親王は階級的な視点を持っていた戦略家であった。鎌倉幕府によって武士として認められないような社会から流動化した民の存在を革命の原動力にしようと考えていたからである。護良親王は武士階級とは異質な勢力を糾合して軍事力として育てていた。山伏であり盗賊であり土豪であり職人であり農民であり乞食であり僧侶であり、じつに雑多で様々な種類の人間を、護良親王の指揮下に入り命令を遵守するという条件で兵士化していったのである。これこそ、あらゆる意味で「革命軍」となるものであった。そして紀州国・大和国の鎌倉幕府側の武士の館を奇襲して討つということを繰り返して勢力を扶植し、約三〇〇〇人の兵とともに吉野で挙兵したのである。楠木正成がこれに呼応して元弘二年（一三三二年）暮れに河内の赤坂城、金剛山の千早城で蜂起し籠城する。

さらに元弘三年（一三三三年）一月二十一日、播磨国佐用庄苔縄城《こけなわじょう》にて赤松円心（則村）が挙兵する。円心の呼び掛けに応じて佐用庄以外の播磨各地の武士も参集し、一〇〇〇余騎になったという。円心は杉坂と山野里に関所を設けて山陰道・山陽道を遮断する。円心は積極的にゲリラ戦を展開した。この効果は計り知れないものがある。円心のもとに集まった兵は一〇〇〇騎ほどであったが、単に敵方を分散させただけではなかった。この情報遮断によって西国には鎌倉幕府の命令が思うように届かなくなった。これによって鎌倉幕府の命令で完全に後醍醐天皇側と敵対する勢力は日本の半分、東国だけとなったからである。遮断された先の西国では叛乱が相次ぐようになる。バランス・オブ・パワーは大きく変換し出した。護良親王の策なのか赤松円心の考えたことなのかは不明であるが見事な大戦略である。

しかも鎌倉幕府が動員した大兵力は南近畿方面に向かっているために赤松一党の叛乱に対しては兵力を振り向けにくい。護良親王が播いた種は各地で開花、やがて円心は平安京突入を試みるようになる。四国の伊予国では河野氏が大規模な叛乱を起こし、長門国を初めとする西国諸国を引きつけ出した。九州では菊池武時が叛乱を起こす。小さな叛乱は紀州国、大和国でも起こり西国での鎌倉軍の集結をいっそう妨害した。遠く関東の地にも綸旨《りんじ》は届いていた。そして兵が出払って手薄になった鎌倉は新田義貞によって陥落する。

革命は現体制に不満を懐く各種勢力を取り込んで遂行される。糾合された勢力が大きければ大きいほどに変革や求心性も激しいものになる。「建武の新政」は、持明院統に対する大覚寺統、武家政権に反対する貴族・寺社、既存武士に対する悪党、東国の武士に対する近畿・西国の武士、東国における執権北条氏に対する坂東武者といった雑多な勢力を執権北条氏打倒という目標に集結させて行った革命であった。

しかし革命後はやたら復古的な「延喜天暦の治《えんぎてんりゃくのち》」を理想とし、実態は後醍醐天皇の側近への恩賞のばらまきという矛盾の塊であった。その中にあって護良親王こそは革命が成就したのち、「建武の新政」が新体制として存続するために真に必要なものが何かを知っていた唯一の人物であった。

## 武装を解かれた預言者の追放

政治学の古典『君主論』の中で、ニコロ・マキァヴェリはあまりにも有名な一節を設ける。「すべての武装された預言者は征服し、武装されざる者は滅亡させられてきた」。ルネッサンス時代のフィレンツェで、カリスマ修道士として神権政治を展開したサヴォナローラ没落を分析したこのマキァヴェリの一文は、アイザック・ドイッチャーによってトロツキーの評伝のタイトルとして使われた警句であり、あらゆる政治的革命を貫く普遍的法則である。

民衆は熱しやすく冷めやすい。人々が革命の熱狂に浮かされているあいだに、革命の理念と革命政権を守る軍事力を創設しなくてはならない。熱が冷めた民衆に対しては物理的強制力で言うことをきかせなくてはならなくなるからだ。サヴォナローラは軍事力の創設を怠ったために没落した。

革命による旧権力の打倒から、さらに革命の制度化が進められる時に、新政権を支える軍事力と警察力の創設が必要不可欠になってくる。英国清教徒革命において鉄騎兵を指揮し、ニュー・モデル軍を創設したオリバー・クロムウェル、フランス革命においてフランス国民軍を創設したニコラ・レオナール・サディ・カルノー、ロシア革命において革命戦略を練り上げて赤衛兵を指揮し、革命達成後に労農赤軍を創設したレオン・トロツキーらは革命の組織者として革命政権の安定のために必要な軍事力を創設した。

それは旧来の軍とは異なった性格をもつ、新体制に奉仕する新たな軍である。革命遂行に貢献した革命軍は新国軍として転換しやすいから、革命の熱狂が支配しているあいだに、そして旧政権の武装が政権もろとも瓦解した瞬間に、革命政権を守るべき新しい軍事力が早急に作られなければならない。サヴォナローラに限らず、革命に一般的に見られるような期待と現実のギャップが不満を醸成するようになるからだ。「建武の新政」という革命政権も新国軍の創設が急務となる。

新国軍を旧来通りの武士に置くのか、それともまったく別個な新しい軍事力を構築するのかによって政権のあり方も異なってくる。社会の変化に応じての革命である以上、革命軍は社会と連動して存在しなければならない。唯一の正統性と、それが認める唯一の軍事力の創設。軍事力が一つしかなければ、政権を脅かす存在はなくなる。護良親王は天皇直属の軍隊の必要性、そしてすべての軍事力がそれにのみ集約されている体制が必要であること、それは鎌倉幕府のような土地に密着した主従関係のみを軍事力の基盤にするのではなく、海運などの流通を基盤にした勢力も組み込んだ新たなる軍事組織であることを理解していた。

征夷大将軍・兵部卿に就任した護良親王は平安京にはとどまらず自らの勢力圏である吉野にいた。護良親王は大和国の信貴山の毘沙門堂にあって諸国の軍勢を集め始める。元弘三年（一三三三年）六月三日の日付で護良親王のもとに馳せ参じたのは近畿の兵を中心に「天下の大半」となったと『太平記』には記されている。赤松円心、千種忠顕《ちぐさただあき》らを中心に二〇万七〇〇〇騎とされた大軍が集結していた。基盤である大和国、紀伊国のみならず、近畿の軍事力の掌握に成功したようであった。あとはこれをいかに組織化するかが問題である。

旧来型の武士ではない軍事力、少なくとも鎌倉型の農民的武士ではない軍事力が、護良親王の考える軍事力の中には要素として存在していた。すでに革命戦争当時から、それらの軍事力を組織して戦ってきたからである。実戦でのゲリラ戦の強みと勝利、そして政治体制との調和を考えたとき、鎌倉幕府とは異なった軍事力創設は可能であったし、必要でもあった。

護良親王はそうした軍事力を組織化するためにも、「軍事の大権」として征夷大将軍の地位を欲したのである。そしてそうした新国軍創設のための人員は、至るところに転がっていた。もともと護良親王とともに戦った勢力以外にも、流通経済の発達にともなって悪党が雨後のタケノコのように登場していたからである。これが政権の中で位置付けられ、収入基盤をもてば革命の武装化は達成されることになる。

しかしこの護良親王の意図を理解した人物は、新政権の外側にいた。それは関東の農民的武士の代表ともいうべき足利尊氏であった。尊氏にとって護良親王の意図することは脅威以外の何物でもない。土地と無関係な軍隊は自分たちの存在を否定する。どちらかというと人の良い尊氏以上に尊氏の弟・直義《ただよし》は強硬であった。

この尊氏と組んだのが、後醍醐天皇の寵妃・阿野廉子であった。我が子を天皇にと願う廉子にとって護良親王は尊氏とは異なった意味での脅威であった。「建武の新政」における「傾国の美女」である。護良親王は武人であり、軍の組織者でもあったし政治家としての力量もあったようであるが、いわゆる政略家ではなかった。革命が成就したときに前漢の韓信と同様な運命が待っていた。

赤松円心が播磨国の守護職から佐用庄地頭職に左遷され、楠木正成が紀伊国の北条氏残党の討伐に向かい、不在となった建武元年十月二十二日、清涼殿での詩会に招かれた護良親王はわずか三〇名の従者に付き添われて参内し、そこで捕縛される。護良親王捕縛が尊氏と阿野廉子との同盟の産物であることは疑いがないが、後醍醐天皇は躊躇なく護良親王を見殺しにした。「正中《しょうちゅう》の変」で日野資朝《すけとも》を見捨てたように、自分のために身を粉《こ》にして戦った護良親王の捕縛を後醍醐天皇は放置したのである。結局、低俗な宮廷革命により捕縛された護良親王は鎌倉の土牢の中で殺される。

この護良親王の捕縛により、新政権は瓦解していくのである。「建武の新政」は失敗した。しかし革命戦略家として楠木正成は毛沢東やボー・グエン・ザップに比肩しうる者として、しかも日本屈指の籠城の達人として評価できる。護良親王は革命の組織者としてクロムウェルやトロツキーと並び称されるべき人物として評価されるべき存在なのである。

# 第六章

# 北畠顕家の遠征と信玄の棒道ほかとの対比

## ――兵站の課題

## ●日本では兵站線《へいたんせん》そのものが見当たらない

日本は戦術重視で戦略がないとよくいわれる。それは今に始まったことではないとされるが、江戸時代が始まる前には、優れた戦略家が多々存在していた。しかし古来、いわゆる兵站線というものが、欧米や中国に比べて軽視されがちであることは事実であった。戦場に出向いたものの、武器もなければ食べ物もない、では戦いなどできはしない。広大な大陸で戦う場合、食料などの補給線の問題は軍隊の継戦能力の死命を制するものである。さらに、後方からの情報も指示も遮断されたならば前線の軍隊は、あらゆる意味で立ち往生することになる。戦略を考える際の基本として、いわゆる食料補給線だけでなく、情報の流れなども含めた兵站線をどうするかが浮上する。

ところが、日本では戦術の比重の高さに比例するように、兵站線の軽視が見られているのだ。なにしろ兵站線の分断が勝利に結び付かないだけでなく、兵站線そのものが見当たらないことさえあるのだ。もちろん武将達も、兵站の重要性は知っている。しかし、それはヨーロッパや中国の名将に比べて、戦争全体の中では、低い扱いなのである。

大陸の戦いに慣れていた中国や欧米の戦略家は、異口同音に補給の重要性を述べている。英国のウェリントン将軍は「目的を達成するには食べさせなければならない」と述べ、米国のアイゼンハワー将軍は「前線への補給さえうまくやれれば、どんな馬鹿でも大戦略家の仲間入りができる」と述べたというが、この問題は二千五百年前の孫子の時代より指摘されていた。

『孫子』「作戦篇」では、こう述べられている。「国の師に貧するは、遠く輸《いた》せばなり。遠く輸れば、則ち百姓貧し、師に近き者は貴売す。貴売すれば、則ち百姓、財竭《つ》く。財竭くれば、則ち丘《きゅう》役《えき》に急なり。力屈し財を殫《つ》き中原の内、家に虚し。百姓の費《つい》え、十にその七を去る。公家の費え、破車罷馬《ひば》、甲冑矢弩《しど》、戟楯矛櫓《げきじゅんぼうろ》、丘牛大車、十にその六を去る。故に、知将は務めて敵に食む。敵の一鍾を食むは、わが二十鍾に当り、萁秆《きかん》一石は、わが二十石に当る」。

味方の根拠地から、延々と補給を続けるのは難しい。それよりも食料などは現地調達が望ましいと孫子は指摘する。そうすれば味方の負担は少なく、補給線を断ち切られる恐れもなく、悠々と戦える。これは理想論としては正しいが、実際に行うとなると困難である。現地で食料などの略奪を行うのであれば反感をかう。金銭で購入しようとしても、敵が物資を隠してしまえば不可能となる。敵の物資を奪えというのは、できたなら理想ということにすぎない。

かといって、根拠地から補給する場合は大変な労力をかけて補給線を維持しなければならず距離が遠くなればなるほど戦力は低下し、補給線を断ち切られれば手ひどい打撃を被ることになる。戦力は距離の二乗に反比例するとさえいわれている。

## ●敵地を味方の地域に組み替える

ルイ十四世のもとで大陸軍を建設したル・テリエとルーヴォアは補給倉庫制度を考案し、フリードリッヒ大王は「輸送五日制」を考案した。しかし、ナポレオンの成功も失敗も現地からの略奪にあった。モルトケは鉄道時代を最もよく理解した戦略家であるが、現地調達も併用した。ジンギスカンは民族そのものを、すなわち国そのもの根拠地そのものを移動させたが、略奪も行った。ヒトラーは略奪と補給をミックスさせてスターリングラードに至る延々三〇〇〇キロメートルの陸上輸送を成功させた。しかし、ヒトラーはドイツの産業を兵器生産中心としていたため補給のためには馬を使い、その数は二七五万頭にもなったという。同様にスターリンもまた馬を使い、三五〇万頭の馬が動員された。毛沢東は遠征地そのものを支配下に組み入れ、根拠地を拡大させる形でその二つをミックスした。つまり敵地を味方の地域に組み替えることを重視したのである。

日本において兵站線の問題を重視した平知盛も、大戦略的には安徳天皇を奉じることにより遠征地域を敵地ではなく支配地として活用した。つまり、敵に対しては兵站線遮断を試みながら、自らは現地調達方式をとったのである。源頼朝は根拠地から遠征軍を派遣したが、木曽義仲は現地で調達を試みて失敗した。しかし、根拠地からの食料・情報に依存した場合には、兵站線遮断によって苦しめられるから、どちらにしても遠征の困難はつきまとっている。楽な遠征など存在しないのだ。

そのために、兵站線を維持する方策と現地調達方策をどの程度の配分で行っていくかが、各武将の考え方ということになる。様々な方策が考えられているが、これに時代特性と地理的要因が加わる。根拠地の支配権が強ければ、敵もまた強力な支配権を確立していると見なして、現地調達は困難と見なし、支配権が脆弱であれば逆のことがいえることになる。たとえば、関東は土地の所有権がもともと強く、その関東で源頼朝は支配権を確立していたため、関東から西側へと物資の供給を行ったのである。

一方、木曽義仲は軍隊を引き連れて移動する形であったから、現地調達の略奪主体であった。そのため、平安京に入るや否や、略奪による乱暴狼藉が開始され、その方法での限界から兵力の枯渇が見られている。なにしろ平安京そのものが飢饉によって物資が欠乏していたのだ。食べ物がなくなった段階で軍隊は維持できなくなったのである。しかも、略奪に頼っていたことで、民心が離れてしまった。

この平安時代末期は、大遠征の時代であって、平維盛による平安京からの東国遠征、平知盛による平安京からの東海地方への遠征、木曽義仲による北陸からの上洛、そして西国遠征、源範頼による関東からの西国遠征などが見られている。これは、のちの戦国時代や江戸時代ほどに、その地域の支配者の支配権が強力ではなかったからであろう。実際の土地の所有者でない限り、地域支配者といっても、転勤によって移動してきたサラリーマンのようなもので、再度、転勤すれば、その地域との関係は希薄なものになってしまう。日本においては、この支配権の強弱が時代とともに変化し、それが遠征形態にも変化を与えているのである。

遠征は鎌倉時代にも見られる。鎌倉幕府は、大軍を遠征させるということを何度もしている。『吾妻鏡』によれば、奥州藤原氏を攻めるときには、関東から奥羽に向かい二八万四〇〇〇騎を派遣し、さらに「承久の変」では、関東から近畿に向けて一九万騎を派遣している。そして、元弘元年（一三三一年）、九月十一日、楠正成が手勢五〇〇人とともに籠もった河内国赤坂城を攻めるに当たっては、『太平記』によれば、東国から上洛してくる軍は二〇万七六〇〇余騎とされている。こちらは、根拠地からの補給を行っている。鎌倉幕府の政権は、土地に対する執着が強い政権で、それだけ土地支配力も強かったのである。

さらに、「建武の新政」から南北朝の動乱にかけては、地方勢力の遠征がじつに頻繁に行われていた。足利尊氏の上洛自体も、関東から平安京への遠征であったし、東国に下った足利尊氏の征伐に向かった新田義貞らも長大な遠征であった。それでも、近畿とか関東といった豊穣の地からの遠征は納得しやすいが、たとえば北畠顕家の遠征は、土地生産力の低い奥羽の地から平安京への遠征という史上初の試みであった。

## 偉大な名将・北畠顕家の大遠征

建武二年（一三三五年）十一月十九日、「建武の新政」と袂を分かち、東国に戻った足利尊氏に対し、新田義貞は朝敵追討の宣旨を賜る。新田一統七〇〇〇騎を中心にして、『太平記』によれば諸国の大名三二〇人約六万七〇〇〇騎、千葉氏や宇都宮氏など関東の諸豪族も多く加わり、東海道を東進し、東山道からは約一万騎が東進し、北畠顕家の奥羽の軍も足利軍の背後から現れて三方から挟撃する形をとっていた。顕家は鎮守府将軍補任となり、奥羽全体ににらみを利かせていた。

もしこの三軍を統一的に指揮できる司令官があれば、この遠征は分進合撃となって結実した可能性もあるし、少なくともカンネのような「旋回運動」にもなり得るものであったから、勝利は比較的容易であったかもしれない。だが護良親王亡きあと、官位的にも経験的にも能力的にも衆目が認める統一司令官は不在であった。したがって、高度な計算を必要とする三道並進の「分進合撃」は不可能であったため、各方面軍はおのおの準備に合わせてバラバラに行動していた。

顕家が軍勢を整えて奥羽から出てきたのが十二月二十二日、この段階ではすでに「箱根・竹之下合戦」は終わり、全国に出された撤退命令に従って東海道の新田軍は平安京に向かい、それを追って関東をがら空きにしたまま足利軍も上洛の途についていた。顕家は足利側の奥州管領《かんれい》・斯《し》波《ば》家長をはじめ佐竹氏・相馬氏等の軍勢を蹴散らして簡単に鎌倉に入った。

関東から補給を行っていたのなら足利軍はこの段階で戦わずに敗北しただろうが、それをしなかったからこそ無茶ともいえる上洛軍を起こすことができたのである。つまり関東を勢力圏に収めたといっても、それは強固な支配を伴っていたのではなく、関東諸豪族の支持をとり付けていたというレベルにすぎなかったから、関東を、固定された力の供給源にはしなかったのである。そのために兵糧などの調達は、あくまで遠征地での現地調達になっていた。

しかし直接的に足利軍に打撃を与えることはできなかったにしても、顕家が奥羽に加えて関東までをも支配したらバランス・オブ・パワー上、後醍醐天皇側が相当に有利になったことだけは疑いない。それは項羽と劉邦の争いの中、韓信将軍が魏《ぎ》、趙《ちょう》、燕《えん》、斉《せい》を平定した形に似通っていた。しかし平安京にこだわった後醍醐天皇は全国的視野で眺めることなく、我が身を守るために、ただただ全国の与党を平安京に集結させることしか考えていなかった。そのためにせっかく占領した鎌倉を捨てて顕家は平安京に向かったのである。

顕家が率いていたのは、関東における新田残党を加えて五万人とされている。過大な数字の多い『太平記』において、この数字は比較的、的を射たものかもしれない。奥州藤原氏が国外に派遣し得る兵力を平清盛は二万人と見ていたが、実際に奥羽の石高は一〇〇万石強程度であったから三万前後が動員力となってくる。これに新田軍残党が加わったのである。しかし、少なめの数字である五万人が実数だとしても、奥羽の土地生産力から見れば過大であった。これは北畠顕家が土地生産力に縛られない民をも動員していたからであろう。

兵農分離が進んだ桃山時代の動員力は、一万石につき二五〇人とされている。これを上回る兵力を集めるためには農兵の比重を高めるか、土地生産力とは別個な民を動員するしかない。武田信玄や北条氏康、そして長宗我部元親らは農兵比重を上げた。織田信長は兵農分離を進めたが、兵隊の供給源は農村であった。護良親王は、このいずれでもない方策をとった。農業と土地とは無関係な民に目をつけたのである。北畠顕家は護良親王タイプである。

しかし、ここでの問題は土地生産力から逆算された兵力の場合、その軍隊は既存の経済力の範囲内から合理的に打ち出されたものであり、動員も合戦もその範囲内で収まり得るものとなるが、土地生産力と無関係の軍隊は、土地生産力から算出された経済力では養えない規模となってしまうことがあることである。しかも今回の遠征は遙か奥羽の地を離れてのものである。通常、戦力は距離の二乗に反比例されるとされるが、これは兵数だけの問題ではない。遠征軍の規模を巨大化させると兵糧などの圧迫はさらに激しいものとなってくる。したがって、奥羽のもつ経済力とは無関係に行わなければならなかったのである。

顕家は偉大な名将である。長い日本の歴史において奥羽の軍隊が外に攻め寄せることなど皆無に近く、まして中央の戦いの帰趨を制したこととなれば奇跡に近いことなのである。奥羽の存在が天下の形勢を左右したことすら数度しかない。ところがそれを成し遂げた唯一の人物が顕家である。アルタイ、阿部氏、清原氏も含めて叛乱が奥羽の地に起こって鎮圧された。それでもそういった叛乱は数年にも及ぶものであったが、見かけ倒しの奥州藤原氏に至っては、関東から河内源氏軍に攻められて、たった二十日程度で抵抗を終えている。多くの人が誤解していたようだが、奥州藤原氏の実力は関東の有力な豪族程度のものにすぎなかったのである。

藤原秀衡が平家と河内源氏の拮抗という恵まれた条件を利用できず、バランサーになり損ねた段階で、奥州藤原氏は滅亡の運命にあった。単独の軍事力が世評に言う一八万騎からほど遠いことは、平清盛が「二万騎」と読んでいたことからも明らかである。戦国期に入ってからも伊達政宗も最上義秋も津軽為信も地域限定の武将であり、天下の覇権とはほど遠い存在であった。

奥羽軍の一般的な限界はそれにとどまらない。奥羽の兵の多くは徒歩であったことが戦力としての弱みとなっていた。したがって進撃速度がどうしても遅くなるのは致し方ないし、突撃力も欠いていた。補給線の問題にも悩まされたはずである。しかしこの時の北畠軍は二十日余りで千キロの道のりを走破し、翌建武三年（一三三六）正月十三日には琵琶湖畔に、十四日には坂本に着いている。このスピードは尊氏が鎌倉突入に見せた以上のものである。一日五〇キロというのは一般的な行軍スピードの二倍近い。こうして奥羽の外に遠征し、中央の戦いに参加したばかりか、顕家の指揮下で奥羽の軍は勝利している。

奥羽の軍事力が歴史上天下の帰趨に影響を与えなかったのは、資力の限界とともに中央からの距離が挙げられる。だが、この時代に関して特徴的なのは長大な遠征が頻繁に行われていることである。顕家の遠征だけでなく、足利尊氏の関東からの上洛、新田義貞の近畿からの遠征、さらに足利尊氏の九州への離脱と九州からの上洛は、のちの日本史の視点から見て奇異に感じられる。

最大の疑問は、遠征を支える経済力や補給をどのように確立したのかである。長大な補給線を支えるには兵站とそれを守護する兵隊が必要であるため、動員される兵隊の数も相当にならなければならない。先端兵力は減少するのが常識であり、近代においては距離の二乗に反比例するとさえいわれている。にもかかわらず軍記物語を読む限りは、出発地で動員された兵数が前進するたびに増加する例が多々見られる。敗残兵の収集・追加や功名から加わる人間がいたにしても、単純に増加していけば兵糧が枯渇してかえって不利になるはずである。移動距離の長大さと機動性も戦国時代などと比較すると格段の差が見られる。戦国時代、武田信玄などは、甲斐から平安京までの遠征は、長大な兵站線から考えても不可能と酷評されることすらある。ところが、信玄を遡ること二百年前に、甲斐国よりはるかに遠い奥羽の地から、顕家は、建武二年（一三三五年）と建武四年（一三三七年）に、五万の大軍を率いて近畿へ遠征したのである。

遠征中、あとになるほど増える兵数、長大な遠征距離といった問題への回答が、略奪による現地調達である。ところが、この現地調達は略奪であったため、「木曽殿上洛」と同じ状態を各地に引き起こした。『太平記』には、「路次《ろじ》の民屋を追捕《ついぶ》し、寺社仏閣を焼き払う。総じて此勢《このいきおい》の打過《うちすぎ》ける跡、塵を払て海道二三里が間には、在家の一宇《いちう》も残らず草木の一本も無《なか》りけり」とある。

とくに美濃国大井荘は相当な被害に遭ったようである。

## ●現地調達が難しい戦国時代

バート・S・ホールが指摘するように、ヨーロッパにおいて遠征の問題は馬の飼料が現地調達しにくいことであっただろう。だがヨーロッパと異なる点は、草が豊富であっただけでなく、日本の農業がその時代としては高い生産力を誇っていたことで、代わりに膨大な兵力を養うための兵糧が過大であったのだ。北畠軍は補給や兵站を考えない遠征を行った。民の支持こそが新政権の礎となることを明言していた顕家が、なにゆえに略奪しながらの遠征を行ったのであろうか。それは先に述べたような当時の支配構造と経済事情に加えて、率いていた軍隊構成員の性格によるものである。

略奪は、この遠征だけに見られたものではないし、北畠軍特有のものではない。のちの北畠軍の遠征でも奈良地方で略奪が見られているし、『太平記』の中には、延元三年（一三三六年）七月に、新田義貞に加担するため大井田氏経、中条入道、鳥山家成、風間信濃守、禰津《ねづ》掃部助《かもんのすけ》、大田瀧口ら越後から出撃してきた二万人の軍勢が加賀の今湊にとどまっているあいだに兵糧調達のための略奪をした内容が書かれているし、『太平記』巻三十四によれば、足利軍も南河内で略奪を行っているからである。多くの軍の遠征規模が長大であることから見て略奪による現地調達方式がこの時代の遠征軍の基本であったように思える。遠征軍の後方に存在すべき兵站線が希薄であることは、兵站線を断ち切るという発想そのものが生まれにくかったということも意味している。

これがのちの戦国大名、たとえば織田信長などとの違いでもある。信長の場合には、あくまで美濃国、尾張国、伊勢国という力の根源があり、そこからの資力に応じて遠征をしているから駐屯地での略奪はあまり必要ではない。これはやはり戦国時代に上洛軍を起こした三好長慶《ながよし》や武田信玄についてもいえることであり、だからこそ遠征距離の制限が大きくなる。『孫子』は現地調達の利点を挙げているが、各地の戦国武将の支配権が強化された戦国時代は、南北朝時代よりも現地調達が難しく、その分、遠征もまた困難になってきたと考えられる。

鎌倉時代から室町時代にかけて、おそらく各地の守護の支配権といっても、さほど強力なものでなかったことが敵地での調達を簡単なものにし、逆に守護に任じられた国を失うことにも抵抗感が少なかったのだろう。軍隊は流動的なものであり、組織としても戦国時代のような整然としたものではなかった。こうした形の遠征は戦国期でも初期には見られる。直接的な領土拡大につながらないにもかかわらず、敵地深く侵入して打撃を与えるという方法である。

しかし兵站という考えも生まれており、長大な補給線は切断されやすいという危険が強まる。彼我ともに領域への支配権が強固になったことがその背景にあるのだろう。戦前の日本史家・内藤湖南は、地元の英雄というものが登場したのは「応仁の乱」以降に限定されると述べているが、地元との強固な結び付きは戦国時代以降の現象なのかもしれない。

## ●武田信玄の棒道――補給の問題を解決する

それでは、戦国武将は補給線をどのように取り扱ったのか。もっとも有名なのが、武田信虎と信玄の直進道路である棒道であろう。甲斐国には鎌倉往還という古い道があったが、武田信虎と信玄によってそれ以外に八道が造られ、古道九筋と呼ばれる道が整備された。この中に信濃国への直線軍用道路の大門嶺口棒道があるが、他も含めてこれらの道は、甲斐国甲府の躑躅《つつじ》ヶ崎《さき》館が起点となって、信濃国、駿河国、相模国、武蔵国に向かう最短コースとなっており、中部、東海、関東への拡大のための軍用道路であるとともに、甲斐国の地形から、三方面への「内線の利」を生かした国境上での防衛のためにも素早く兵を機動するためのものでもあった。

とくに、川中島での対上杉謙信用に素早い兵力移動と集結は不可欠であった。川中島と甲府の距離は一六〇キロもあり、春日山と川中島の距離（七〇キロ）の二倍以上である。そのために戦場への兵力集結でも長陣への対応でも不利な立場にある。この克服のために、甲府と川中島の中間地点・海野に兵站基地を設け、食糧と武器とを備蓄させた。海野と川中島の距離は四〇キロほどである。これによって信玄は補給の問題を解決する。甲斐国から八ケ岳の裾野に向かう軍用道路としては、棒道が建設されたとされている。

『諏訪史料叢書』に掲載されている天文二十一年の信玄の定書には、甲府から諏訪への道普請が記されており、一般にはこれが棒道建設にあたるとされている。しかし、『高白齋記《こうはくさいき》』などでは、すでに天文十一年には中の棒道に近いルートでの移動が記されており、正確なところは不明である。

棒道は、「道幅九尺」と三メートル程度の狭い道だが、戦地までの移動の基本である二列縦隊には十分な幅である。この道路を利用して、信濃国小県《ちいさがた》郡の湯川城から大軍が速やかに川中島に集結することを可能にした。しかもその軍用道路には十町おきに狼煙場が築かれており、川中島からの狼煙は三十分～四時間程度で甲府に届くような態勢を整えたのである。

『甲斐国志』には「大門嶺口棒道と称す」として三道挙げられている。上の棒道、中の棒道、下の棒道である。棒道は、一本の棒のように、その名の通り直線的な道でありながらも、あえて山峡を選び、数本の道を分離させて迷路化させ、起伏を利用して攻め込んできた敵は発見しやすくしてある。中の棒道は、敵の目をくらませるための別口の軍用道路で上の棒道から大八田で分かれ、下の棒道は田端までで、その先のルートは示されていない。本筋は北に向かう上の棒道で、これは甲斐国穴山から信濃国小県郡長久保にまで到達するものであった。

兵站線と軍の編成は影響を及ぼし合っている。信長にあっては、経済と軍事が複合的に考えられていた。スピードを重んじる迅速な移動を望んだが、重装歩兵ともいうべき足軽部隊では騎馬隊の機動力は望めない。代わってとられた施策が道路網の整備であった。領国内の道路の幅は三間半（六・四メートル）とし直線路を基本とした。有名なのは中山道磨針峠《すりはりとうげ》の改修工事である。信長軍の進撃速度は騎兵時速一〇キロ、歩兵時速四キロであるからそれほどのスピードではないが、道路が整備されることでの距離の短縮が望めた。これが武田軍の場合、軍そのものの移動が速かった。天文十七年（一五四八年）に塩尻峠・勝弦峠《かつつるとうげ》の合戦で歩兵を含む全軍が四〇キロを四時間足らずで移動している。信長の場合には軍の精強化を望まなかったのと同様に軍そのもののスピードアップも望まず、別の角度からの対応をとったのである。そして道路網の整備は商業の活性化も兼ね備えていた。

信玄は、このように自分の勢力圏には軍用道路を造り上げて、集中と機動とを素早く行うことが可能であった。しかし、これはあくまで自国勢力圏の内側に限定されることである。のちの時代に鉄道網を利用して軍隊の移動を素早く行ったドイツの参謀総長モルトケも、国境までは迅速に兵力を集中したが、その先は徒歩と騎馬である。

第一次世界大戦前に立てられたドイツ帝国の参謀総長シュリーフェンの計画は、対仏方面のドイツ軍を大きく二つに分け、ベルギーなどを通過する右翼軍を全体の八分の七、直接フランスと国境を接するエルセス・ロートリンゲン方面に八分の一を割き、右翼軍が大きくフランスを包囲する形をつくる旋回運動と呼ばれるものであったが、一つの難点は、ドイツ国境ギリギリまでは鉄道輸送により計画的に動けるが、その先は徒歩が中心なため、右翼軍の外側は、内側よりも移動距離が長くなるのに、最も移動を早くしなければならないという点にあった。それでも大陸国のドイツは、その難事をうまく運用しているが。

## ● 海の輸送力に着目した武将達

日本の場合にも、集中と機動は街道が整備されているところではうまくいったが、敵地においては、それができなかったため、信玄も拡大を『孫子』的に着実に行っていった。信玄の動きが、大きく変化するのは東海地方に進出してからである。信玄は、駿河国制圧後に、安宅《あたか》船一隻、兵船五十隻を保有しており、のちの上洛に際して海上輸送を考えていたことが窺われる。大量の物資を一気に輸送できるうえ、陸上ほどに補給を脅かされないため、海上輸送は効率的である。

海軍が強みといわれていた毛利氏の海軍運用においても、その側面は強く、毛利軍の性格を海兵隊に近い形としている。天正四年（一五七六年）七月、石山本願寺に五〇〇〇俵の兵糧を搬入したのは九〇〇隻（運搬船六〇〇隻と護衛船三〇〇隻）の毛利海軍であった。毛利氏が、三道並進策をとったときも、瀬戸内海の海軍は兵糧輸送担当であった。純粋な海軍戦略ではなく、かといって陸軍オンリーでもないやり方である。陸路を進めば、すでに信長の勢力が及んでいる播磨国で交戦することになるが、海ならば、何も障害物はなく、播磨国を素通りできたのである。

これは「桶狭間合戦」にて敗れ、上洛を挫折させた今川義元にも見られる発想である。義元の「桶狭間合戦」前の行動で注目されるのは、『信長公記』の記述で、伊勢国との境界近い尾張国長島城主であった服部右京亮《うきようのすけ》に一〇〇〇艘もの船を用意させていたという内容である。昨今では、今川義元の行動が上洛であったことに否定的見解も多いが、それは陸路北上して美濃国に向かうようなイメージがあるからである。

おそらく義元は足利尊氏を意識していたはずである。尊氏は上総介から治部大輔《じぶたいふ》となり、さらに三河守となったが、義元も同じコースをたどり、「桶狭間合戦」の前年に三河守となっている。天下を取るとは、むしろ中原の覇者となることであり、足利将軍家が衰退している状態を見れば足利一門の今川氏が上洛して将軍を補弼《ほひつ》することは当然とも思えたろう。かつて大内義興が行ったことを義元がしたとしてもなんら不思議ではない。義元は知多半島から伊勢に入る予定だったのではないか。それこそが、一向宗徒で尾張国長島城主であった服部右京亮に一〇〇〇艘もの船を用意させたことに妥当性を与えるからだ。

海の輸送力に着目していたのは、上杉謙信も同じである。謙信は弘治三年（一五五七年）と永禄二年（一五五九年）に上洛している。興味深いのは、永禄二年の上洛は五〇〇〇という兵力を率いての上洛であるにもかかわらず、上洛の道筋の勢力、越中の椎名氏、加賀の一向宗徒、越前の朝倉氏、近江の六角氏などと一切争いは起こさず、逆に友好関係を深めたことである。この五〇〇〇人の補給には陸路とともに海路が使われていたらしい。

布施秀治氏の『上杉謙信伝』には、常時一般に海賊衆と称して船頭八人水子三〇〇人を置き、司令官を海賊大将と呼び、平田尾張守と直江新五郎がいたとされている。日本海に面して貿易が盛んであった上杉家では、海への意識が高かった。越中征伐でも海路が選ばれ、上洛に際しても海路がとられたと布施秀治氏は述べている。しかし、同時に謙信は陸上補給でも優れた力量を見せ、険しい三国峠を越えて、越後国から関東への長大な補給線を造り上げ、長期にわたって維持している。

地政学で見れば日本は海国のイメージだが、長い期間陸戦が中心であったため、じつは海軍の発想は至って少なく、海については、基本は輸送路として海路が利用されるという形をとっている。海路を補給として大軍を移動させた例としては、足利尊氏の九州からの上洛が挙げられる。『太平記』によれば、陸路を進んでくる足利軍だけで五〇万人とされ、海上も一四～一五里を数万隻の足利軍船団で埋め尽くしたとしている（本間孫四郎重時が鏑矢を射掛け云々の記述では七〇〇〇隻）。もちろん、この兵数は軍記物語そのものの誇張があるだろうが、相当数の船が動員されているのがわかる。

『梅松論』では足利尊氏を乗せた海上からの侵攻軍には細川氏、上杉氏、千葉氏（千葉胤貞《たねさだ》）らのもともとの足利党に加えて、大友氏、少弐氏といった九州の兵、長門国や周防国の舟も加わり、さらに土岐頼清や河野一族の名も入っている。細川氏ら四国軍が五〇〇艘余(『太平記』では七〇〇艘)、足利尊氏を中心にしたのが数千艘。陸上から進行する軍は、大手を足利直義、高師泰《もろやす》、三浦高継、赤松氏、大友氏、これに播磨国・美作《みまさか》国・備前国の軍勢が加わり、山の手は斯波高経、厚東《ことう》氏、それに安芸国・周防国・長門国の軍、浜の手は少弐頼尚、筑前国・豊前国・肥前国、そして山鹿氏や麻生氏、さらに薩摩国の軍がいたとされている。戦国時代の石高と兵力換算、そして九州そのものが完全な足利勢力圏ではないため、兵力は最大限に見積もっても六～七万人程度であるが、それでも大変な兵数である。

## ●結局日本は陸軍中心の考え方

同様に大量の船を動員した陸上の戦いは、豊臣秀吉が、九州の島津氏、関東の北条氏を攻めたときにも見られている。海を隔てた九州はもちろん、関東攻めでも大量の船が動員された。数千隻一万四〇〇〇人が水軍として海上補給と小田原城の海からの封鎖を担当したが、秀吉は、長束《なつか》正家《まさいえ》のもと、下奉行一〇人に兵糧米二〇万石を集めさせて駿河国江尻と清水の港に倉庫を建てさせ、そのほかに伊勢国、美濃国、尾張国、三河国、遠江国、駿河国の兵糧米も集める手はずを整えたと『関東八州古戦録』にある。当初、北条軍は秀吉軍の兵站線を脅かし、それなりの効果を挙げていたが、制海権を奪われたあと海上輸送によって運ばれる兵糧はどうしようもなかった。

秀吉は、鳥取城を「飢え殺し」にしたときには、事前に現地の米を買い占めているから、兵糧への発想が優れていた。しかし、国内ではうまくやった秀吉も、海外遠征ではそうもいかず、朝鮮半島への侵攻では、海上を李舜臣《りしゅんしん》提督に邪魔されたうえ、半島内部での兵站線も脅かされ、しかも現地調達もままならないという有り様であった。同じ文化、通用する貨幣すら等しい日本国内と、異文化の大陸の差である。

結局、日本は陸軍中心の考え方であって、海上の利用は補給が中心であった。海軍を利用したとしても敵の背後への上陸といった海兵隊方式の戦い方である。それでいて、陸上輸送には慣れておらず、略奪中心に事を進めた。勢力圏が確立していれば、間道の整備などで補給線を造り上げることができたが、それは兵力集中の意味で、戦略的というよりも、戦術への布石である。そして、海に面しているときには、海上輸送が多用されたのである。

これは、日本という条件がなせるわざである。狭い地形の日本では、一、二度の戦術での勝利で、一気に敵の根拠地に攻め込んで占領することが可能である。距離が短いから、兵站線はそれほど重要ではない、必要がないから兵站線の発想は、大陸諸国に比べて低いのである。それよりも大切なのは、目の前の戦闘に勝利することであった。負ければ元も子もなくなるからである。文化が同質性をもっているから現地調達も、異文化が併存する大陸よりもやりやすい。略奪といっても、半分は統治権を有する支配下での調達に近い。そして海が近いため、海上補給が可能な比重も高い。

## ●兵站線遮断の効果――アルフレッド・セイヤー・マハンと平知盛

では、兵站線遮断はどの程度の効果を上げるのだろうか。戦争の土俵が狭い日本ではあまり見られることがないのだが、かなり効果を上げた例もある。「一ノ谷合戦」後に平知盛は内線作戦をとっているが、とくに源範頼の西国侵入後に展開されたのが兵站線の遮断作戦である。これは日本戦史史上最も効果を上げた補給線作戦であるとともに海軍戦略の傑作でもあった。

瀬戸内海の制海権を握り西海で勢い盛んな平家を打倒するため、源頼朝の指示により、頼朝の弟・範頼は寿永三年（元暦元年、一一八四年）八月八日、一〇〇〇騎を率いて鎌倉を出発した。関東に基盤のある河内源氏は海軍戦略の本質が理解できなかった。海軍戦略を理解したならば、とりあえずは河内源氏軍が展開していた山陽道から撤退して関東の資力をもって大海軍を建造し、平家海軍との相打ちを狙いつつ再度陸上からの侵入を図ることになる。しかし源頼朝は「陸で海を制する」ことが可能と考え、範頼派遣を決定する。関東だけでなく東海から近畿へと加兵しながらの西進なので、かなりの大軍が西へ向かうことになった。『源平盛衰記』によれば総勢十万騎舟千艘とある。平家軍は「一ノ谷合戦」前は海兵隊方式であった軍隊形式を、「一ノ谷合戦」後は海軍専一方式としていた。

知盛の戦略方針は河内源氏軍を戦闘によって撃退するのではなく、可能な限り兵站線を引き延ばして遮断するというものであった。そのため戦闘は手控え、あっても偽装的なものとし、河内源氏軍を西国の奥へと進ませた。海上輸送は屋島から対岸に遮断線を必要なときにいつでも引ける平家海軍によっていつでも遮断される。そこで河内源氏軍は不利な陸上輸送を余儀なくされたのだが、陸上補給も間断ない海からの平家の攻撃によって断ち切られた。敵の「根拠地と其の作戦目標とを連絡する交通線を絶えず管制したりしことは、敵をして戦略実施の余地を得ざらしめたり」とは海軍戦略の理論家アルフレッド・セイヤー・マハンの指摘である。

前進すればするほど、河内源氏軍の兵力は兵站防御のために分散せざるを得ない。分散されれば一カ所に駐屯する部隊は小規模になるから集中して攻めることが可能な平家海軍にたやすく撃ち破られる。かといって大軍を一カ所にとどめれば兵糧は枯渇する。知盛の視点では長く伸びきった兵站線に対して圧力をかける「戦略」が最終的に「海をもって陸を制する」ことになる。そのため平家にとって防衛可能な瀬戸内海沿岸の安芸国、周防国、長門国も放棄するように偽装した。

瀬戸内海の中央位置である海軍基地・屋島を領有する平家軍は山陽道全体を作戦正面とすることができる。しかも平家軍は兵力を集中できた。河内源氏軍が大軍であることは野戦や城攻めには有利に働いたが、その分の兵糧が膨大なものになり、目的地の九州に至るまで長大な補給線と数多くの兵站を維持するという負担を背負わせることになった。狭い山陽道の平野に形成された補給線は、地形上脆弱な下腹部をさらしているのに等しく、平家に格好の攻撃地形を提供していた。知盛の攪乱によって兵糧の徴収もままならず、わざわざ伊豆から兵船三二隻で兵糧を運んだことが『吾妻鏡』に記されている。

それによれば、十月半ばに範頼は安芸国にいた。『玉葉』の十月十三日では「伝え聞く、教盛卿等の為に、長門に在るの源氏、葦敷く追い落され了んぬと云々、又、平氏五、六百艘、淡路に着すと云々」とある。平家海軍の活動範囲が長門国から淡路に至る瀬戸内海全域に及び、圧倒的な制海権のもと、源氏軍が手も足も出ない様子がわかる。淡路は河内源氏軍の梶原景時によって一時占領されたものの、すぐに維持しきれなくなる。知盛の戦略方針がここにも窺える。平家海軍の力で防衛可能であり海峡封鎖力をもつ要地・淡路を手放したのは、範頼が深く山陽道に入った十月になってからである。最終的決戦を範頼に強いるためには彦島と屋島のみを維持すればよい。

## ●「児島合戦」——衰弱を誘うための攻撃例

平家軍による瀬戸内海の海上遮断線の最大のものは、屋島とその対岸の備前国児島に敷かれたラインである。備前国は河内源氏の勢力圏であったが、十二月に知盛は砦を築く。『吾妻鏡』では十二月七日に五〇〇騎で籠もったとされている。河内源氏軍の補給線遮断だけでなく退路を断つ意味も兼ねたこの砦に、十二月十八日に平行盛を大将にした兵舟二〇〇〇艘が到着する。ここで河内源氏軍との戦いが起こる。この「児島合戦」は当初は制海権をもたない河内源氏軍が平家軍に圧倒される。しかし騎馬武者の進撃できる浅瀬が発見されたことから激戦となり平家軍は屋島に退いたとある。

山陽道の拠点は、陸軍兵力が侵入してきたときには放棄し、逆に占拠させたほうが敵に負担を強いることになる。河内源氏軍は児島を保持しようとすれば戦力がさらに分散し、放棄すれば平家軍によって奪還され補給を遮断されるというジレンマに陥る。平家軍はこのあとも二〇〇隻で攻め寄せて、「船軍の事西国の賊徒は自在を得たり、東国の官兵は寸歩を失て、実平《さねひら》毎度に被敗けり」と『源平盛衰記』には土肥実平が敗退していく様子が描かれている。クラウゼヴィッツが指摘するように「戦略は、ある地点において生じた不利を、他の地点で得たところの有利によってのみ償うことができる」のである。「児島合戦」は、断片的に現れた衰弱を誘うための攻撃例の一つであろう。

神出鬼没で行動半径の広い平家海軍によって河内源氏軍は翻弄されていく。長く伸びきった補給線に対して間断なき攻撃をしかける「戦略」こそが、最終的に「海をもって陸を制する」ことを可能にすると知盛は考えていた。平家軍は攻めてくる河内源氏に対して大戦略的には「守勢」をとるという立場にあったが、実際には山陽道を支配しつつ補給線を維持しながら前進しようとする河内源氏軍のほうが、作戦戦略的に平家軍の海上からの攻撃に対して守勢に立たされていた。河内源氏軍の衰退は激しく、「兵糧欠乏するの間、軍士等一揆せず、各々本国を恋ひ、過半は逃げ帰らんと欲す」とある。河内源氏の正統性を喧伝するためにまとめられた『吾妻鏡』が河内源氏の不利をわざわざ記録するのは、よほど深刻な事態に陥っているのである。

にもかかわらず、頼朝から前進命令を受けていた範頼はついに長門国にまで引き込まれた。河内源氏軍は「周防国より赤間関に到り、平家を攻めんがために、その所より渡海せんと欲するところ、糧絶え舟無くして、不慮の逗留数日に及ぶ。東国の輩、すこぶる退屈の意ありて、多く本国を慕ふ」という有り様で、侍所別当で剛勇をもって鳴る和田義盛でさえも「なほひそかに鎌倉に帰参せんと疑す、いかにいはんやその外の族《やから》においてや」といった状態に陥った。伊澤五郎は安芸国に範頼は周防国に後退することが提案されている。

しかし、知盛はさらに致命的な打撃を与えるために補給線の引き延ばしを図る。九州に上陸させれば、河内源氏軍の攻勢限界点は完全に超えたことになる。河内源氏軍渡航の船は九州の緒方氏が提供した八二艘だった。その程度の舟数は簡単に全滅させることができたろう。しかし戦術的勝利を戦略的勝利にまでつなげるには、より劇的印象を西国全体に与えるものでなくてはならない。彦島という海軍基地と優勢な海軍戦力にもかかわらず河内源氏軍の九州渡航を阻止しなかったのは、こうした配慮に基づくものであろう。マハンによっても「海軍は陸軍よりも優秀なる運動力を有するが故に、遠地を急襲するには陸路よりも海路に依るを容易なりと雖《いえど》も、斯《か》かる攻撃は敵の心臓に刺すに非ずして、僅かに手足を傷つくるに過ぎざる」と述べられている。

『玉葉』『吾妻鏡』『平家物語』『源平盛衰記』のいずれの記録を見ても、範頼が九州に渡航してのち、知盛は大規模な攻撃を加えていない。にもかかわらず平家の力の巨大さと河内源氏の衰弱とが際立っていく。「屋島合戦」の直前まで「平氏強々」と『玉葉』では記されている。瀬戸内海の中央位置である屋島は依然として山陽道全体に対する内線的な圧力を加えているが、むしろ防御作戦根拠地の色彩が強まっている。この段階においては屋島と彦島以外の海軍基地については、マハン言うところの「敵にしてさる者ならば、斯かる地点に対して時間と兵力とを浪費せざる」べき役割が強まる。

この見事な海軍戦略は、「屋島合戦」での敗戦というよりも、平宗盛の屋島からの不可解な撤退により瓦解する。そして日本史上唯一の海軍による兵站線遮断の効果は顧みられることなく、海上はもっぱら補給のための輸送路としてのみ認識されるようになっていくが、それを遮断しようという発想は第二次世界大戦に至っても現れなかったのである。

兵站線を断ち切ることによる勝利が少なく、合戦での勝敗が、戦争全体の勝敗につながるケースの多さ、これら日本の歴史的伝統が、日本人に染みついているようである。兵站線を軽視したのではないのである。ただ、勝利に占める比重が低かったのである。

第七章

# 小田原城の攻防と各種城攻め籠城との対比

——籠城と攻城

## 城は戦術によって大きく左右される

定式というものはあっても、何事も定式通りにいかないのが、世の常である。戦史においてもそれは当てはまる。明確に白黒がつけられず、ケース・バイ・ケースで変化するから、いかなる場合も出せる万能対処方法にはならないことが多い。状況の差異もさることながら、当事者の能力と個性も異なるからだ。その代表的なものに、城をめぐる議論がある。

籠城が有利か不利かは、攻守のどちらが有利かに似ていてマニュアル的な解答は出せない。まさに籠もる人間と攻める人間、そしてそれをとりまく周囲の状況で変化する。

籠城を不利という人は、「桶狭間合戦」で籠城をせずに戦った織田信長の例を出す。このとき信長が勝利したことから、古来、籠城して勝ったためしがないと断言したりもする。しかし、祖父の真似をして、「関ヶ原合戦」直前に岐阜城を出て敗北した信長の孫・秀信のことに触れないことが多い。

籠城が有利と見なす人は、小田原城籠城によって難敵から独立を守った北条氏康の例を挙げる。しかし、「天正十八年小田原の役」と呼ばれた「小田原攻め」で豊臣秀吉に敗北した氏康の子・氏政には触れない。

城攻めも、難攻不落・金城鉄壁と呼ばれた大坂城は陥落したが、楠木正成や真田昌幸の小さな城は大軍の攻撃に耐え抜いた。攻め方にしても、すべてに適応するマニュアル通りにはいかない。

見事な「水攻め」として豊臣秀吉（当時は羽柴秀吉）の「備中高松城攻め」は絶賛されても、石田三成の「忍城攻め」には触れられない。「水攻め」がいつでも成功すればよかったが、万能薬的解決法ではなかったのだ。

「矛盾」の語源ではないが、真田昌幸の守る城を、豊臣秀吉が攻めたりすれば、籠城と攻城のどちらが有利かは明確になるのだろう。

城は戦術によって大きく左右されるから、古今東西様々なタイプが登場する。古代の日本には茨の城があったようだし、インドには砂城もあった。城として共通しているのは防禦のために籠もるという点だけである。どのような防御を考えるかが大きく違ってきてしまう。日本の城は、あくまで日本の状況に合わせて考えられているから、中国やヨーロッパの城とは異なっている点も多い。

城とは、もともとは、獣からの住居の防禦（王宮・居城の起源）、農耕時代になって住居・集落の防禦（都市型城塞の起源）から始まっているとされている。日本においても、大和朝廷の日本統一時点での「茨城」の戦闘のように、異民族間戦闘に近いことが行われていた。異なった文化の対立がある段階では、軍事施設「柵」が存在していたが、やがて消滅し、一時的に「元寇」で防塁として復活したのみである。トインビーが指摘するように、治安の良さ、同一文化（ルール）の確定が、日本における城の発達に影響を及ぼす。

それに対して、ヨーロッパでも中国でも、大陸では異民族の侵入、異文化との接触、異教との戦いなどが繰り広げられ、城の基本は、強力な石垣で隙間のないように防禦する形となる。ローマ帝国時代のアウレリアヌス帝の布告「帝国の全都市に対し、城壁を築き自力防衛にあたるべし」は中世都市への橋渡しを形成するものとされる。強力な石造りの城壁で都市そのものを覆うというヨーロッパ型の築城は、コンスタンチノープル(都市を囲む城壁の総延長は約二六キロ)で頂点を迎える。世に名高い三重の城壁は「ウルバンの巨砲」によって破壊された。これは中世が終焉したときであり、「火力革命」の到来を告げるものでもあった。

イタリアにシャルル八世が五万の軍と大砲をもって侵入すると、イタリアの城塞都市は、マキァヴェリが嘆くように「バターを針が突き通す」ように破壊される。大砲の発達は、石を崩す破壊力の必要性によるものである。やがてルイ十四世時代に築城の名人・ヴォーバンによって大砲に対応した要塞が考案されていく。対して、日本の城は縄張り重視、そして山城の発達となっており、中世には天然の要害たる裏手の山に逃げて籠もるというスタイルが多く見られた。

城が築かれる場所も、その城に課せられた役割によって異なるが、地政学の要地に築かれることが多い。政治的中心となることを考えるときに、コンスタンチノープルや大坂城は建設者の慧眼が光るものである。港湾都市であり日本の中心部の大坂は、もともと織田信長が目をつけていたものである。またコンスタンチノープルは、ボスポラス海峡に面したアジアとヨーロッパの狭間で地政学の要地であった。こうした大城塞の建設は都市の建設とほぼ同義的なもので、政治的要素に重点を置き、経済的な利便性をもって発達する要素をもつ場所が目をつけられる。軍事的要素に重点が置かれる場合は、領主の居城としても防衛しやすい場所が選ばれがちであって、あまり都市としても発達しない。

## 城の性格、武将の個性

こうした居城以外の城については、国境付近、その中でも地政学上の要地が選ばれることが多い。上杉謙信と武田信玄が死闘を繰り広げた信濃国の川中島地方において、川中島そのものが北陸勢力と中部勢力が接触する地方であり、それをどの勢力が支配するかによって優越が決定するという特徴があった。謙信側の飯山城は、北陸地方の扉のカギに等しく、信玄側の海津城は、中部勢力が日本海をめざす際の前線基地であり、たんなる地方という認識を超えた意義をもっている。

半面で、より軍事的に短期の目的で造られた城もある。戦術的拠点として考えやすいのは、小田原城に対する一夜城（石垣山城）で、これは純粋に対小田原城攻略のための戦術的目的の城であった。戦略的拠点としては、稲葉山城に対する墨俣城《すのまたじょう》が挙げられ、稲葉山城攻略の前線基地としての戦略的目的をもった城である。この両城ともに、目的を達成すると存在価値を失う城であった。

城の大きさは守る側の力の大きさにより変化する。大きければよいというものではない。適正籠城人数は、動員数、兵糧、守備範囲による。少なければ守りきれず、多すぎれば食料が不足する。守備範囲の広さは四〜七メートルに一人で、石高一万石につき二五〇〜三〇〇人から逆算できるから、江戸時代に石高の大きな大名の城は、大きくなったのだ。

一般に城といって思い浮かべられるのは天守閣であるが、天守閣を備えた城は予想外に少なく、また天守閣の歴史そのものも、城の歴史全体から見れば浅い。最初の天守閣がどこかは議論が分かれるのだが、記録上は伊丹城にあったとされるものが最古で、『細川両家記』に、永正十七年（一五二〇年）にはすでに「天守」があったことが確認できる。他に房州の里見氏の館、山口の大内氏の館、江戸城の静勝軒、美濃国・信濃国境の金山城などが最古の天守閣候補で、上杉謙信の春日山城にも「天守」があったとされるし、斎藤道三の稲葉山城にも天守閣があったと主張する人もいる。天守閣の起源については語りやすいが、最初の天守閣については結論は出せない。

しかし、多聞櫓《たもんやぐら》の登場が松永久秀の築城によるものであるというのは通説化している。久秀が大和国に築いた多聞山城は、天守閣とともに多聞櫓をもっていた。これは鉄砲の発達によって普及していく。日本において火器とは大砲ではなく火縄銃のことであり、火縄銃の弱点は雨に弱いことであったから、敵からの攻撃のみならず雨から銃を守るためにも建築物が有効性を発揮した。これが松永久秀の考案した多聞櫓と、その重みに耐えうる石垣の出現につながったのであり、安土桃山時代に顕著となる現象である。同時に、戦国から安土にかけての城郭の発達は、一般的に見れば消耗戦争形式の登場を促したはずである。石垣は、そのものが防禦となるよりも、建造物を載せるために発達したのである。とくに天守閣の重量は大変なもので、姫路城の場合には五七〇〇トンになっている。

城をめぐる攻防は、古代や中世においても大規模なものがあったが、戦国時代がやはり頻繁であった。これは城そのものの発達とも比例している。というのも、地方に割拠した戦国武将の拠り所が居城だったからである。この居城を攻め落とせば攻略はほぼ完了したことになる。

城をどのように設計するかは、武将の個性が相当に表れてくる。上杉謙信の春日山城は、毘沙《びしゃ》門天《もんてん》の寝所のイメージをもっている。武田信玄は甲斐の有する地形を利用し、「内線の利」を防衛の要としていたから、躑躅ケ崎の館そのものは小さかった。北条氏康の小田原城は、城下町そのものを城の内側に抱えた総構えの発想をもっていた。朝倉敏景《としかげ》の一乗谷城は、谷間に城下町を形成させ、谷の両側を封鎖するだけで防衛を完璧なものにできた。織田信長の岐阜城は、天下布武の城としてイメージ作りが行われている。太田道灌のように、諸城のネットワークで四角要塞地帯（江戸城、岩槻城、川越城、松山城）を形成した武将もいる。

## ●石山本願寺は「摂州第一の名城」

城の形態は、山城、平山城、平城と分かれているが、戦国期の堅城「一山、一館、一寺」のうち、上杉謙信の春日山城は山そのものが要害化しており、大友宗麟の臼杵城《うすきじょう》は、海の中にある館であり、大坂の石山本願寺は、寺を要害化したものである。大友宗麟も臼杵城に籠もって圧倒的に優勢な島津の大軍を撃退しているが、本願寺はなんと十一年間も織田信長と戦い続けて一歩も退かなかった。

本願寺は、もとは京都の山科にあり、当時から要塞化されていたが、それを焼き打ちにされ、十世法主証如上人が蓮如の隠居所であった大坂の石山御坊に逃れて、石山本願寺として建設した。水陸の要所・石山の地に、わざわざ加賀より城造りの専門家を呼んで造り上げた石山本願寺は、「摂州第一の名城」と謳われる程の堅固を誇っていた。『信長公記』によると、本願寺は「方八町に構え」とされている。さらに、それを囲む寺内町が六町もあり、城構えとされるのは七町×五町（約七七〇m×五五〇m）とあるから、現在の大阪城の約八八%に達するという大きさ。周囲に深い堀や土塁、塀で囲み、柵や逆茂木を五重にめぐらし、五一もの支城を周辺の要所に構えていた。この水陸の要所で、日本の中心に近い石山の地に目をつけたのが織田信長である。本願寺は、もともとは信長との友好を求めていたから、信長が美濃を攻略した時には、祝賀の使者を送った程である。

ところが、足利義昭を奉じて上洛した信長は、矢銭五〇〇〇貫とともに当時、本願寺のあった石山をよこせと要求してきたのである。五〇〇〇貫の供出を認めながらも、本願寺は、信長に危険を感じる。そして、元亀元年（一五七〇年）、阿波の三好三人衆が摂津国に侵入し、野田・福島に砦を構築し、討伐に向かった信長に対して本願寺の顕如上人は、ついに信長との戦いを決意。仏敵信長を倒すよう檄を飛ばし、九月十二日に攻撃を開始した。こうして十一年近くにわたる「石山合戦」が開始されたのである。

本願寺の基本的な戦略は、全国の門徒を蜂起させ、信長の力を分散させ、強力な同盟者（元亀年間は武田信玄、天正に入ってからは上杉謙信）に信長を打倒させようという「敵の分散と味方の集中」である。総本山・本願寺の公式の命により、一向一揆が各地で蜂起した。とくに強力であったのが、伊勢国と加賀国の門徒である。伊勢国・長島では信長の弟・信興《のぶおき》が戦死している。態勢的には、石山と伊勢国と加賀国の門徒が、同盟している諸大名と連合して三方から大きく信長を包囲していた。武田信玄上洛の折には、長島の一向一揆勢も北上する勢いを見せているし、加賀国の門徒は越前国の朝倉氏、のちには上杉謙信とも連動して南下しようとしたから、外線戦略でもあった。

しかし、本願寺そのものは籠城するのみで、この有利な位置を利用できなかった。これには機動力の欠如もあったろう。本願寺は外交戦略は見事であったが、本願寺籠城軍そのものの軍事力を生かす独自の戦略がなかったのである。大量の鉄砲を備えて信長を苦しめながらも、外に打って出ると敗退した。そのために最終的には石山を信長に明け渡して撤去していくのだが、本願寺は兵糧が補給されている限りは、抵抗していたという事実があり、毛利氏からの補給が途絶えた時点で観念したようであるが、それでも数カ月分の兵糧がまだ残っていたとされる。この本願寺の籠城例を失敗と見るか成功と見るかは視点により異なってくるだろう。

## ●成功した籠城――攻め手の頭に血を上らせる

籠城の成功例は、消極的な北条氏康の小田原城籠城と、積極的な形の真田昌幸の上田城籠城が挙げられる。

氏康は祖父・早雲、父・氏綱を上回るとさえいわれた名将であり、「川越の夜討ち」で、戦国史上最大の逆転劇を見せている。本来ならば、この氏康のもと、関東は統一されていてもよかった。実際に、途中までは順調に関東統一は進んでいたのだが、これがうまくいかなくなったのは氏康に追われた関東管領・上杉憲政《のりまさ》が越後の上杉謙信（当時の名は長尾景虎）を頼ったためであった。謙信は、永禄三年（一五六〇年）八月二十九日に春日山城を発し三国峠を越えて関東に入り、永禄四年（一五六一年）三月、さらに南下し、武蔵や下総を席巻しながら小田原城にまで攻め寄せた。総計一一万人という大軍である。謙信は小田原城を包囲し、十分な威嚇効果を与えたと見なして撤退する。氏康は謙信軍の小荷駄を襲い、兵站を不安定にしたが、基本的にはひたすら籠城して守勢に徹した。氏康は、さらに武田信玄の来襲も経験し、同じように堅く門を閉ざして撤退させている。しかし、氏康の死後、小田原北条氏は「形骸」化した形で「守勢」を受け継いでしまう。

氏康は堅く守って出ないという形をとったが、楠木正成の千早城での籠城はより積極的で、二重柵を造っておいたり、水源を断つことを予想しての奇襲を行ったりしている。さらに積極的な戦いをしたのが真田昌幸で、たんなる撃退というよりも、城の構造を利用して、攻めてきた敵に大打撃を与えている。昌幸は、日本屈指の籠城の達人で、二度にわたって徳川の大軍をきりきり舞いさせている。その一回目が「神川合戦」と呼ばれる上田城の攻防で、『真田軍記』や『三河物語』に詳しい。

天正十三年（一五八五年）、徳川家康は北条氏政との講和に従い、真田昌幸に領地であった沼田を北条氏へ引き渡しを求めた。対して、昌幸は沼田割譲を拒否し、それまで従属していた家康のもとを離れ、上杉景勝と同盟を結んで、徳川・北条連合に対抗した。家康は昌幸を討伐することとし、鳥居元忠、大久保忠世、平岩親吉《ちかよし》らが約七〇〇〇の兵を率いて上田城に向かった。真田軍はわずか一二〇〇人にすぎない。上田城攻略を狙う徳川軍は上田盆地の国分寺付近に兵を展開した。真田軍は、昌幸が上田城に籠城し、昌幸の長男・信幸は戸石城に、さらに家臣の矢沢頼康が上杉の援兵とともに矢沢城に籠城した。一見すると、真田軍は少ない兵力をさらに分散した形となっている。

徳川軍は大軍であることに任せて力攻めを敢行する。八月二日に昌幸が籠もる上田城に攻め寄せた徳川方は、城の中へ偽装撤退する真田軍に誘き寄せられて二の丸に入った。そして隊列が長く伸びきったところを、いきなり各所の伏兵に一斉攻撃される。算を乱して撤退しようとすると今度は追撃され、さらに戸石城から打って出た信幸にも横合いから攻め掛けられ、大混乱に陥った。この追撃には矢沢頼康も加わり、神川まで追い落とされた。真田軍が神川まで追撃したのは、徳川軍にとどめの大打撃を与えるためであった。真田軍が神川の堰を切ったため川の水が徳川軍に襲いかかり、一三〇〇人もの戦死者を出す打撃を受けてしまう。対する真田軍の損失はわずか四〇人であったという。これに懲りた徳川軍は上田城攻略を諦め、真田側の丸子城を攻めるが、ここでも手こずり、結局、二十八日に上田より撤退した。

この第一次上田城攻防や千早城攻防でも明らかなように、攻め手をとことん怒らせ、頭に血を上らせることは冷静な判断を失わせる有効な方法である。野戦においてもがむしゃらな突撃に対しては罠を仕掛けやすいが準備万端な籠城ではなおさらである。「間接的アプローチ」という言い方よりも『孫子』「計篇」の「怒にしてこれをみだし」のほうが適切な表現だろう。

真幸はこのあともう一度、徳川の大軍を迎え撃つ。「関ヶ原合戦」のときに、中山道を進む徳川秀忠率いる三万八〇〇〇の大軍が決戦場である関ヶ原に到着するのを阻止するためである。

秀忠の目的は、最終決戦場である関ヶ原に兵力を集中するため東海道と二手に分かれての東軍の分進合撃での中山道方面担当であった。目的はともかく速やかに合流することである。真幸にすれば、関ヶ原の合戦に間に合わないようにすれば東軍の兵力結集は阻止され、決戦で西軍が有利になるから目的は達成されることになる。だから時間稼ぎの足止めを食らわせておけばよい。

秀忠の使者として真田信幸と本多忠政が真幸に開城を勧告すると、真幸は受け入れる旨を伝え、開城準備のために時間が必要だと答える。ところがいつまで待っても真幸からは開城準備が整ったという連絡が来ない。しびれを切らせた秀忠が確認の使者を送ると、じつは開城するのは嘘で、籠城の準備をしていたという回答が返ってくる。激怒した秀忠は九月六日、上田城攻撃を開始するが、さんざんな負け戦で「我が軍大いに敗れ、死傷算なし」という有り様となる。

ちなみに秀忠の父・家康も城攻めが苦手だとされている。歴史家などは家康は野戦はうまいが城攻めは苦手だ、という言い方をしているが、じつは城攻めであれ野戦であれ、合戦そのものが苦手なのである。それは「関ヶ原合戦」での東軍の布陣を見ただけでもわかるし、家康の戦歴を見ても一向一揆にも追い立てられるレベルで、「姉川合戦」「小牧長久手合戦」も絶賛するほど見事な用兵能力ではない。家康の息子のわりに秀忠が無能というのではなく、親子そろってというのが本当のところである。

秀忠は、ここで三日も足止めを食らったうえ、上洛を命じる家康の使者が利根川の増水で到着が遅れたことも重なり九月十五日の「関ヶ原合戦」には間に合わないこととなった。このときの真幸、千早城籠城の楠木正成も全体の中での自分の役割をよく理解して演じた。真幸の場合には最終決戦場への敵兵力結集の阻止、正成の場合には革命戦略における分散と集中である。「敵の一部を引きつける」という籠城の意義がわかりやすい。逆に秀忠は役割を忘れている。

これが攻め手が武田信玄であれば、城に籠もっている敵を外に誘き出す工夫をしただろう。真幸はいってみれば信玄の弟子である。その初陣は永禄四年の川中島合戦とされているのだから、デビュー戦でいちばんすごいものを見てしまったことになる。世界史上最高レベルの知略戦を経験したのだからその後のどんな相手も軽く思えたにちがいない。

## ●城の各種攻略法

では、城攻めで成功した例はどのようなものだろうか? 平清盛の「平治の乱」も、内裏に籠もっている敵を完璧に叩き潰した例であるが、これなどは用兵の巧みさによる攻略法である。一般に城攻めが下手だといわれる上杉謙信も、じつは用兵の巧みさによって城を攻略している。『謙信家記』に載っている「仁田山城攻め」はその代表的なものである。『謙信家記』は、宇佐美勝正の作ではないかと推測されている書物で、説話集的な色彩が強いとされているが、天正七年八月以前に成立していたようであるので同時代性が高いうえ、「仁田山城攻め」と類似した話が、他の書物にも登場するところを見ると、謙信の城攻めの一つの型と見ていいように思える。

謙信が東上野仁田山にあった北条氏康配下の城を攻めた時のこと。敵側の者約五〇〜六〇人が付近の山谷に伏兵として隠れているのを事前に知りながら、あえて城を攻撃した。当然のことながら伏兵によって破られたのを見て謙信は早々に撤退命令を出し善というところに引き揚げた。敵側は自らの策によって謙信を撃退したことに大喜びして謙信をののしったが、その夜のうちに謙信は引き返してきて城を攻め、陥落させてしまう。わざと勝利に酔わせて、最も油断した瞬間に攻めたのである。これは用兵の巧みさと奇襲を併用した方法である。

城への奇襲としては北条早雲の「小田原城乗っ取り」が有名である。同じ奇襲でも、尼子経久の「月山富田城乗っ取り」は、謀略というよりも冒険的な奇策のイメージが強いのに対して、早雲の奇襲は長期の政略の仕上げとして行われたものである。

伊豆国を領地としていた早雲は、関東への勢力拡大のため、次の標的として関東への入り口に当たる相模国をねらい、小田原城奪取を試みた。『北条記』によれば、早雲は、小田原城主・大森藤頼に進物などを贈り、よしみを通じておき、箱根山での鹿狩りのために領内に勢子を入れさせて欲しいと頼んだ。藤頼が許可すると、明応四年（一四九五年）九月、勢子に仕立てた兵を箱根山に入れる。そして、夜になるのを待って、千頭の牛の角に松明を括りつけ、併せて勢子に扮した兵が鬨《とき》の声を上げて火を放ったため、突如として大軍に攻め込まれたような錯覚に陥った藤頼は、あわてて逃げ出し、早雲は労せずして小田原城を手に入れることに成功したとされる。牛の角はともかく、油断を誘った策であることは間違いない。

奇襲は必ずしも少人数で行うわけではないが、基本的に弱者が行うことが多いので、人数的には少人数決行が多い。尼子経久の月山富田城攻略が少人数で行った奇襲の劇的なものとして有名だが、人数的に最小であったのは、永禄七年（一五六四年）二月に竹中重治《しげはる》（半兵衛）が行った「葉山城乗っ取り」であろう。兵の数は、わずか一六〜一七人だったとされている。

『竹中雑記』によれば、稲葉山城城主・斎藤龍興《たつおき》を戒めるため、竹中重治は弟の重矩《しげのり》や舅の安藤守就《もりなり》と相談し、稲葉山城にいた重矩の看病のためと偽って武具を隠した数箱などをもって入城し、重矩の居室に入って密かに武装し、宿直部屋に居た龍興の重臣・飛騨守に突如襲いかかって惨殺したため、城内は騒然とし、大規模な反乱と勘違いした龍興は混乱して城から逃げ出してしまったというものである。

似た形態ながらも、奇襲というよりも謀略と呼んだほうがいいのは、織田信長の父・信秀の「那古野城乗っ取り」である。連歌を趣味としていた信秀は、同じように連歌が好きであった那古野城城主・今川氏豊によしみを通じようとした。氏豊と親交を結ぶことに成功した信秀は、天文元年（一五三二年）、連歌の会に招かれる形で那古野城に入る。客として堂々と入城した信秀は、にわかに病にかかったふりをして苦しみ出し、氏豊の許可を得て部下を呼び寄せると突如として氏豊らに襲いかかり、まんまと攻略してしまった。北条早雲の場合もそうだが、奇襲を成功させるには長い準備期間が必要とされる場合が多く、そのための政略が成功の可否を握っているから、形は同じでも、竹中重治の場合と信秀の場合とは力点が違うといってよいだろう。

稀な例ながら、大軍での奇襲もある。たとえば武田信玄の諏訪攻めでは、信玄の義兄である諏訪頼重は、まさか姻戚関係の信玄が攻めてくるとは思ってはいなかった。油断しきっていたため、『孫子』通りに「士卒の耳目をうまくくらまして軍の計画を知らせないようにする（能く士卒の耳目を愚にし、之を知ること無からしむ」（「九地篇」）というほどにまで意図を隠して、密かに大軍を集めて突如攻めてきた信玄に混乱し、桑原城に逃げ込む。信玄は完全に城を包囲して心理的に圧迫しながら講和を呼びかける。戦っても勝ち目のないことを知った頼重は信玄の出した和睦を信じて降伏したのち、和議の酒宴を甲府でやると言われて甲府に誘き寄せられ、ここで切腹を強要されてしまう。

信玄の大軍を利用した奇襲は、小笠原長時の林城攻略にも見られている。信玄は事前に小笠原氏の本城たる林城から八キロ離れたところに村井城を建設しておく。そのうえで、天文十九年（一五五〇年）七月三日に信玄は大軍を率いて信濃府中に向かって進撃し、十日にこの村井城に入る。そして十五日に林城の小さな出城を一つ奪取して鬨の声を上げさせた。武田軍は戦闘することなくそのまま村井城に引き揚げるが、勝ち鬨におびえた小笠原氏側は林城だけでなく属城、深志・岡田・桐原・山家で城兵が城を捨てて逃亡してしまった。こうした不安な城兵の心理状態を利用して、戦わずして勝利する方策は、楠正成が宇都宮公綱が守る四天王寺を攻略するときにも見られている。

一方、勢いに乗っての攻城方法は「付けいり」と呼ばれるもので、巧みな城攻めを行った豊臣秀吉にも見られている。秀吉と柴田勝家の最終決戦である「賤ケ岳《しずがたけ》合戦」で、勝家の引き揚げ命令を無視した佐久間盛政が、伊勢方面から急遽大軍で反転した秀吉軍に打ち破られ、柴田軍の総崩れが始まる。盛政軍が崩れた時、前田利家ら北陸地方の勝家の与力大名とされる諸将たちは戦線を離脱。敗走したのではなく、勝家側から離れただけであるが、これを見て勝家隊の士気がさらに阻喪する。じつはあらかじめ秀吉は利家らに味方になるよう誘っていたのである。秀吉軍は勢いに乗った。勝家の軍勢は一気に崩れていく。秀吉軍はさらにそれを追って集福寺坂に至り、勝家本陣の側面から攻撃をかけたため勝家は正面からの羽柴秀長隊とも戦わなければならず、ついに大敗北となり居城である北ノ庄城をめざして敗走することになり、ついに北ノ庄城も陥落してしまったのである。織田信長が上洛で見せた南近江の観音寺城攻略も、一種の「付けいり」である。

「付けいり」に「火攻め」が併用されることが多い。「火攻め」と「水攻め」を比較して『孫子』には「火を以て攻めを佐《たす》くる者は明、水を以て攻めを佐くる者は強」(火攻篇)とある。優れた将軍は、機会をとらえて事を迅速に決する。その際、火攻めは有効な方法となる。火攻めが好まれるのは、おそらく短期的に事が決まるからであろう。『孫子』では、戦争による疲弊を避けるためには「拙速」が好まれているからである。日本で「火攻め」は、夜襲をかけて敵地に火を放つという戦術的な使い方が一般的である。「保元の乱」などはその代表的なものであろう。小規模な戦いには頻繁に登場している。

比較的大規模な火攻めは足利幕府の「中興の祖」足利義満の仕掛けた「応永の乱」のときに見られた。足利幕府も三代目の将軍・義満の時代となり、脆弱な幕府権力を強化するために、有力大名を積極的に取り潰し出した。狙われた中に大内義弘がいる。最初に、大内氏が兼務していた和泉国と紀伊国の守護職を取り上げるとの噂を、意図的に世上に流布させ義弘を挑発する。義弘は挑発に応えるかのように、応永六年（一三九九年）十月、五〇〇〇の兵を招集して海路を利用して堺に入り、その地を要塞化する。

堺は、西は海、東は泥田地帯という要害の地形である。それに加えて、義弘は木材を集め、時間をかけて堺市全体を厚い城壁で取り囲み、城楼四八、箭櫓《やぐら》（弓矢を射るための矢倉）一七〇〇で完全武装し、堺を方一八町の強固な城にした。それは「百万騎の軍勢でも破ることはできない」といわれるほどに堅固なものであった。しかも南朝贔屓《びいき》だった堺の住人は、北朝側の義満と対立した義弘を支持し、瀬戸内海の海賊衆も多く来援して堺西方海上を守ったため、補給路も確定していた。

義満は、三万の大軍で包囲する。義弘は関東公方・足利満兼と今川了俊と同盟していた。東西から京都に攻め入る作戦であった。しかし関東公方は上洛せず、この「外線」計画が頓挫したため単独の籠城となる。

力攻めで損害を出した義満は、兵糧攻めを試みるが、瀬戸内海の制海権を握っている義弘は、海上輸送で兵糧を輸送していたから効果はない。打つ手がないかに見えたが、義満は一カ月の包囲の合間に左義長を大量に用意させていた。左義長とは、青竹の節をくり抜いたものに火薬を詰めたものである。そして、応永六年（一三九九年）十二月二十一日、晴天続きで乾燥しきった堺の様子を見て義満は、左義長を用いた火攻めを決行することにしたのである。左義長を大量に打ち込まれた堺は火の海となり、義弘は討ち死にした。

これに比べて水攻めは一種の土木工事を伴うものであるから、余裕をもった強者が着実に相手を倒すときの戦法ともいえる。豊臣（羽柴）秀吉は備中高松城を水攻めにした。堤防構築と川からの水によって高松城を水没させようとしたのである。全長四キロ、幅四〇メートル、高さ一〇メートルの堤防が昼夜兼行の十二日間の作業で築かれ、足守川から水を引き込んだ。当初は一面に泥田を作ったような状態で成功とは言い難かったが、梅雨時であったことが幸いする。折からの雨で水かさが一気に上昇し、川の水が大量に流れ込み、高松城を水没させ始めた。しかし、見事で万全ながらも、圧倒的な戦力差が必要なうえ、かなり困難な作戦である。これは石田三成が小田原攻めのときに、忍城《おしじょう》攻略で水攻めを行い、失敗していることからもわかる。

同じ「水」攻めでも、水源を断つ、水脈を断つというのは、兵糧攻め以上に効果的である。元亀三年（一五七二年）十月、上洛を開始した武田信玄は、徳川方の二俣城を攻める。二俣城は浜松城の北北東二〇キロに位置する北遠江の要所であり、天竜川と二俣川に三方向を守られた天然の堀をもった城塞でもある。この二俣城攻略においては城兵が天竜川から水を汲み上げていることを知って、信玄は天竜川上流から筏を流して井戸櫓の釣瓶を壊して水を断ち落城させている。この攻略は遅くとも十月十九日に開始されたというから、十二月上旬に陥落させたとすると約二カ月かけたことになる。同じ上洛の過程で、元亀四年（一五七三年）正月三日に「藪の中」にあった小さな野田城を発見し、甲州の金掘り人夫に水脈を探らせて断ち、二月十日に陥落させている。

兵糧攻めも多用された城攻めの方法であり、「後三年の役」に代表されるように古代から行われていた。逆に籠城側は、いかに兵糧補給を保つかが考慮されることになる。水辺の城の利点は、水上補給が受けやすいということにある。織田信長が伊勢国長島一揆を攻めた時も、決め手は兵糧攻めであった。

輪中地帯にある長島願証寺に籠もった一揆軍を信長は包囲したが、一揆側は、包囲した信長軍に対して昼夜の別なく奇襲を敢行しては撤退して城に籠もるということを全員交代で行った。そのために信長軍は睡眠不足に陥った。疲労が極に達したときにかけられた大規模な奇襲により、大敗退している。

逆に信長が長島一揆を殲滅する時、信長は幾重にも長島を包囲し、さらに柵を作って一揆側が外に出られないようにして兵糧攻めを行い、降伏した相手を城中に閉じこめてから火を放ち、滅ぼした。

兵糧攻めは城攻めの常道であるが、とくに名高いのは城攻め達人である豊臣秀吉の三木城の「干し殺し」と鳥取城の「飢え殺し」である。

天正六年（一五七八年）から天正八年（一五八〇年）まで包囲された播磨国三木城は別所長治の城である。毛利氏につくか織田氏につくかで揺れ動いた長治は、結局は毛利氏側となって織田軍の播磨国担当司令官の秀吉と戦うことになる。長治の居城である三木城には、領土であった東播磨一帯から約七五〇〇人が集まり、籠城した。籠城した者の中には、国人衆の家族や浄土真宗の門徒なども含まれていたから、いわゆる諸篭り状態だった。このために、純粋な兵のみの籠城よりも兵糧は多く必要となる。

当初、別所氏は毛利氏や英賀城《あがじょう》の三木氏などから兵糧の海上輸送を受けていた。織田軍としては、兵糧の運搬ルートを遮断することに力点が置かれることとなった。丹生山明要寺と淡河城《おうごじょう》を攻略し、さらに毛利氏側であった宇喜多氏が離反したため毛利氏の領土と播磨国のあいだが分断され、毛利氏による兵糧補給が困難な状況になる。そして、天正八年一月、三木城内の食料は底をつき「三木の干し殺し」状態の中、三木城内の支城が攻略され、残った本城も城主一族の切腹によって城兵の命を助けるという条件で降伏し、一年十カ月に及ぶ籠城戦が終了した。

毛利軍の吉川経家が入城している鳥取城に対しては、秀吉は二万の兵で囲んだが、攻める前に秀吉は兵糧不足になるよう手を打っていた。『陰徳太平記』によると、秀吉は若狭から商船を因幡へと送り込み米を高値で買い占めさせたのだ。その一方で、河川や海からの毛利軍の兵糧搬入を阻止した。高値で販売できるということで、城の中の米も売ってしまう者がいたりして、城内には二十日分の兵糧しか用意されておらず、またたくまに兵糧は枯渇し、城内の家畜、植物などは食いつくされ、四カ月も経つと餓死者が続出し、人肉を食らう者まで現れた。その悲惨さは、『信長公記』には「餓鬼のごとく痩せ衰えたる男女、柵際へより、もだえこがれ、引き出し助け給へと叫び、叫喚の悲しみ、哀れなるありさま」と記されている。経家は、自身の切腹と引き換えに守兵を助けることを条件に秀吉に降伏した。

## 小田原城、富田城の攻防史

大きな城を相手にするときには準備も大規模になるし、攻め方も複合したものになる。よい例が、豊臣秀吉の小田原攻めである。小田原城の攻防史は北条早雲による奪取、氏康による籠城の成功、氏政・氏直による落城と、攻城と籠城の成功失敗の好例を提示している。氏康が守った難攻不落の小田原城も、氏康死後、小田原北条氏は「形骸」化した形で「守勢」を受け継いでしまう。天下統一を進める豊臣秀吉により、関東の大半を支配していた北条氏政・氏直父子は上洛を命じられたが、これに応じず、さらに秀吉は以下の真田氏との沼田領有問題がこじれてしまう。

このため秀吉は北条攻めを決意し、『関八州古戦録』によれば、天正十八年（一五九〇年）二月、秀吉軍先鋒の徳川家康と織田信雄の軍勢四万、続いて北陸方面の上杉景勝・前田利家らが二万五〇〇〇人、瀬戸内や紀伊・伊勢の水軍が東進を開始し、京都守護として毛利軍など四万人、東海道諸城の守備として小早川隆景、吉川広家など三万五〇〇〇人、秀吉率いる本隊一五万人、じつに二〇〇万人を超える大軍が動員された。用意された兵糧も膨大なもので、米二〇〇万石を確保し、さらに長束正家らに命じて黄金一万枚で米五〇〇万石を購入していた。

もちろん北条側が無策であったわけではない。十五歳～七十歳の男子を対象にした徴兵し、さらに浪人や野武士にも戦争準備を命じて、武器や資材の供出などの軍備強化を図っていた。このとき、北条氏が動員した人数は一七万一二五〇人になったという試算もある。小田原城下を取り巻く大外郭をめぐらし、西からの侵攻に備えて箱根山方面を中心に支城の、八王子城、山中城、韮山城などの築城を進め、これらをつなげるための城砦の整備も進めていた。

この「天正十八年小田原の役」では、過去の小田原攻めに比べて、氏康と氏政・氏直という守り手の武将の能力差だけではなく、敵の性格、社会状況も大きく異なっていた。四日間で包囲を解いた武田信玄もそうだが、上杉謙信の小田原攻めの目的も、基本的には示威行動であった。しかし、秀吉は天下統一のために関東全土を完全制圧しようと考えていた。また、謙信も信玄も、ともに自身の勢力圏が安泰だったわけでなく、他国と牽制し合っていたため、対北条に全力を傾けることは困難であったが、秀吉は何の憂いもなく全勢力を小田原攻めに傾けることができた。そして、北条氏の勢力は氏康時代よりも拡大していたが、中央の勢力の拡大はそれをはるかに上回っていた。

秀吉は長期戦を覚悟していることを北条側にも知らせ戦意を喪失させるために、石垣山城の築城にかかり、また側室の淀殿を呼び寄せ、諸大名にも妻を呼ばせ、同時に小田原城中の兵糧の減少をはかる一方で、関東各地に散らばる北条氏支城約五〇を各個撃破していく。四月～六月のあいだに、松井田城、厩橋城、箕輪城、江戸城、河越城、松山城、岩付城、鉢形城、八王子城、韮山城と落城が続き、かろうじて忍城はもちこたえているものの、小田原城が単独で抗戦しているにも等しい状態になっていた。

支城の落城だけでなく、秀吉に服していないと考えられていた津軽為信・相馬義胤・結城晴朝・佐竹義宣・最上義光・伊達政宗らが秀吉に帰順したことにより援軍が得られないことも北条方の失望を誘った。またデマも多く流し、それと併用して裏切りを内発させた。松田憲秀や北条氏長らが秀吉方への内通者として嫌疑をかけられたうえ、秀吉軍に捕まった将兵の妻子が城外で晒し者にされたため、戦意の喪失は著しくなっていく。

しかし、もっとも大きな衝撃を与えたのは、六月二十六日に石垣山一夜城が完成したことである。秀吉が氏政・氏直が降伏するまで居続けることを明確な形で示すとともに、小田原城は完全に上から見下ろされる状態になり、不安は一気に拡大した。そして、七月二日には総攻撃をかけるということを北条側にも知れ渡るようにする。この様々な方策の前に、ついに小田原城も開城することになった。もちろん、攻めたのが秀吉であったということは考慮されるべきで、徳川家康ではこうはうまくはいかなかっただろう。

## 大坂夏の陣――家康が「だまし討ち」をした可能性

小田原城以上に強大な大坂城の攻略は、謀略の例となる。「大坂夏の陣」である。慶長十九年(一六一四年)十月に開始された「大坂冬の陣」は、攻める徳川軍は二〇万～三〇万という大軍を動員しながらも、一二万人が籠城する大坂城を攻めあぐねた。とくに真田幸村が守る真田丸・城南の攻防戦では、豊臣軍が徳川軍を撃退している。

家康も無策の力攻めのみをしていたわけではない。淀川の流れを尼崎に流す長柄堤を造り上げ、川の深さを膝下にまで下げることに成功したし、大和川の堰止めも行っている。また、毎夜三度(酉・戌・寅の刻)、鬨の声を上げて鉄砲を放たせ、籠城軍を不眠状態にしようとした。投降を促す矢文も送りつけられているし、鉱夫を動員して南方より土塁・石垣を破壊するための坑道掘削を始めてもいる。さらに心理的に威嚇するため、大砲を撃ち込んでいる。結局、大砲が本丸に当たったことから、淀君が怯えて講和に応ずることとなる。

このときの和睦の条件には有名な堀の埋め立てが含まれていた。外堀のみを埋め立てるという条件なのに、内堀も埋めてしまったというものである。実際には内堀の埋め立てが豊臣家の管轄下で行われるところを、遅いという名目で徳川側が行ってしまったというものらしいが、内堀までも埋める条件を豊臣側が呑んだというのも、にわかには信じがたいものである。家康は、立場が弱者になった相手に対しては、信義を守らないことが多々見られるため、「だまし討ち」に近いことをした可能性が高い。皮肉にも、偽りの和議によって両堀を埋めてしまうという策を家康に教えたのは、自分が城攻めの名人であることを自慢するためにかつて豊臣秀吉が披露したものだった、という話も伝わっている。

堀がなくなった大阪城は巨大なだけの裸城になったため、次の「夏の陣」が開始されると、もはや籠城はかなわず、城外に打って出て敗北した。

このように、籠城の戦い方も、城攻めの方法も多様であり、籠城が有利か不利かも結論は出ない。どの城に籠もったから安心だということもない。戦国時代には、一つの城で籠城と攻城の比較が可能な場合が小田原城以外にもいくつかある。その例として、出雲国の月山富田城の場合、司令官によって籠城が成功したことも失敗したこともあるし、攻城方法も、攻める者の個性と能力によって異なることを示している。

尼子経久は、一代にして山陰・山陽十一州に勢力を拡大した戦国武将である。毛利元就が陰性な政略家とすれば、経久は陽性の政略家である。長禄二年(一四五八年)出雲国守護代・尼子清貞の嫡男として誕生し、文明十年(一四七八年)頃、又四郎は家督を継承し、京極政経より一字を受け経久と名乗ることとなった。

月山富田城は、もともと尼子氏の本城で、出雲国能義郡広瀬に在った山城であったが、文明十六年(一四八四年)、かねてからの公用銭問題が悪化、幕府と結んだ京極氏の策謀により、清貞・経久父子は富田城を追放される。そのため経久は母の郷、真木上野介のもとで雌伏の時を過ごした。文明十八年(一四八六年)正月、経久は山中勝重ら旧臣の援助を得、わずか数十名の手勢をもって難攻不落の富田城を奪回した。

月山富田城は、飯梨川流域平坦部の頂点に位置する勝目山(一九二メートル)頂上にあり、北側と南西部を深い谷で隔てられた天然の要害であった。頂上部には本丸が置かれ、北西方へ二の丸・三の丸・袖ケ平と続き本城中心部の曲輪をなす。さらに、北西方標高一一〇メートルのほぼ中腹に御殿平と呼ばれる平坦地の曲輪があり、尾根の先端、標高六〇メートルのところには千畳平・馬場曲輪・奥書院などがあった。北方菅谷口を大手とし、西方塩谷口を搦手とする、堂々たる山城である。

富田城を奪回する時、経久は河原者集団・鉢屋の協力も得ている。鉢屋弥之三郎率いる鉢屋党七〇人ばかりは、恒例によって新年を賀す千秋万歳を舞い富田城中に入った。経久は大晦日から富田城の搦手に亀井秀綱・山中勘兵衛・真木上野介らと忍びこんだ。祝いに城内の気が緩んだ頃合いを見て、経久は、火薬の詰まった武器で轟音を発して城内の者を驚かせ、長屋に火をつけて回り、猛炎の中、混乱する城兵にいっせいに隠していた武器をふるって襲い富田城を奪還する。

同じ富田城攻撃でも、のちに毛利元就が攻めた時には兵糧攻めでの攻略となっている。

永禄八年（一五六五年）四月、毛利軍は三方向から富田城を攻撃した。かつては一四八万石の領土を誇っていた尼子氏も衰退が著しく、『陰徳太平記』によれば、尼子軍一万人に対し毛利軍は三万人とされている。しかし、有力な武士たちが毛利側に寝返り、尼子十旗と呼ばれた重要な支城が次々と落城していたにもかかわらず、その五年前に父晴久の急死により家督を嗣いだ尼子義久のもと、富田城の守りは堅く、毛利側はやむなく撤退する。

同年九月、再び富田城を包囲した毛利軍は、今度は輸送路を断ち切り、持久戦に持ち込んだ。当初、投降する兵に兵糧を与えて尼子軍の士気をゆるめていた毛利軍は、のちに関門を設けて城兵の降伏を一切認めなくなった。孤立した城内に多くの兵を籠もらせて、兵糧が尽きるのを待ったのであった。そして兵糧が底をつき始めたところで降伏を認めると、籠城していた兵が数十人ずつの一団となって投降してきた。

籠城時の兵糧について、尼子側が無策であったわけではないが、海上をも遮断され、永禄九年（一五六六年）十一月二十一日、ついに富田城は開城する。尼子一族の生命は保証され、義久とその弟たちは安芸国の円明寺に幽閉されたが、これは温情というよりも、義久らを担いでの尼子氏旧臣の叛乱を防ぐための処置と考えられる。

元就によって落城したものの、過去においては富田城は籠城策によって大軍を跳ね返したこともある。

天文十一年（一五四二年）、周防国守護の大内義隆による富田城の攻防では、籠城した尼子軍が勝利している。この時の大内軍は、同盟者の毛利元就、三重臣の陶隆房、杉重矩、内藤興盛、さらに長門国・周防国・安芸国・石見国などから招集され、総勢で『陰徳太平記』によれば四万人という大軍であった。四月に出雲に侵入したものの、赤穴《あかな》光清が守る赤穴城の攻略に手間取り、猛将・尼子晴久が籠もる富田城を望む京羅木山《きょうらぎさん》に本陣を構えたのは、翌年になってからである。

三月、ようやく攻撃が開始された。越年しての長陣に疲労が見える大内軍に対し、尼子軍は補給線を断つべくゲリラ戦術を行う。しかも、大内軍の三刀屋久扶《みとやひさすけ》、三沢為清、本城常光、吉川興経が尼子方についてしまったため敗色濃くなり、大内義隆は撤退を余儀なくされる。この時の打撃が、大内氏の力に翳《かげ》りをもたらしたとされている。

月山富田城だけではなく、小田原城や岐阜城（稲葉山城）の歴史が教えてくれるのは、いかなる堅城も守る人間と攻める人間次第で落ちるということ、そして、その攻め方も守り方も千差万別であることである。いみじくも、ルイ十四世配下の城造りの名人ヴォーバンとその城を評した矛盾を地で行く言葉が残されている。「ヴォーバンが築いた城は落ちることなく、ヴォーバンが攻めた城は必ず落ちる」。

# 第八章

# 「三増峠合戦」と「川中島合戦」

## ――『孫子』対『孫子』

## ●武田信玄の南進策

優れた名将が愚将や大軍を破ったという例はいくらでもある。そして勝者には戦略があったとして、有名な戦略論の言葉が当てはめられていたりする。では優れた名将同士が戦略通りの戦い方を繰り広げたらどうなるか。武田信玄と北条氏康の「三増峠合戦」は『孫子』の達人同士の戦いの好例である。「三増峠合戦」が『孫子』同士の合戦なら、『孫子』と『呉子』の合戦が見られたのが「川中島合戦」であるといえる。このようにわずかながらも戦略論の競い合いのようなことは存在している。

「川中島合戦」は川中島を将棋盤に見立てて謙信と信玄が対局するような高度な知略戦であった。三増峠合戦は長大な作戦線での機動戦の終着であった。

「三増峠合戦」を招いた遠因は、大規模なバランス・オブ・パワーの変更である。東海地方の大勢力であった今川氏は、永禄三年（一五六〇年）の「桶狭間合戦」によって一気に勢力を衰退させていった。長らく海へ出ることを願望としていた信玄にとっては千載一遇のチャンスが訪れたことになる。太平洋岸への進出を、今川義元と北条氏康によって阻まれていた信玄は、逆に両勢力と同盟を結んで北に向かっていた。信玄が川中島地方にこだわったのは、それが北陸に通じる玄関であったからである。この信玄版北進論は日本海への進出をめざすものであったが、これは上杉謙信によって前進を阻まれていた。そこに「桶狭間合戦」が起こる。東海の大勢力であった今川氏の没落は、バランス・オブ・パワーを大幅に変化させ、相対的に信玄の力を増加させ、脆弱な東海地方をにらむ形とした。

より直接的な軍事情勢は、信玄にさらに魅力的な事態を引き起こしていた。優れた諜報機関を持っていた信玄は、「桶狭間合戦」によって総帥の今川義元が討たれ、今川軍が総崩れとなって敗走していくことを知っていたはずである。今川氏の同盟者であった氏康は、関東管領となった謙信による大規模な関東侵入を目前としている。謙信は定められた国境を侵さない限り信玄との小康を守っている。信玄は川中島をめぐって謙信と対立関係にあったから動員は誰にも疑われずに堂々と行えた。

その気になりさえすれば、「桶狭間合戦」直後に大軍を動員し、ほとんど戦闘を交えることもなく南下し、瞬時にして武田軍はがら空きの駿河国、遠江国を併合できるばかりか、三河国、さらに今川氏が勢力圏としていた尾張国の一部までも射程に入れることが可能であった。これは太平洋への進出と領土倍増を併せて行うことである。しかし、この絶好の機会を信玄は生かさなかった。

信玄は「計なり機熟し、しかり後動く」が、それは情勢の変化に対応してよりも、自らの計略の完了をもって動くことを常としていた。そのために行動に移ってからの迅速さに比して、通常はむしろ鈍重の観さえある。『孫子』的慎重さの表れであるが、この東海地方の進出においては、そして、その先にある上洛を考えれば、これはマイナスに働き、タイミングを逃すこととなる。信玄が今川氏の領土に食指を動かすのは、「桶狭間合戦」よりも九年の歳月を経てからであった。

一方、氏康の目的は関東地方の覇権にあったから、今川氏の没落は、何ら魅力ある獲物を示すものではなかった。かつて今川氏と争った駿東地区でさえも、とくに奪還の意思を抱いていない。むしろ南下する謙信との戦いにおいて、背後を支える今川氏の勢力減退はマイナスでしかなかった。氏康が領国安定を願い、むき出しの領土欲を持たなかったということも、今川氏にとっては幸いした。

氏康と信玄は、ともに慎重さと謀を重んじ、『孫子』的なるものをもった武将である。そして、この情勢変化が起こる前は、対謙信ということで、長らく同盟関係にあった。これが崩れ出すのは、今川氏の領土をいよいよ信玄が侵略し出したことによる。信玄と氏康の同盟は、今川氏も加えた三者間のもので、互いに姻戚関係を結んでいたから、今川氏に娘を嫁がせていた氏康が、信玄の侵略に腹を立てて、妨害に出たのである。氏康は、信玄から提案のあった駿河国分割案を断る。

氏康の拒絶にもかかわらず、信玄は着々と計画を進めた。今川氏内部に内通者を作り、扇動やデマなど、様々な方法で今川氏の勢力を弱め、三河国の徳川家康と分割線を定め、武田氏内での反対者として嫡男・義信を殺して内部固めをした。そして、動員をかけると、素早く信玄は南下を開始した。

当初、信玄の駿河侵略は短期間に進んでいた。ところが永禄十二年（一五六九年）正月十八日、氏康の子・氏政が四万五〇〇〇人という兵力を率いて侵入し薩埵山《さったやま》に陣を構えたのである。対して信玄は占領中の駿府の守護を家臣・山県昌景以下一五〇〇人にまかせ、二十六日に自らが一万八〇〇〇人を率いて北条軍と対峙した。北条軍の強みは水軍を保有していたことである。陸上と異なり海上の移動は自在で、いつ何時でも信玄の背後であれ側面であれ、上陸が可能である。

信玄との対立にともない、氏康は外交革命を行い、謙信と同盟を結んでいたため、信玄は四面楚歌に陥る。北と南からの挟撃態勢は信玄の行動を制約する。信玄のほうも、得意の外交を駆使して、関東における反北条方の武将達、常陸国の佐竹氏、安房国の里見氏、下野国の宇都宮氏に連携を呼びかけ、信長を通じて徳川家康（元康）を牽制し、さらに将軍・足利義昭に依頼して謙信との講和を依頼する。しかしバランス・オブ・パワー上、信玄は圧倒的に不利なうえ、兵力的にも薩埵山の北条軍は巨大であり、四月二十四日、信玄は占領した駿府をあとに甲斐へと撤退した。『孫子』で言う「無駄骨おり（費留「火攻篇」）」の結果となったわけである。

## 「東で声を上げ西で討つ」の実践

信玄が撤退したのち、今川氏の領国であった駿河国と遠江国は、家康と氏政が分割することになる。分割線を越えて遠江国まで侵入した信玄の違約に腹を立てた家康が、掛川城の氏真に、遠江国を割譲するならば駿河国を奪還してやるともちかけ、五月七日にまんまと掛川城を手に入れてしまったからである。氏政と家康は駿府の焼け跡に新館を建設し、それが出来上がったら氏真を駿府に帰還させると約束して、伊豆国戸倉に氏真を移して北条氏の庇護のもとに置いた。

こうして遠江国掛川城は元康の部下・石川家成に守らせ、駿河国は氏政が管理することとなり、氏真は氏政の子・国王丸を養子に迎えることとなった。信玄は駿河国の一部に拠点を残したものの、結果的には侵略者の汚名のみを得た形になってしまう。北方から上杉謙信の圧力を受け、東海地方に進出した北条氏と徳川氏の邪魔によって侵略は遅々として進まず、信玄は永禄十一年(一五六八年)から元亀二年(一五七一年)まで六回にわたって駿河国への侵攻を余儀なくされるのである。

永禄十二年(一五六九年)六月十六日、信玄は再度駿河へ侵攻し、北条氏繁が守る下古沢城を攻撃し、さらに伊豆の三島まで攻めて北条氏規を撃破するが、足柄峠という天険の防衛施設によりそれ以上の前進は困難と見て引き返し、駿河の富士大宮城を攻略した。

北条氏が関東という別天地に力の根源を有し、そこから出兵してくる以上は、かつての川中島合戦で信玄が謙信にとったのと同じタイプの戦いの繰り返しになる。信玄は単独の駿河征服が困難で、背後の北条氏に一撃食らわせないと駿河国にいくら出兵しても遅々たる進歩にしかならないことを理解していた。脅し(ブラフ)はそれのみでは存在しない。いかに声を大にして「威嚇」

しても、動かない相手は見くびられる。実際に行動に移すと考えられて、初めて脅しは通用する。信玄は謙信以来の大敵に対して雄大な作戦を考え出した。氏康・氏政親子の根拠地である小田原城を強襲しようというのである。狙いは小田原城ではなく、あくまで駿河国である。つまり「東で声を上げ西で討つ」の実践である。

信玄の小田原城攻撃は、謙信の小田原城攻撃と同じく、小田原城攻略による領土併合ではなく、相手に自分の力を見せつけ威嚇することを主眼とした「威信政策」である。ただし、謙信の「威信政策」は、氏康に対する軍事的威嚇とともに、関東管領として全関東の諸豪族に対する威信を示すものであったのに対し、信玄の「威信政策」は、氏康に対して一種のシグナルを送るものであった。

関東征服が狙いではないことは、信玄が北条氏内部に対して内応を誘うということをせず、また信玄と誼《よしみ》を通じた関東諸勢力を糾合することもしていないことからもわかる。信玄が本当に北条領に狙いをつけたなら、信濃国や西上野で見せたように甲斐国境に近い小城を確実に潰し、対北条同盟を政治的に利用した複合的な戦いを推進したろう。

しかし、この時の信玄の行動は単独の、しかも純粋に軍事的なものであった。これが氏康へのシグナルでもあった。駿河国の領有権という限定された目的のためのもので、関東への野心がないことも明白に提示しようとしたのである。その意味で、この出兵は、直接的には領土確保のない、つまり得るものがない戦いであったが、先のことを考えて行ったものである。侵入経路も氏康達の意表を突いたものとなった。

### ●「三増峠合戦」——最も重んじたのは勝利より不敗、不戦

永禄十二年（一五六九年）九月、信濃佐久郡から碓氷峠を越えて信玄は上野国に侵入する。信玄が本格的に関東で力を発揮するには騎馬武者を率いていかなければならない。箱根・足柄はその点で不便であったからである。と同時に、それは敵の意表を突き、混乱を引き起こす「間接的アプローチ」であり、また、侵入経路が一カ所だけではないことと、騎馬武者を率いた関東侵入経路があることを氏康に教えるものでもあった。

一方、氏康は信玄が上野国方面から、本格的に関東に入ってくるとは考えず、それよりも駿河国への再侵入と、それに引き続き、東海方面から伊豆国に対する侵入を警戒していた。というのも信玄は信濃勢や上野勢をわざわざ甲府に集結させていたからである。佐久郡から上野国に入るなら現地で参集したほうが効率がいいはずであるから、信玄は敵を「偽る」形での動員をかけたのである。

上野国から南下した信玄は、九月十日に北条氏邦が守る武蔵国の鉢形城を攻撃、さらに武蔵国の滝山城を囲む。甲斐国都留郡からは小山田信茂が小仏峠を越えて信玄の軍と合流した。どの城

に対しても、攻撃のみを行って威嚇し、本格的な攻略は試みていない。信玄は滝山城が堅固と見るや夜陰に乗じて南下する。氏康は即時、北条方の諸城の防備を固め、謙信に救援を依頼した。

氏康はある意味では信玄以上に『孫子』的な人物であった。祖父・早雲、父・氏綱を上回る英主とされ、謙信さえいなければ関東統一を達成しただろうといわれた名将でもある。実際に、謙信の関東出兵がない段階に、常陸国以外の広範な地域に覇権を確立していた。基本は、勝つことよりも、不敗である。

明治時代に中世史の泰斗・田中義成博士が述べた氏康評では、「信玄、実利を尊ぶ」のに対して「氏康、自重を尊ぶ」とされているが、最も重んじたのは勝利よりも不敗であり不戦であった。氏康の方針は、領土拡大よりも領土保守が濃厚である。氏康は若年の頃より、常々自らが臆病であると声にして言い続けてきたが、それで相手を油断させて侮ったところを撃ち破ってきた。とくに一〇倍といわれた両上杉連合軍を撃ち破った「川越の夜討ち」は「戦国三大奇襲」の中でも最大の兵力比での逆転劇として名高い。氏康の祖父・早雲は『三略』の講義を聴き始めた時、聞かなくてもわかっているからと制止したといわれているが、『三略』は『孫子』の補完解説書といってもいいものである。

信玄の機動戦に対して、氏康は敵を根拠地まで誘き寄せ、背後で籠城していた部隊を利用して退路を断つという持久戦法で対応しようとする。

十月一日、信玄率いる二万人の武田軍は小田原城下に到着する。氏康は領内の諸城に兵力を分散させているため兵力不足を感じて出撃せず、難攻不落の小田原城に籠もることとする。兵力は一〇〇〇人足らずだという説もあるが、農兵比重が高いからそれよりは多かったろう。小田原城は、『北条五代記』にはのちに大外郭を備えることで「東西五十里、南北七十里、めぐり五里」と記された天下の堅城であるが、城を守るには四～七メートルに一人の兵が必要とされているから、かなり城の内部に人員を集結せざるを得なかった。一方、信玄も北条方の城を落としていないので背後に不安を感じている。

信玄は城下に放火して威嚇するが、小田原城攻略は無理だと当初から考えていたので、十月四日、撤退を開始する。威嚇の効果はあったし、侵入経路を示すこと、そして北条側諸城を陥落させなかったことから、氏康は信玄の意図を理解したと判断したのである。このまま撤退を認めるならば、それはそれでよし、認めないならば、城外に誘き出して一撃食らわせ、威嚇効果をさらに高めようと考えていたからである。

追撃は氏康にとって「おいしい餌」である。氏康も信玄の意図は見抜いている。しかし信玄を追撃することは不可能ではないと判断した。信玄が攻略せずに残してきた信玄背後の諸城の兵を糾合して信玄の退路をふさぎ、小田原城を中心とした兵で追撃すれば信玄は腹背から攻撃されることになる。ともに相手の意図を見抜きながら、そのうえでの駆け引きを行う。名将同士の戦いは名手の舞を見るように鮮やかである。

信玄が撤退を開始した頃、北条氏照や北条氏邦は分散して籠城していた兵を結集し、武田軍の退路を遮断すべく三増峠と志田峠に陣取った。その兵力は二万人とされている。十月六日、信玄は田村・大神にて三増峠と志田峠に北条軍が集結していることを知る。後方からは小田原城から出撃した兵がせまっているから、ちょうど「永禄四年川中島合戦」とは逆の立場に立っている。

信玄が三増峠と志田峠方面の北条軍を撃破して無事に撤退できるか、それとも手間取って挟撃されるかである。計算されていたとはいえ、かなり危機的状況でもあった。信玄は「氏康でさえ決戦を避けて籠城策をとったのに、氏照や氏邦如きになにができるものか」と豪語したという。前面の敵は危機であると同時に、北条軍に一撃を食らわすチャンスでもある。信玄としてはかなり冒険的な戦略でもあった。

七日、信玄は三増峠に向けて攻撃態勢を整える。小幡尾張に一二〇〇人を潜行させて、翌八日に三増峠北方の津久井城を押さえさせた。これは三増峠を前後から睨む形としたというよりも峠通過後の安全を確保したことになる。さらに行軍時に重要な意味をなす小荷駄《こにだ》を内藤昌豊に命じて先行避難させる。山県昌景には東方からの迂回を命じて三増峠西方の志田峠を前後から睨む形とした。

## 威嚇効果をもったまま帰国することに成功

こうした戦略上の配慮をしたうえで、信玄は八日未明に三増峠西南の田代北側に陣取った北条軍と交戦に入る。戦いは相当の激戦で、当初は武田軍の猛攻で半原まで押し出された北条軍が、午後になって田代城を軸に反撃を開始した。勝敗の決め手は長竹から南下した山県昌景の攻撃である。これにより北条軍は敗退する。『関東八州古戦録』には、北条軍の死者三七六九人、武田軍では信玄の従兄弟・浅利右馬助信種が戦死したとされているから、相当の激戦であったことがわかる。

信玄にとってきわどかったのは、氏康・氏政軍が田代の南約六キロの地点まで来ていたことで、もしこの到着が早まれば信玄が挟撃されていた可能性が高い。『関東八州古戦録』によれば、その兵力一万人であった。総力戦の発想でいえば、氏康は戦闘には敗れたが、信玄を追い払ったといえなくもない。しかし川中島の場合と立場が逆で、信玄が領土獲得を目的とせず、氏康に対して威嚇と意思表示をすることが信玄の戦争目的であったことと、そのための仕上げとして一撃与えることが必要であったことが一連の信玄の行動を見るときのポイントとなる。

「三増峠合戦」の勝敗を分けたのは、戦略というよりも、戦術であった。軍事戦略において、津久井城を押さえたことが功を奏し、氏康軍との挟撃のために、壁の役割をもった氏照・氏邦軍を破ったことにより、信玄は威嚇効果をもったまま帰国することに成功したのである。

信玄の戦略的意図としては、啄木鳥《きつつき》作戦が可能なことを知らせることもあった。武田領からは東信濃方面と東海方面の両面から北条領を牽制できることを北条氏全体に示したのである。信玄の戦争目的は武田軍の威力誇示と陽動作戦であった。戦略的位置として甲斐国・信濃国が「内線の利」をもつことから、いつでも関東に進出できることを示唆して北条氏の本拠を不安にして、駿河国から北条軍が撤退することを促したことになる。「守れないところを攻めよ」で、北条軍が駿河を守備していれば、北条氏の本拠地である小田原城が手薄になるから、信玄がその気になれば小田原城も、あるいは東信濃の佐久や西上野から武蔵国の北条領侵食も可能であることを意味している。信玄が駿河国に向かえばむしろ関東は安泰ともいえた。

関東と東海の間には箱根・足柄によって境界線が引かれている。地政学的に見れば、この分断が北条氏の東海進出を断念させていたし、東海勢力が関東に入り込むことも困難にしていた。おのおのにとって飛び地の支配のような形をとっているからである。それでも北条氏が駿河そのものを分国化したいのであれば駿河国より徴集された兵をもって駿河国を支配することも考えられたが、現状では関東の兵を駿河国に入れて防衛するという不安定な形となっている。駿河国を委託されるという形は、北条氏の関東本国を防衛的に不安にしていたのである。

同時に信玄は今回の行動で北条領を一切侵食しなかった。小田原城だけでなく鉢形城も滝川城も攻撃しただけである。こうして関東への野心を示さないことを氏康に示すことで、信玄と氏康に東海・関東分割協約の可能性を暗に提案したのである。

## ●駿河国併合――念願の海に出た信玄

信玄の意図は達成されて、北条軍の主要部隊は駿河から引き揚げていく。甲府に戻った信玄は十一月九日に諏訪社に起請文を捧げ、駿河国・伊豆国の併合を祈り、第三次駿河侵攻を開始する。十二月六日、信玄は北条綱重が守る駿河国の蒲原城を攻略する。蒲原城は駿河国における最も強固な城塞の一つであったから、ここの落城の意味は大きい。この報に接して薩埵山の北条軍は戦わずして自落する。信玄は「勢」と「戦わずして勝」を複合させ、駿府の今川軍守将・岡部正綱に対して降伏を呼び掛け、戦わずして府中を手に入れる。これによって駿河国の主要部分は信玄の領土と化した。

元亀元年（この段階では永禄十三年、一五七〇年）正月早々に信玄は第四次駿河侵攻を開始する。正月四日に大原資良が守る花沢城を包囲して降伏を呼びかけた。資良は抗戦したが最終的には降伏する。

一度甲府に帰国した信玄は駿河国とともに伊豆国方面へも兵を進める。第五次駿河侵攻である。伊豆は北条氏が根拠としていた国であり、関東と東海の端境地でもある。信玄が伊豆国をも領有しようとしていたのか、たんなる威嚇なのかは不明である。というよりも、優れた戦略家の常でその二つの目的を兼ね備えさせながら、最終的なリスク計算のうえで選択しようとしていたのかもしれない。

信玄が伊豆国を領有したら根拠地が奪われたという象徴的な意味だけでなく、小田原城への脅威そのものも大変なものになる。伊豆国は、地政学上は関東と東海の境界として、関東への侵入経路を形成するものであった。もし信玄が関東制覇を本気で考えるならば、伊豆国と上野国からの「長蛇の陣」が作られ、北条氏にとっては小田原ののど元に刃を突き付けられながら武蔵方面が侵略されるということになりかねない。信玄としては依然として謙信と結んだままの氏康へのいらだちもあったのかもしれない。

今回の信玄の行動として初の試みは、駿河国で組織した水軍を利用して伊豆を脅かす計画をもったことである。信玄は五月十四日吉原、沼津で北条軍と交戦、八月には伊豆国の韮山城と駿河国の興国寺城を攻めた。

北信濃と関東への謙信の行動を気にした信玄は甲府に戻るが、元亀二年（一五七一年）正月に第六次駿河侵攻を開始し、垪和《はが》氏続が守る興国寺城を攻撃するが、この時に信玄は数百人の兵を密かに城中に忍び入れさせ攪乱して、その隙に攻め落とそうとした。しかし氏続の奮戦の前に失敗している。また、北条氏繁が守る深沢城に対しては「深沢城矢文」を送って降伏を勧めたがこれも失敗している。これに対して氏政が救援部隊を組織し、謙信も西上野に攻め入る気配を見せたため信玄は不利を悟り撤退している。

氏康にとって謙信という北方の脅威と、信玄という西方の脅威はいずれも恐ろしかったが、領土欲の強い信玄は本拠地・伊豆国侵食の危険を示していた。敵として信玄は必ず北条氏を完全に滅ぼすだろうが、謙信ならば北条氏を滅ぼすことまではしないだろうという気持ちも働いていた。一方で氏康は、謙信との講和がうまく進まなかったこと、謙信がなかなか出兵してくれなかったことは不満であった。

しかし、旧怨を忘れて味方してくれた謙信への信頼と恩もあり、なかなか信玄との和解にも踏み切れないでいる。『名将言行録』によれば、氏康は「信玄信長は表裏反復にして頼むに足らず、独り謙信のみは、受合いたる上は骨になるまでも義理を違えざるものなれば、謙信の肌着を分けて、若き武将の守袋にさせたく思うなり。我明日にも果てなば、後頼むべきは謙信なり」と述べたという。信玄が落ち目の今川氏に対してみせた仕打ちも気になっていた。この氏康が死去することが再度外交的な転機をもたらす。

氏政は謙信との同盟を破棄し、新たに信玄と同盟を結んだ。氏康の遺言によるものとされているが、氏康自身は謙信との友好を考えていたとか、氏政が謙信も含めた三者和解も望んだとか、信玄との和解が極秘裏に進められていたとか、北条氏としても様々な思惑が働いていたようである。

これにより信玄は駿河国を完全に併合、今川氏真は放逐される。念願の海に出たのである。信玄は第一次駿河侵攻に際して北条氏の水軍により悩まされており、水軍の編成を進めていたが、元亀二年（一五七一年）には大規模な形での編成を行っている。これで変化自在な用兵がさらに可能になるとともに、東海地方を大軍が前進する際の海上補給を可能にするものである。この辺の発想は同じ東海に領土をもっている徳川家康には見られないものである。東の国境の安定とともに、この水軍建設は東海地方西方への動きを活発化するものであった。信玄の上洛戦開始は時間の問題となったのである。

「三増峠合戦」と「川中島合戦」はどちらも名将同士の合戦であるが、いろいろな意味で対比ができる。「信玄を倒さない限り川中島地方への侵略がやまない」と謙信は考え、信玄は「越後国に進出して日本海に出る」という目標があったため、「川中島合戦」では双方が殲滅戦を仕掛けた。文字通り食うか食われるかの合戦で、戦後にはバランス・オブ・パワーが固定した。「三増峠合戦」は、信玄は氏康に対する威嚇、氏康は信玄を追い払うという、双方とも限定的な目的しかもたず、そのために相手に一撃食らわせればいい、と考えていたから限定戦争的な様相となり、結果的には棲み分けのための合戦となった。もともと信玄は関東併合を考えておらず、氏康は甲信地方への野心はもっていなかった。信玄と氏康はおのおの上洛と関東という別な方向を向いていた。そのため「川中島合戦」とは異なり、双方に利益をもたらしたともいえなくもないのである。

第九章

# 信長の上洛戦と信玄の上洛戦ほかとの対比

## ——間接的アプローチと直接的アプローチ

## ●「間接的アプローチ」とはなにか

無意識か意識的かは別として古来、名将が本質的に理解し、実践し手法を法則として理論化し名付けたのが「戦略論」となっていることが多い。「間接的アプローチ」とは、リデルハートが提唱した戦略論である。

敵と正面衝突して撃破する「直接的アプローチ」に対して、リデルハートが重視したのは相手に心理的な敗北感を与えることである。リデルハートは古代から一二、近代から一八の大戦争を選び、その中に含まれる二八〇の戦役（キャンペーン）において決定的効果を得たほとんどが「間接的アプローチ」であり、「直接的アプローチ」の成功は六例にとどまると考えた。リデルハートが批判したのは、決戦を強要して殲滅戦を繰り返したナポレオンの戦争方式であり、その分析から「絶対戦争」を提唱したとされるクラウゼヴィッツである。

『戦略論』の冒頭にリデルハートは面白い比喩をしている。「良い買い物があるという示唆は、直接的にその品物の購入を訴えるよりも遙かに強力である」。心理的敗北感を与えるために奇襲と運動を重視し、交通線の遮断、前進の方式などを挙げる。手法としては迂回して補給線を切るとか、目標を複数設定してリスクが少ないものを選ぶとか、敵の予期せぬ進軍をするとか様々である。十二世紀にノルマン人が行ったものとして「森林・沼沢という極めて行動の困難な地域を踏破したこと、また出征軍が従来の封建的戦争方式を改造しこれを一変させる適応能力を示したことなどによる素晴らしい業績であった。出征軍は、自軍の騎乗突撃力を完全に発揮し得る開豁《かいかつ》地《ち》の戦闘に敵を度々引き入れるという方法をとり、また敵の戦列を切り崩すために、偽装退却、牽制、背後攻撃等を利用する方法に出、あるいは、戦略的奇襲や夜襲を行い」と列挙されている。しかし手法として挙げられているものが、いつでも「間接的アプローチ」に結び付くわけではない。「たんに敵に向かって遠まわしに行進するとか敵の配置の後方へ行進するといったことが戦略的な間接的アプローチになるわけではない。間接的アプローチとは、そんなに単純なものではない。そうしたアプローチは、最初のうちは敵の正面との関係で間接的かもしれないが、敵の背面に向かっての前進がまさに直接的であるがゆえに、敵に配置を変えさせ、たちまち敵の新しい正面に向かっての直接的アプローチになってしまう」。

奇襲についてもすべて奇襲が間接的アプローチになるわけではない。リデルハートは具体的に、第一次世界大戦中に東部戦線における例を挙げている。ドイツ軍のファルケンハインがドウナイ地方でロシア軍に対して行った奇襲は成功し、ロシア軍が被った損害は多大なものとなり、「時、場所及び兵力上の奇襲は達成された」。しかしロシア軍は「自分の予備兵力、補給及び鉄道線の方へ押し返された」だけである。ロシア軍は戦闘における敗北感は抱いても戦略的な敗北感は抱かず総崩れになることはなかった。間接的アプローチとは心理的に敗北に陥れるものであるから奇襲がそこまでの効果を出すことがなければたんなる奇襲にとどまることになるのである。「間接的アプローチなるものと一般に奇襲と称せられるものの差異がこの戦例によって明らかに示されている」とリデルハートは述べる。

同様なことは日露戦争当時のシベリア鉄道に対する攻撃についてもいえる。リデルハートはシベリア鉄道という細くて長い気管にのみ補給を頼っているロシア軍の脆弱さを指摘し、日本軍がなぜシベリア鉄道への攻撃をしなかったかに疑問を呈している。実際には日本軍はシベリア鉄道寸断のために永沼挺身隊を組織してシベリア鉄道を分断しているのであるが、それは純粋に軍事的・物理的な効果、すなわち補給物資、武器、新規兵力の流入を遮断した形にとどまり、ロシア全軍に心理的不安感を与えるものではなかったのである。

逆の言い方をすれば、シベリア鉄道寸断に成功したか否かよりも、ロシア軍がシベリア鉄道を攻撃されたことによって陥る心理的効果のほうが絶大なものになるのである。極論すれば実際のシベリア鉄道寸断よりも、シベリア鉄道が寸断されたという噂がロシア軍全体に流れることのほうが、効果が遥かに大きいということになる。それがもたらす心理的敗北感は、戦わずしてロシア軍を崩壊させた可能性がある。

リデルハートが戦いに勝つ原則としているのは、「目的を手段に適合させよ。常に目的を銘記せよ」「最小予期路線（又は最小予期コース）を選択せよ」「最小抵抗線に乗ぜよ」「予備目標への切替えを許す作戦線を選択せよ」「計画及び配備が状況に適合するよう、それらの柔軟性を確保せよ」

「相手が油断していないうちは――対手がわが攻撃を撃退し又は回避できる態勢にあるうちは、わが兵力を打撃に投入するな」「一たん失敗した後、それと同一の線（又は同一の形式）に沿う攻撃を再開するな」である。

『孫子』を高く評価し、クラウゼヴィッツを批判するリデルハートであるが、クラウゼヴィッツはナポレオン戦争の分析から『戦争論』を書いているのであり、もしクラウゼヴィッツにいくばくかの寿命が与えられれば、現存する内容とは異なった『戦争論』ができただろうことはリデルハートも認めている。

ナポレオンは戦聖とされているが、かつて『孫子』の視点から分析してみたら評価は低いものとなった。「孫子的視点では低い評価にしかならないナポレオンを、『孫子』と並ぶ普遍的書物『戦争論』の中で、クラウゼヴィッツはなぜ評価したのだろうか。これは孫子とクラウゼヴィッツとジョミニの整合性を試みた米国海軍大学教授マイケル・ハンデルの示唆が参考になる。「孫子が主として、最も高い戦略レベルにおける戦争の追考に関心を示しているのに対して、クラウゼヴィッツは、より低いレベルの戦略／作戦的な戦闘に焦点を当てている」。

孫子が多くは「戦争」遂行という政治の観点から眺めているのに対し、クラウゼヴィッツは戦場により近い位置での分析を中心にしているのである。ナポレオンへの高い評価は、戦術と、せいぜい軍事戦略レベルにおけるものなのである。ナポレオンはひたすら戦闘を追い求め、モスクワ遠征のときなどは『我が戦役の全計画は会戦にあり』とまで言い切っている。これはクラウゼヴィッツが「狭義」として限定した戦略の定義に一致しているが、あくまで「狭義」にすぎず、孫子とは相反するものになっている。同時代の人物で戦争に対する考え方では、「戦争はできるだけ、その期間を短くするために、あらゆる手段を尽くすべきだ」と述べたカール大公のほうが孫子の本義を的確に理解していることになる。

たしかに名将と呼ばれる人の戦い方には「間接的アプローチ」が多い。しかし直接的アプローチがダメというわけでもない。アール・ワヴェル元帥はリデルハートに送った手紙の中で「あなたほどの知識と頭脳と、そして文才があれば、直接的アプローチという題名で同じくらい説得力のある本を書けるでしょう」と書いている。最終的には敵の物理的な抵抗力を無にするために征服しやすいし、スピード重視ならば「直接的アプローチ」のほうが優っている。ロシアのような国は「直接的アプローチ」の比重が高い。

## ●織田信長の「直接的アプローチ」——多くの兵数を揃える

日本では、織田信長には「直接的アプローチ」の傾向が強い。信長も敵の根拠地を攻める「中入り」のようなことはするが、それよりも相手より多くの兵力を集めることに主眼が置かれている。リデルハートは『孫子』を高く評価しているが、楠木正成、武田信玄ら『孫子』型の名将は「間接的アプローチ」を採用する。ただし信玄という慎重な人物はそのうえでさらに多くの兵力も集めている。

戦略と戦術という、軍事能力における二つの支柱における信長の資質は、凡庸の域を出ない。もちろん信長も、若年の頃、尾張国で繰り広げた各種小戦闘でも、そこそこ勝利を収めているから無能ではない。弘治二年（一五五六年）に起きた「稲生《いのう》合戦」では、柴田勝家と林美作守の率いる一七〇〇人の兵を七〇〇人足らずで破ってもいるから、有能であるほうだろう。宣教師ルイス・フロイスも「戦術が巧み」と評している。しかし謙信や信玄のような本格的な軍事的天才と比較すればかなり見劣りする。

信長の戦い方の特色の一つは、殲滅戦さながらに徹底的に攻めるというもので、天文二十三年（一五五四年）の村木攻めの時に、激しく休みなく攻めに攻めて落城させたのを聞いた斎藤道三が「すさまじい男だ、隣には嫌な奴がいる」と言ったとされている。しかし道三の評価した信長の能力も、革命家の発想としての有効性である。軍事能力的には戦がうまいほうという程度、生涯においてかなり大きな敗戦も経験している。

信長は、いかに戦うかではなく、戦いの前に多くの兵数をそろえるにはどうしたらいいかに頭脳を使っている。ごくわずかな例外を除けば、信長はほとんどの場合に敵の数倍の兵力を戦場に投入していたことは確かなようである。

「姉川合戦」では浅井・朝倉連合軍一万三〇〇〇人（『信長公記』による。『甲陽軍鑑』では朝倉一万五〇〇〇人・浅井軍三〇〇〇人、他にも諸説あるが、両家合わせて一万八〇〇〇人程度が石高から見て妥当か）に対して、信長は徳川家康の援軍も含めて四万人以上（『甲陽軍鑑』）、「長篠合戦」のような受け身の戦いでも武田勝頼の一万五〇〇〇人（『信長公記』）に対して徳川軍と合わせて三万二〇〇〇人（『信長公記』）、武田攻めの時など勝頼が一万五〇〇〇人率いていたのに対し、一〇万人ともいわれる大軍で侵入している。もっとも、多少の兵力差では信長の能力を補えないこともあり、「雑賀《さいか》攻め」では、推定で一〇倍以上といわれる兵を集めながら完全制圧に失敗している。

信長を最も象徴する合戦は上洛戦である。なによりもそのスピードには目を見張らせられる。信長に上洛してもらえるよう依頼するため、足利義昭が岐阜を訪れたのは永禄十一年（一五六八年）七月二十五日、上洛開始が九月七日、その間の期間は二カ月にも満たない。迅速さこそが信長の尊ぶところである。今川義元にしても上洛準備は一年近く掛けていたという。清洲から小牧、そして岐阜へと移動することで、常備軍化が進んだことを反映しているのかもしれない。いつでも上洛できる準備が整っていたかのようなスピードである。

上洛に先立って信長は外交的な手を打ってあった。武田家との縁組みで背後の安全を確保し、なおかつ東海地方の楯として徳川家との同盟、さらに上洛途上の側面に位置する浅井家との縁組みを進めていた。これらは、巧みな謀というよりも、上洛という目的に力を結集しようという有効性の追求から導き出されたものである。軍事力を分散させずに進む、という目的合理性の域を極めていた。とくに武田氏、浅井氏との姻戚関係は美濃制圧に際しても必要なものであった。上洛直前の信長は動員兵力は三万人近かったが、実際に国外に派遣できる兵力となると、それよりも少なくなる。しかし徳川軍二〇〇〇人と浅井長政軍五〇〇〇人も加わっているため、兵力は三万人を超えたとされている。巷では六万人と噂されていた。

衰退したあとの幕府争乱に影響を与え続けていた六角氏は信長の上洛途上に位置する勢力であった。畿内を中心とした限定された地域が中央であると見なすならば、六角氏は天下の帰趨に絶えず影響を与えていた勢力といえる。本来、力の拡大を望む信長にとって六角氏は併合を第一に考える相手であったはずである。算術上の計算からはそうなるはずであった。当時信長の石高は一二〇万石を超え、同盟国の徳川・浅井を加えれば二二〇万石にもなり、四〇万石の六角氏は併合第一となるはずである。しかし信長と義昭の使者は「所司代」を条件に、六角氏に協力を要請した。

六角常禎義賢《よしかた》はこれを拒絶した。義賢は義昭を一時かくまいながらも結局は見捨てたという経緯があり、この段階では三好三人衆と結んでいた。三好三人衆が松永久秀と和解し、六角義賢に兵力を派遣したら容易ならざる事態になることは明白である。いかに脆弱化したとはいえ、畿内を中心にした数万の軍勢が南近江の支城に展開すれば抵抗は大変なものになる。三好三人衆と松永久秀の対立を激化させて六角氏との共同戦線が張れないような策を事前に打っておくというようなことを武田信玄、毛利元就、北条氏康ならば行ったにちがいない。敵を分裂させて抵抗力を弱めたうえで、自らの力は結集しておくのである。

信長は自らの力の結集は最大限のものとした。しかし相手側の分裂は、完全に相手まかせであった。情報は入っていたであろうが、念を入れるようなことは一切しなかったのである。中央先進地域の勢力が信長を食い止める機会があったとすれば、この義賢と信長の戦いの瞬間であった。畿内周辺の真空地帯を併合していない信長の力なら、やり方次第では勝利することもできたのである。

## ●信長の上洛戦――分散に集中で対抗する

三好氏からの兵力派遣がないまま、義賢は単独で信長に立ち向かうことになる。動員能力は一万人である。これならばやりようによっては上洛軍三万人に対しても抵抗も可能であった。六角氏の伝統はゲリラ戦（不正規戦）である。甲賀衆と呼ばれる地侍集団を利用しての遊撃戦的な戦いには定評があった。事実、のちに義賢はゲリラ戦を展開して信長に圧迫を加えている。こうしたゲリラ戦の基本は民衆との結び付きが挙げられるが、それが地侍の利用という形となっている。

それと並んで重要なのは、小規模分散型の抵抗である。正規軍同士の戦いでは兵力集中が原則となるが、不正規軍の戦法とは正規軍同士の決戦では勝てない弱者の戦法であるから、逆に兵力分散によって一気に壊滅させせられることを避け、同時に敵を分散せしめるものとなる。六角氏の前身佐々木氏は、この方面での戦いの達人達であった。長享の「鈎《まがり》ノ陣」では足利将軍義尚を敗走させた歴史をもっている。さらに義賢は天文十八年（一五四九年）には上洛して三好長慶と戦っているし、永禄元年（一五五八年）には足利義輝を助けて松永久秀と戦い、久秀を大和国に追ったこともあり、それなりに勇敢でもあった。

義賢はゲリラ戦こそとらなかったが、小規模兵力分散は行った。しかし、これは中途半端で危険なことであった。正規軍としての戦いを、不正規軍が行ったら有利な部隊形式で行おうとしたからである。とはいえ、それなりの計算はあったようである。義賢の居城は、その巨大さと堅固さに定評がある観音寺城である。本営を観音寺城に置いた義賢は、一八の支城に一万人の兵力を分散させた（一〇の支城を中心にした分散ともいわれている）。もし、相手が同じように兵力を分散させて一八の支城に攻め掛かったとすれば、敵の主力に対して地侍を利用しての奇襲や信長軍撃退に成功した支城よりうって出た兵での包囲も可能になる、あるいは三好氏の援軍が攻めかかるかもしれない。いずれにせよ時間を引き延ばして、相手の隙を見つけようという作戦である。

こうした支城に兵力を小規模分散させるということは、多くの武将が陥りやすい失敗である。この点はクラウゼヴィッツなども指摘している。小田原北条氏は秀吉を迎え撃つにあたって、五三の支城に兵力を分散させた。長宗我部元親のような名将でさえも支城への兵力分散を行っている。もちろん小田原北条氏や長宗我部氏の場合は、農兵の比重を高め、おのおの城にたんなる石高換算以上の兵を入れることに成功はしていた。近代となり、正規軍を離れて国民と国土そのものを抵抗力としたとき、この点は弱者の戦略として際立ってくる。毛沢東やボー・グエン・ザップならば地方への小規模分散を推し進めるだろう。

　信長は義賢の考えていたタイプの名将ではなかった。分散に対して分散で対抗することを考えなかったのだ。これが義賢の常識を覆す戦いとなる。兵力を集中させて、虱潰しに支城をつぶしていったのである。一連の戦いは九月十二日午後四時近くに開始され夜半には決した。支城の中でも、最も要害の地にあったとされる和田山、箕作《みつくり》の両城でさえも数時間で陥落、またたくまに観音寺城は孤立して夜半に義賢は逃亡してしまったのである。永禄六年（一五六三年）の観音寺騒動も義賢には不利に働いていた。

　上洛戦における軍事作戦面での凡庸さ、兵力が多いほうが勝利するという素人の単純な原理、しかしそれを徹底的に追求する姿勢、そしてスピードの重視、これらはまったく単純な原理である。しかし軍事に対する有効性の追求こそが、軍事的な天才ではないが思考面での天才である信長を象徴している。「衆寡敵せず」というが、「大軍に戦術なし」こそが信長の軍事理論であった。

　この南近江平定の素早さは、軍事面だけでなく政略面における凡庸さとも裏腹であった。天才的な政略家は総じて慎重である。信長は政略家ではない。「計成り機熟し、しかる後動く」のではない。力が上回った時に動くのである。重んじられているのは確実さよりもスピードである。のちに「長篠合戦」で敗れた武田勝頼を滅ぼすのにかけた歳月を見て、信長は慎重に事を進めたと見なす向きもある。しかし、「長篠合戦」前から単独比較では武田氏を信長の力は上回ったが、バランス・オブ・パワーで眺めたときには決して上回ってはいなかった。上杉謙信が東国に健在である限り、信長は東国には手が出せなかったのである。自らの力が相手を上回るまで信長は待った。

もっともこの六角氏攻略にはもう一人勝利の立役者がいた。足利義昭である。義昭は六角氏傘下の豪族達を説得して回り、多くの豪族を戦わずして屈せしめた。義昭もまた上洛戦を成功させた自信をもったはずである。

南近江平定のあとはいよいよ上洛そのものである。事実上の天下人であった三好長慶の死後も畿内は三好一族の勢力圏であったが、一族のみに限って見れば、それはすでに全盛期の半分になっていた。多くの人にとって、三好氏の力は依然として巨大に見えたにちがいない。松永久秀と三好三人衆が対立しても、それは三好内部の対立であって、三好氏の力の合計は巨大なものと判断されがちであった。その誤りの根幹にあったのは、三好氏を長慶全盛期のイメージで捉えていたことによる。しかし、擬制の本質を見抜く信長にとっては、イメージというものはイメージにすぎなかった。問題とされるのは力そのものしかなかったからである。

三好三人衆は二万近い兵力を分散配置してしまう。とくにそのうちの五〇〇〇人を平安京にある室町御所の防衛に充てた。古来、政治的都市・平安京ほど防衛に適しない所はない。平清盛や知盛のような優れた戦略家は躊躇なく平安京を捨て、自己の勢力圏（策源）に入って勢力を回復している。貴重な五〇〇〇人が平安京にとどまった以外は、淀城に四〇〇〇人、勝龍城に二五〇〇人、芥川城に五〇〇〇人、高槻一〇〇〇人、茨木城に二五〇〇人で兵力分散体制である。

九月二十六日、ほとんど何事もなく平安京に信長は入る。三好三人衆は逃走し、松永久秀は「九十九髪《つくもがみ》の茶入れ」、「不動国行の太刀」、「藤四郎の脇差」を献上して降伏した。岐阜出陣後わずか二十日で上洛は達成されたことになる。

山城の勝竜寺城を初めとして信長は摂津国・河内国で三好氏に属していた青龍・芥川・越水・滝川・池田・茨木・高槻の各城をまたたく間に陥落させていく。山城の勝龍寺は二十九日に、摂津の芥川城も二十九日、摂津の池田城は十月二日に、さらに茨木城と高槻城もほどなく陥落した。松永久秀を通じて大和は支配下に入れたから一カ月にも満たない間に畿内のかなりが信長勢力圏になったことになる。追われた三好三人衆は阿波国に渡った。

この信長の上洛戦と対照的なのが武田信玄の上洛戦である。

## 信玄の上洛戦──複合的な動き

元亀三年（一五七二年）十月三日、信玄は義昭の呼びかけに応じるという最大級の大義名分を得た形で遠江国に侵攻した。信玄自身が率いる兵力は自家戦力二万人に北条氏の援兵二〇〇〇人を加えている（二万七〇〇〇人とも三万人とも四万人ともいわれ、諸説ある）。五万人を超える武田家の動員能力から見てかなり少ないが、これは長期遠征に備えて農兵比重を下げたためであろう。なによりも遠征費用から見て余裕がなければ国が疲弊する。遠征の兵力が巨大すぎると費用的に支えきれなくなるからである。この点では単位あたりの生産力に比較して少ない兵力の信長は有利であった。

信玄の動きは複合的で、東海に進出して信長の目をその方面に釘付けにしておきながらも、同時に東美濃という信長領の心臓部にも秋山信友以下七〇〇〇人の兵を入れている。変形された「啄木鳥作戦」、あるいは「長蛇の陣」である。信友は十一月四日に岩村城を攻略している。四面楚歌で三河国方面にも援軍を出さなくてはならない信長にとっては、手薄な本拠地が狙われることを意味しており、「敵が無防備なところを攻め、不意を突く」である。東海方面での侵攻も、駿河からでなく信濃から突如登場するような形で行い、「不意を突く」形となっていた。さらに水軍が動員されているが、これは補給というよりも、伊勢国長島の一向一揆や南伊勢の北畠氏との連携のためであろう。

信長を浅井、朝倉両軍が引き付けておけば、信玄によって尾張国、美濃国、伊勢国といった信長の根拠地はシロアリに食い荒らされるように蚕食されていく。その侵略においては、水軍が大きな意味をもつ。信長が本拠地防衛のために撤退を開始すれば追撃され、しかも今度は畿内における信長領が三好一族や松永久秀によって制圧されるから領土は半減してしまう。信長の行動は信玄の包囲のもとで封じ込められていた。

## ●リデルハートの原則「最小予期路線を選択せよ」「最小抵抗線に乗ぜよ」

この上洛戦で、信玄は信濃国から遠江国に侵攻している。信濃国から入るメリットは、相手の目をくらませたことである。北信濃に向かうかと思われた信玄は、越後国をめざすように装っていた。もちろん優れた戦略家の常で、複数の目標を設定していたのも事実である。また駿河方面に築かれた徳川方の諸城、掛川城や高天神城は、この信玄の行軍によって浜松城と分断される形となり、しかも補給線がその方面に存在しないため遮断作戦もできず孤立無援の状態に放って置かれることになった。掛川城や高天神城の兵が打って出れば野戦で壊滅させればいいし、信玄が浜松城を攻略すれば戦わずして落城する可能性も高い。もし駿河国方面から侵攻すれば、こうした諸城を攻略しない限り、補給線が危機にさらされるのである。リデルハートの原則「最小予期路線（または最小予期コース）を選択せよ」「最小抵抗線に乗ぜよ」そのままの行軍であった。

信玄の本隊は、青崩峠《あおくずれとうげ》を越えて遠江国へ侵入、かねてより信玄と誼を通じていた天野景貫の大居城に入り、ここで軍を二分し一隊は只来《ただらい》から二俣城に向かわせ、もう一隊は信玄自身が指揮をとって天方、一宮、飯田を攻略して進んだ。徳川家康は浜松城から出撃し、信玄に戦いを挑むが、まったくかなわず、部下の本多忠勝の奮戦でかろうじて離脱した。

二俣城は浜松城の北北東二〇キロに位置する北遠江の要所であり、天竜川と二俣川に三方向を守られた天然の堀をもった城塞でもある。この二俣城攻略においては城兵が天竜川から水を汲み上げていることを知って、天竜川上流から筏を流して井戸櫓の釣瓶を壊して水の手を断ち落城させている。この攻略は遅くとも十月十九日に開始されたというから、十二月上旬に陥落させたとすると約二カ月かけたことになる。

十二月二十二日、浜松城直前のところで信玄は軍を返した。馬鹿にされたようで家康は屈辱を感じるとともに、信玄の新たなる進路を見ておびえたにちがいない。進軍方向から見て井伊谷を通って長篠に出、奥三河を進んで秋山信友と挟撃する形で、東美濃に侵攻するものと思われたからである。なにもしないで籠城していたら、信長からなにを言われるかわからない。信長が「力の根源」美濃を失ったら、信長の敗北の可能性は高まり、信長に懸けた家康の思惑も外れることになる。

家康は軍勢八〇〇〇人を率いて城の外に出た。当時の家康の総兵力は一万人強、前線となった小城に派遣した兵数を引けば八〇〇〇人は精一杯の兵力である。これに信長からの援軍三〇〇〇人が加わり、総兵力は一万一〇〇〇人である。ところが信玄は家康を無視して西に兵を進めようとする。家康は祝田の坂を武田軍が下り始めたら追撃をしようと追ってきた。坂を追い落とす戦いは有利である。坂を駆け下りる力が利用できるから、坂の上に陣した軍は突撃力が強まるからである。その程度のことは信玄は百も承知である。祝田の坂の上で突如前進をやめ停止し、反転して戦闘隊形をとった。重厚な「魚鱗の陣」であったと伝えられている。家康はあやうく武田軍に突っ込みそうになり停止する。坂の上を陣取られ、兵数的にも不利な形で戦闘隊形に入る。「鶴翼の陣」とされ、敵を包囲するのに優れていたが、突撃して戦うというよりも防御の構えが強い。

陣を立て直したところを武田勢の先鋒が石礫《いしつぶて》を打ってきた。投石隊である。信玄のもつ合理性は、弓も鉄砲も石ももたらす効果が類似していることに注目させた。敵の突撃力を萎えさせ、その隙に味方が突撃して切り崩すというものである。石礫の雨という挑発に堪まらず家康勢は突撃を開始、徳川軍の先鋒・大久保隊が武田軍の先鋒、小山田隊と激突して敗れると、徳川軍の石川隊が小山田隊を押し返し、家康の旗本達が山県隊を三町も押したのだが、武田勝頼隊が家康旗本隊を横から突き崩し、馬場隊にも攻め立てられ、山県隊も引き返して酒井隊に突きかけ、徳川軍は大敗北。家康は供の者すらなく城へ逃げ帰った。信長のもとから来ていた佐久間信盛、平手甚左衛門、水野信元らは戦力として脆弱で、甚左衛門は討ち死に、信盛は敗走している。武田軍の死者一〇〇人に対して、徳川軍の死者三〇〇人とも、一〇〇〇人ともいわれている。信玄自身の書簡では一〇〇〇〇人とされているから、三〇〇〇人程度が妥当なのかもしれない。信玄は早速甚左衛門の首を使者にもたせて信長のもとへ送り、修好を求める信長に手切れを宣告する。

## 信玄に染みついた『孫子』的なるものの呪縛

「三方原合戦」そのものを見れば、「相手を思いのままに動かす」「事前に戦場と時期が判断できる者は千里先の戦場に軍隊を集結させられる」「先に戦場に着いて準備して待つ」という『孫子』の文言そのものであったが、戦役全体で見るとかなり不可解な部分が残っている。もし別働隊を作って合戦最中に浜松城に向かっていれば浜松城も陥落したかもしれないし、また城への道筋に伏兵を潜ませておけば家康を討ち取ることも可能であったかもしれない。しかし信玄はいずれもせず、追撃すらせずに浜松城の北方一キロの地点に野営する。野戦としても殲滅しなかったのだから、不徹底の観がある。兵の損失に対して、効率と時間を秤にかければ六分勝ちではなく殲滅戦をしなければならなかった。

上洛を急ぐあまり浜松城を放っておいて前進したという記述をする人もいるが、それなら野田城など攻めないであろう。後方に一万人近い大軍が籠もる城があることは挟撃の危険が残る。信玄は直接的攻略ではなく、浜松城以外の遠江国、三河国を占領し、葛山城の時と同様に、家康が投降するか逃亡するかの状況を作ろうとしていた。後詰めをあてにした家康が籠城し続けたとしても、浜松城のみを「離れ小島」として残し、これを囮に信長を誘因できる。この意味で、かつてハンニバルは「カンネの戦い」でローマ軍を破りながら、ローマ市の攻略に向かわずに南下したのに類似したものになるのかもしれない。信玄は浜松城に攻めず遠江国の刑部で年を越す。

まさに寿命が尽きようとしている瞬間においてさえも、信玄は身に染みついた『孫子』的なるものの呪縛の中にあった。二万の大軍を率いていながら二俣城攻略に二カ月近くかけ、甲府出発後七十日たっても国境から数十キロしか進んでいない。個々の戦闘は万全、ほとんど兵力の損失も出さす上洛に向けて貴重な兵数を維持しているが、その分進みが遅い元亀四年（一五七三年）正月三日に「藪の中」にあったと表現されている小さな野田城を発見し、二万人近い軍団を率いていながらもなんと陥落させたのが二月十日という有り様。いかに損失を恐れ着実さを重んじるといっても、この期に及んでという気がする。兵力損失と戦費を最小に抑える代償が「時間」であった。いつ都にたどり着くのか。信玄が朝倉義景に要求した出陣は五月、つまり五月が信長打倒の時期ということになるからさらにその先である。野田城が落城した時にはすでに信玄は病に倒れており、元亀四年（一五七三年）年四月、軍を甲斐に引き返す途中、信濃国駒場で病死した。

## ●間接的アプローチと直接的アプローチの長短

上洛だけ見ていくとスピーディな信長と鈍重な信玄というイメージだが、おのおのの生涯の前半はまた異なった印象である。信玄と信長の出発時点での領土はほぼ同程度であるが、その後の道のりは大きく違っていた。

信玄が家督を継いだのは二十一歳、望まれて領主の地位につき家臣からも領民からも大歓迎され、一族地侍家臣団を完全に統一し、甲斐領主となった翌年には信州の海野氏を破り、その後も毎年のように信州に拡大している。入念な準備と謀略、迅速な行動で戦わずして落城させる『孫子』的方法は信州制圧の初期段階、諏訪政略でも顕著に見られた。さらに信州制圧の流れの中で、信玄による『孫子』の実践は冴えわたる。

これが信長の場合だと、十七歳で家督を継ぐも「たわけ殿」の悪評が強く、反感と失望を呼び起こした。一族の統一には失敗、少なからぬ数の家臣にさえ離反され、継承した土地のかなりを失っている。土地と切り離された支配と喧伝される信長の支配体制は、一皮むけば一族・国人の統合に失敗したことの裏返しにすぎない。弘治二年（一五五六年）に織田広信を破って清洲城を手に入れ、永禄二年（一五五九年）にようやく岩倉城主・織田信堅を追い払い、さらに信安を破って二十五歳でなんとか尾張を統一したかに見えたが、じつは今川義元の侵略を受けていたため、尾張半国の領主として父親時代とほぼ同じ勢力圏に復帰したにすぎない。そして二十六歳でかなり危険な永禄三年（一五六〇年）の「桶狭間合戦」を切り抜け、その後ようやく尾張を統一、しかし隣国・美濃を攻略し稲葉山城の主となった時には義父・斎藤道三の死後十一年が経過していた。

信玄は、信長の「桶狭間合戦」の年齢には諏訪・伊奈・佐久など信州の過半を領有化している。この段階までならば信玄の着実な拡大は、信長のもたつきとは対照的であった。信玄は自立後十年にして領土を二倍以上にまで拡大しているのであるが、信長は十年後にようやく自立段階程度の領土に復帰したにすぎない。ところが信長は美濃国を攻略してからはじつにスピーディに拡大していく。

一方、信玄はというと大国の領主となったのちも従来と変わらない動きを見せる。その気になれば一気に攻略できる駿河国平定も、義元死後十年近くたってからである。これは同じように年数がかかったとはいえ、信長の美濃制圧とは違う。美濃制圧は「小が大を呑む」戦いであったから、軍事的天才でも天才的政略家でもなかった信長は苦労したのである。ところが甲斐に加えて信州の過半を領有し、主・今川義元が討たれて敗走している今川軍に対して軍事の天才・信玄は行動を起こさず、家中の統一、大義名分の確立、外交的配慮、謀略と信濃制圧当時と変わらぬ慎重さで駿河征服を着実、確実に進め、その結果「塩止め」を食らうというおまけ付きであった。

信長は自分より大きな相手に対しては苦戦する。これは信長の軍事的才能や政略の才がもたらす限界であろう。しかし自分より小さな相手に対しては比較的短期間に打破して征服を完了している。信長は家督相続段階の本領復帰に十年かけた。しかし「桶狭間合戦」後にあっという間に尾張国統一を達成している。美濃国征服にも十年近くかかった。しかし美濃国制圧したあとはすぐに上洛している。上洛が短期間であっただけではない。上洛途上の南近江四〇万石をわずか一日たらずで征服し、上洛後一カ月足らずで「力の真空地帯」畿内を征服して領土を二倍に拡大している。これらは力の大なるものが小を呑む込むという純粋な力攻めであった。

信長独特の「鷹狩り」の手法に感心し、「人間五十年」の「敦盛」を好んで舞ったという若年の信長の話から、信長を分析していた信玄は、信長の恐ろしさの本質を見極めていた。信長の恐ろしさの本質とは擬制を見抜き本質的な有効性のみを合理的思考で追求する力である。軍事能力、統治力、権謀術数などで信長は信玄に到底かなわないが、新日本をつくる革命性ではかつての日本が生み出した最大の頭脳といえる。

信玄は信長の戦い方についてこう語ったという。「信長はいったん包囲した城を解いて撤兵したり、国境付近の小城の落城は意に介さず、退却なども平気で行い、その反対に重要な合戦では大兵を集めて確実に勝利し、領国を広めてゆく方法をとっている」。それはとりもなおさず信玄自身が自らの欠点をよく心得ていたことも示唆している。完璧主義で万全の準備をしながらも、なお相手の崩れを見るという『孫子』には「時の概念」が欠如している。『孫子』そのものになりきった信玄を通じて、『孫子』に内在する問題性は明らかとなった。

逆の見方をすれば、『孫子』は時間的制約がない場合に力を発揮する。楠木正成が千早城に籠もった時、攻城軍を打ち破る以上に足止めをしようとしていた。つまり早く決するのではなく長引かせようとしていたのである。『孫子』の優等生・毛沢東の影響を受けたボー・グエン・ザップはいみじくもベトナム戦争についてこうコメントしたという。「こんな楽な戦いはなかった。攻めてきた敵をただ撃退していれば良かったのだから」。

信玄の前半の成功から考えれば「間接的アプローチ」は弱者の戦略として有効である。信長の後半の成功から考えれば「直接的アプローチ」は強者の戦略である。

籠城側の利点が守勢の強みであることから、城攻めには「直接的アプローチ」よりも「間接的アプローチ」のほうが有効な方法である場合のほうが多い。信長の力攻めは多大な損失を覚悟で行っているが、信玄は強者になってからも城攻めには「間接的アプローチ」を多用している。天文十九年（一五五〇年）の小笠原氏の林城攻略はその代表例である。

## ●一兵も損ずることなく勝利

楠木正成の場合には、さらに弱者の戦略としての「間接的アプローチ」を城攻めにも用いている。正成が猛将・宇都宮公綱を追い払った摂津・天王寺の合戦などは「戦わずして人の兵を屈する」好例であろう。

元弘二年（一三三二）年、落城した赤坂城を回復した楠木正成は、急遽、四天王寺へ出陣して隅田、高橋両将の六波羅軍を蹴散らし、摂津の要衝・天王寺を占領する。対して鎌倉側の支援隊として登場したのが下野の猛将・宇都宮公綱である。宇都宮公綱は七月十九日正午、単身で六波羅庁を出発、京都を出て天王寺へと向かった。『太平記』によれば、東寺のあたりまでは主従わずかに一四〜一五騎ばかりであったが、やがて京都中に滞在する部下全員が馳せ集まってきて、四塚、作道と進んでいく頃には宇都宮軍団は総勢五〇〇余騎に膨張する。その荒武者振りに、道行く者は宇都宮軍団を避けて遠回りし、周辺の民家は戸を固く閉ざしたといわれている。

その夜、宇都宮軍団は柱本に陣を張って夜明けを待った。全員残らず決死の覚悟である。ところが一戦交えようと考えていた相手の楠木正成は早々に天王寺から退却していた。夜明けとともに宇都宮軍七〇〇余は天王寺へ押し寄せ、高津あたりの在家に火をかけて鬨の声を上げた。しかし、そこには楠木軍は一人もいない。無血開城ではないが、宇都宮軍は戦わずして天王寺に入った。

ところがそれから四、五日後、楠木正成は和泉・河内両国の野伏四〇〇〇〜五〇〇〇人ほどを駆り集め、信頼のおける部下達に彼らを指揮させて、宇都宮軍を遠巻きに天王寺周辺一帯を大きく包囲するような形で篝火《かがりび》を燃やさせた。大坂湾沿岸の志城津浦から住吉、難波まで、さらに大和、紀伊方面と、ありとあらゆる所の山と浜に篝火が燃えている。途方もない大軍に包囲されているような錯覚に囚われて、宇都宮軍には不安が高まっていく。

このような状態が三夜連続し、篝火の包囲の輪も徐々に縮まってくる。さすがに宇都宮公綱は、楠木軍が寄せてきたら一戦にて勝負を決しようと思い、馬から鞍を下ろさず、鎧《よろい》の革帯も解かずにじっと待ち続けた。しかし、戦闘は一向に始まらず、楠木側の展開する神経戦に参ってきた。七月二十七日夜、ついに不安に耐えきれなくなって宇都宮軍は天王寺から撤退。事実上の敗走である。翌早朝、楠木軍がそれに入れ替わって再び天王寺を占拠してしまった。正成はまさしく一兵も損ずることなく勝利したのである。

第十章

# 「沖田畷合戦」対「長篠合戦」「雑賀攻め」ほか

## ——新兵器への幻想

## ●「火力革命」は本当か

戦争で敗色が濃厚になり、見たこともない開発途上の新兵器の登場で戦局を挽回しようと考え出すと、敗戦の状況も深刻といえる。実際には新兵器で戦局を逆転させた例は極めて少ない。しかし、劣勢覆うべくもない戦局を一発逆転させる希望をもたせる新兵器とは、それだけの期待を抱かせる存在なのだろう。

実際に戦史において新兵器の登場は、大きく歴史を変えてきた。しかし、それは新兵器の大量投入がなされて、集団使用方法に組み込まれてからである。つまり新兵器そのものよりも重要なのは、その使用法であり、戦術的に利用してはじめて効力を発揮するのである。たとえば戦国時代においては、火縄銃がそれに該当するといわれている。とくに、効果が最大限になるのは敵がその性質を理解していない段階で集団使用することと、既存の戦術との併用である。

ヨーロッパにおいては、火力が戦争を変えたということがマキァヴェリによって述べられ、いわゆる「火力革命」が広く知られている。ここで、主として注目されているのは大砲である。強力な石造りの城壁に囲まれたヨーロッパの城塞都市が、大砲によって崩されていき、その様はあたかも「針がバターを突き通すようであった」とマキァヴェリは感嘆する。日本でも、火力が戦争を変えたということが言われるようになり、とくにジェフリー・パーカーなどが『長篠合戦の世界史』で喧伝している。しかし、過度に高くも、過度に低くも評価せず、客観的に見ようとすると、どう見えるのか。

大砲については、「長篠合戦」に該当するものがなかったために、さすがに日本では戦争を変えたという幻想は少なかった。大砲が戦局を左右したのは、「木津川海戦」と「臼杵城の攻防」ぐらいである。このうち、「木津川海戦」は、かなりの衝撃を与えたものの、海戦という特殊な戦場であったことが一般には「長篠合戦」ほどのイメージにならなかった。門司城の攻防でも大砲は使われているが戦局は左右していない。

「木津川海戦」と「臼杵城の攻防」は、「城攻め」と「海戦」こそが、初期の段階では大砲が力を発揮する局面であったことを象徴している。それでも大砲は、何回か威力を見せ、「関ヶ原合戦」や「大坂冬の陣」では、フランキが敵の戦意をかなり喪失させていたが、勝敗を左右するまでには至らなかった。だがそこでの大砲使用は、大筒として砲弾を撃ち出すというよりも、鉄砲の弾を多量に込めて、一気に撃ち出すという散弾的な使用法であった。海外遠征では豊臣秀吉の「唐入り」では李舜臣提督の亀甲船が大砲を有効利用している。しかし日本の合戦では鉄砲（火縄銃）こそが注目を集めるものであった。

## 鉄砲の伝来と普及

鉄砲が日本に伝えられたのは天文十二年（一五四三年）とされている。ポルトガル商人が乗った中国船が種子島に漂着し島の領主・種子島時尭《ときたか》に鉄砲を披露した。時尭が二〇〇〇両の大金を支払って二挺を購入し、鍛冶職人・八板金兵衛に命じて鉄砲製造に成功した。時尭は薩摩の島津氏配下の武将であり、このときに大隅攻めに鉄砲が利用できると考えたのだ、といわれている。

その二年後に種子島の八坂金兵衛は一〇挺を制作しており、数年後には種子島には六〇〇挺の鉄砲があったとされる。「長篠合戦」は鉄砲伝来の三十二年後の出来事なのである。

しかし、鉄砲が使用された最初の合戦がいつかについては諸説がある。天文十三年（一五四四年）に種子島恵時《しげとき》が、屋久島に攻め込んだ戦で鉄砲が使用されていたらしいが、一般には、天文十八年（一五四九年）とされている。

『貴久公御譜』によれば、天文十八年（一五四九年）五月に島津貴久の家臣・伊集院忠朗が加治木城主・肝付兼演《きもつきかねひろ》を攻めた「黒川崎の戦い」で、「而日日飛羽箭、發鐵炮、經數月驚人之耳目」と記されているからである。さらに『言継卿記《ときつぐきょうき》』によれば、天文十九年（一五五〇年）七月、畿内における戦闘で、三好長慶軍に細川晴元軍の放った鉄砲による戦死者が発生したことが書かれている。

ところが『雲陽軍実記』によれば、天文十一年（一五四二年）に、尼子晴久軍が大内軍に対して鉄砲二〇挺使用したという記録があり、これが文章上の最古の記述とされていることから、天文十二年以前から鉄砲があったという説も根強い。さらに、平戸氏と松浦氏とのあいだの「飯盛山の合戦」が最古という説もある。

鉄砲という言い方をしているが、同名の兵器は元寇の時に登場しているのだから、何が最初の鉄砲で、いつが最初の使用なのか諸説分かれるのは当たり前である。東国での鉄砲の記述でも『北条五代記』では、「関八州に鉄炮はじまる事」として、永正七年（一五一〇年）に唐から渡来したという記録があるのである。ただ、中国製の火器ではなく、のちの戦国武将が大量装備した、いわゆる南蛮製火縄銃到来となると、天文十二年説が有力である。

鉄砲は急速に普及している。堆肥の使用が見られる米作農業地帯では、火薬が古くからなじみ深かった可能性があるから、普及が難なく進んだのも不思議ではない。鉄砲が利用しやすい地政学的要因もある。戦国期日本の火力装備率は世界的に見ても高い。後代になればなるほど鉄砲装備は進み、「関ヶ原の合戦」で関ヶ原に集結した鉄砲の量は世界の三分の一にもなったという。なにしろ当時の日本には世界の半分に相当する一〇〜一五万挺の火縄銃があったのである。ヨーロッパの国王の保有数は、日本の大名の保有数とほぼ同じ程度と見ていいのだろう。伊達の銃騎馬隊は名高いが、「関ヶ原合戦」の時、伊達軍の鉄砲装備率は兵三〇〇〇人のうち一二〇〇人、上杉景勝の軍は兵七八〇〇人のうち二〇〇〇人が装備していたとされる。しかし、一五八九年（日本の天正十七年にあたる）に英国軍がフランスに送り込んだ軍隊の鉄砲保有数は一一〇〇挺にすぎない。日本の場合、これが「大坂の陣」の頃になるとさらに比重が上がり徳川軍の鉄砲装備率は五〇％近くなっている。

## 「長篠合戦」の幻想

これほどに武将達が火縄銃を装備し出したのは「長篠合戦」が大きな幻想を与えたことが大きい。なにしろ天下無敵と呼ばれた武田軍が、名もない雑兵集団、足軽のもつ鉄砲によって完敗したのだから、衝撃は大きい。火力革命が起こったといわれるほどである。

しかし、本当に火力は戦闘を左右したのだろうか。飛び道具である火縄銃に、歩兵も騎兵も勝てるわけがないと思われるかもしれないが、雨天時には使用できず、しかも弾込めして撃つまで時間がかかり、連射もできないという欠点から、火縄銃は現代の火力とは異なる。それに飛び道具という点では、すでに弓があったのだ。鉄砲の殺傷射程距離は六〇メートル、有効射程距離は九〇メートル、強薬を詰めてもようやく二〇〇メートル程度というのだ。弓矢の射程よりはさすがに長いが、それでもこれではあまり利点がない。弓のほうが連射性に優れていたし、鉄砲は高価であった。戦国時代の名将達は、当然のことながらこの飛び道具に注目し、そして限界に気が付いていた。

織田信長が鉄砲に注目していたことは、若年の頃から有名であった。信長は、天文十八年（一五四九年）に五〇〇挺の火縄銃を注文したという記録があり、天文二十二年（一五五三年）四月に舅の斎藤道三との「正徳寺の会見」に向かうに際し、五〇〇挺の鉄砲を装備していたことが『信長公記』に出ている。そして天文二十三年（一五五四年）の村木砦攻めでは鉄砲隊を動員している。

信長が発注後、短期間に量産できたという意見もあるが、量産というのは第一次世界大戦中のヨーロッパ列強が行ったようなことを指す。フランスの例では、一九一四年九月に一日の七五ミリ砲弾生産量は一万三六〇〇発だったが、一九一五年三月には五万発、一九一五年九月には八万発にも達した。産業革命という工業化を経なければ、これは不可能である。堺では七日に一挺の生産を三日で一挺にまで短縮したという程度のレベルでは、当時の世界としては飛躍的であっても、戦史の流れから見れば大量生産とはいえない。また技術が戦闘に及ぼす影響についてトロツキーは、機関銃の登場が叛乱を困難にしたと述べているが、これは連射性と直接結びついているだろう。鉄砲の改良においてヨーロッパが連射を重んじたのに対し、日本は命中精度を上げることに力点が置かれていた。

## ● 信長の鉄砲使用意図は「防衛的」だった

武田信玄も、かなり初期の段階で火縄銃に注目していた。川中島で上杉謙信と戦っていた信玄は、天文二十四年（一五五五年）に川中島の要所・旭山城へ三〇〇〇人の兵とともに鉄砲三〇〇挺を配備している。信玄は、鉄砲の長短を調べ、一斉射撃の効果とともに、籠城用兵器と見なしたのだが、じつはこの基本認識は正しいものであり、「長篠合戦」での信長などにも通じるものがあった。

信玄は、野戦における鉄砲利用は、一斉射撃によって出鼻をくじき、ひるんだ敵に騎馬武者を送り込んで蹂躙するものと考えていたが、信玄流の合理主義では、同じ効果をもたらすのであれば、高価な鉄砲でなく投石で十分であるとの判断だった。つまり戦闘そのものを鉄砲のみで決することはないと考えていたのである。戦略は機動力、戦闘を決するのは突撃力が重視されていたし、この判断は当時の技術・経済レベルから見て正しいものであった。もちろん、これには兵隊の強弱も絡むし、戦争目的も関係してくる。信長という革命家は殲滅戦争を好んだから、確実な殺傷力をもった鉄砲を重視し、『孫子』の徒であった信玄は、敵の駆逐を重視した。上杉謙信の発想も信玄同様に機動力と突撃力重視で、軍の編成のうち六五%が鑓兵《やりへい》で、鉄砲は四〜六%であった。

信長による鉄砲使用に不動の名声を与えた「長篠合戦」は、天正三年（一五七五年）五月二十一日に行われた。「大日本戦史」によれば信長が三段構えとされる鉄砲隊で、武田勝頼を撃破した戦いであるが、主な目的は、長篠城を攻撃する武田軍を撤退させることであった。そのため、勝つというよりも負けないことを主眼にしていたため、野戦陣城を築き、鉄砲を大量に配置していたのである。

もし勝頼が撤退すればそれで良し、攻め込んでくれば籠城して鉄砲を撃ちかけて撃退する。この時に信長が動員した兵数は、武田全領土を占領するには少なすぎる三万五〇〇〇人で、当時の信長の動員力から見れば四分の一程度である。『甲陽軍艦』通りだとすれば武田軍は五〜八万の兵が動員可能であった。現に、合戦後にも高坂弾正の一万人の存在が確認されており、もし武田全領土を占領するなら、最低でも一〇万人は必要である。

信長の視点から見れば、甲信東海よりも、近畿における勢力拡大のほうが魅力的であった。武田領一二〇万石よりも、配下の一武将にすぎない羽柴秀吉と明智光秀にまかせる播磨国・丹波国攻略で合わせて一〇〇万石を得たほうが、はるかに「おいしい」ことになる。そして、「長篠合戦」での勝利にもかかわらず、武田領に攻め込まなかったということこそが、信長の鉄砲使用意図が「防衛的」であったことを示すものである。

信長の場合、鉄砲利用は、基幹兵となる尾張兵が脆弱であったというハンデから始まっている。弱兵であるから、突撃力も期待できないし、騎馬の数と熟練度からも機動力には限界がある。しかし遠くから攻撃する兵器なら弱兵でも支障ない。同じ飛び道具でも、訓練の必要な弓に対して、鉄砲は数日の訓練で女子供でも使えるうえ、射程は弓矢の二倍近いのである。これは弱者の武器として最適であった。逆に薩摩兵のような強兵は、鉄砲を大量に備えても抜刀との併用をしている。信長は弱者の武器をうまく利用したが、効果的使用は一度しかできなかったのである。

鉄砲は弱者の兵器である。うまく利用することで、鑓や刀と併用して威力を発揮する。盲信ではなく、長短見極めた有効利用が重要であり、これについてはアフリカのズール族の大戦略家シャカ王が、鉄砲と槍の併用という形で示している。

信長を軍事的天才と見なしたい人は、他の武将が、三段構え連射という「長篠合戦」での利用法に気が付かなかったというのだが、そうではない。信長は本願寺に籠もった鉄砲隊の連射で大打撃を受けており、その教訓から鉄砲を野戦に応用できないかと考えただけである。そのために連吾川に沿って延々二十町（二キロ）に及ぶ数十の馬防柵を築き、その中に籠もった。そして柵に意識を集中させて「その程度の柵は突破できるし、鉄砲は一発撃ったら使えない」という先入観に武田勝頼を陥らせたのである。

そもそも弓矢の時代から、連射性に優れた弓と盾による防御の組み合わせは行われており、「長篠合戦」とは、勝頼が突撃してくれなければ成立しない戦いであった。決め手となったのは勝頼の心理状況とともに、徳川軍が鳶巣城を攻略して勝頼の側面を脅かし正面突破を余儀なくさせたことである。同時に背後をとられていたため、側面攻撃も困難になっていた。しかし不利とみた勝頼が撤退すれば、そこで終わった話である。ちょうど「レウクトラ合戦」の時のスパルタ軍のように、自軍の強さをよほど過信していない限りは布陣的に不利と判断すれば突撃は起こらないはずであった。俗説では佐久間信盛が偽って武田に内通し、設楽原《したらがはら》に武田軍が突撃したら同時に信長を討つと約束してみようか、と提案したともある。

武田信玄の息子ながら、勝頼は信玄に色濃く表れる『孫子』的思考が希薄である。信玄は、戦闘を極力避けるために様々な工夫を凝らしたが、最後の手段として戦闘を考え、その切り札として軍隊を育成した。そのために、貴重な軍隊の使用については計画的で慎重であったが、勝頼は親の遺産を浪費するかのように、軍隊を多用している。

結果的に勝頼は柵さえ突破すれば勝利できると考え、三段構えの射撃に気付きながらも突撃を続けさせた。そして歴戦の勇者や老臣の大半を失い、追撃によって大打撃を受けた。『信長公記』では武田軍の死者一万人、『武徳編年集成』では一万二〇〇〇人、『創業記』では一万三〇〇〇人、『兼見卿記《かねみきょうき》』では数千騎、『多門院日記』では一〇〇〇人、『参州長篠軍記』では五月二十一日だけで一万三〇〇〇人（うち徳川軍だけでも七〇〇人の首級を挙げた）となっている。無事に甲府にたどり着いたのが三〇〇〇人だったという話も伝わっている。一方織田・徳川方の死者は『長篠日記』によれば六〇〇〇人余であったとされている。

## ● 野戦兵器としての限界――機動力のなさ

連射を絶対視してはいけないことと、抜刀突撃の威力については、ヨーロッパでは「ブライテンフェルト合戦」における「カラコール戦法」の敗退が示している。一六三一年九月、三十年戦争で最大の激戦がドイツのブライテンフェルトで行われたが、その際に皇帝軍のパッペンハイム伯爵が指揮する五〇〇〇の騎兵隊が「カラコール」戦術を七回も繰り返した。「カラコール戦法」とは十列横隊で馬を走らせ、ホイールロック式ピストルを発射すると旋回して後ろに回り、弾薬を込めて再び前進するというスペイン方式の騎兵攻撃で、パッペンハイムはその名手とされていた。しかし、ピストルを撃ち終えた騎兵が、後方の騎兵と交代しようとした瞬間に、グスタフ・アドルフのウェーデン騎兵が抜刀突撃をして打ち破られている。

また、柵に籠もっていても安全なわけではない。「関ヶ原合戦」の時に、石田三成麾下《きか》の島左近、蒲生備中が笹尾山の陣地に柵を設け、敵が攻め込むと鉄砲を撃ちかけ、ひるむと柵を出て突撃しを繰り返して効果を挙げていたが、東軍の黒田長政が、鉄砲頭菅六之介正利、白石庄兵衛らに命じて鉄砲五〇挺をもって丸山山中を迂回して島隊の側面から銃撃して大打撃を与え、島左近まで負傷するという事態が起きている。

いずれにせよ、この利用法が一度しか使えなかったことからも、「長篠合戦」の過大評価は禁物なのであるが、現代だけでなく、同時代の武将のいくばくかは火力絶対の幻想に囚われている。ちなみに、ヨーロッパの定説では野戦城と鉄砲連射とは一五〇三年四月、南イタリアの「チェリニョーラ合戦」におけるゴンサルボ・デ・コルトバの考案ということになっているから、「長篠合戦」よりも七十二年前になる。この時コルトバは野戦でありながら堀をめぐらし、土塁を築きその上に杭を立て、二〇〇〇人の銃兵を四列に分けて連射したといわれている。しかし真の名将は、逆に欠点にも注目していた。鉄砲とは攻城にも利用できたが、籠城に適した兵器であり、機動力がなかったため、野戦兵器として限界があった。

## 弾幕を張った「雑賀攻め」

信長を上回る鉄砲集団はいくつもあった。連射について、雑賀衆は集団利用では信長の上をいくものだった。『陰徳太平記』によれば、雑賀衆は二五人で一組となり、二組五〇人を一小隊とし、二組が交代で射撃を行ったと記されている。また、雑賀衆、根来州ともに、「釣瓶撃ち」をしたとされている。

「釣瓶撃ち」とは、一人の射撃手に数丁の火縄銃と数人の助手が付き、射撃手が射撃している間に助手が火縄銃の装填を行う方法で、一人の射手に四人の装填手が控えたといわれているから五段構えの連射に近い。防御壁に入って行えば、その効果は絶大となる。鉄砲が、防御側にとって利点があるというのは、信長が紀州の雑賀に攻め込んで敗退したときにも示されている。

雑賀衆とは紀伊国の北西部にあった雑賀五荘（雑賀荘、十ヶ郷、宮郷、中郷、南郷）を中心とした地域の地侍集団で、俗に「雑賀七万石」と呼ばれているが、軍事力・経済力は五〇万石に匹敵するともいわれ、その人口は、紀州の住民の四分の一に相当するとされている。実際にルイス・フロイスの『日本史』には、石山本願寺には雑賀衆の兵が常時六〇〇〇～七〇〇〇人、さらに兵船二〇〇艘を保有していたと記述されている。フロイスは雑賀の兵を農夫と見なしているが、農繁期にも遠征している。

雑賀衆は優秀な鉄砲隊を編成していた。これは「雑賀三千挺」と呼ばれている。鉄砲保有の実数は諸説あるが、『当代記』には織田家に加勢した「根来、雑賀衆一万余」のうち「鉄炮二千挺これあり」と記され、しかも雑賀衆の頭目の一人である鈴木孫一は信長の敵側である三好家に加勢していたのであるから、総数がどれほどかはわからない。『信長公記』には「御敵身方の鉄炮誠に日夜天地も響くばかりに候」と書かれている。また『昔阿波物語』には、元亀三年（一五七二年）、阿波国へ渡海した紀州の雑賀衆「紀のみなとの大将分」は鉄砲隊三〇〇〇を備えていた。したがって、「雑賀三千挺」は誇大ではないことがわかる。天正四年（一五七六年）四月十三日、信長と石山本願寺の戦いが再開された時にも雑賀党が招かれており、『真鍋真入斎書付』によれば一〇〇〇丁の鉄砲とともに鈴木孫一も本願寺軍に加わっていた。

信長にとって、雑賀衆は石山本願寺に強力な鉄砲隊を供給するやっかいな存在であったから、「将を射るには馬を」の理屈で、雑賀庄そのものを殲滅しようと考えた。天正五年（一五七七年）二月、雑賀衆の一部を味方につけることに成功した信長は、大軍を動員して雑賀に攻め込んでいった。兵数は諸説あり、『紀州御発向之事』では五～六万人、『耶蘇会日本通信』や『兼見御礼』によれば一〇万人、『多門院日記』では一五万余人とされている。

それに対して、女子供までも総動員しても一～二万人しか集められない防御側の雑賀衆は、巨大な防禦態勢を整え、雑賀地方を城と化していた。『紀伊国名所図会・巻之二・雑賀合戦』によれば、雑賀川の底に逆茂木・桶・壺・槍先を沈めておいて、川を巨大な堀とし、織田軍方が渡河しようとしても足を取られて前進できず、川を越えても湿地帯で動きがスムーズではない状態にして、頭上から二五人ずつが二列横隊を組んで間断なく鉄砲で狙い撃ちしたというから、まさに弾幕を張ったのである。

結果は信長にとって芳しくないものとなった。『続風土記』では織田軍は敗退していったことになっているし『上杉家文書』に載っている足利義昭や毛利輝元の書状でも、『イエズス会日本年報』でも敗北とされている。『信長公記』では、雑賀衆が降伏したことになっているが、信長は殲滅も支配もせず、雑賀衆に手をつけずに撤退しているのだから、敗北とまではいかずとも、損害ばかりがひどく、戦果を挙げることができず、結局は撤退したということなのだろう。フロイスの記録でも、「要衝雑賀は難攻不落の観があった」、「信長は雑賀が陥落するならば、多年包囲してきた大坂は自滅する外なきことを知っていたので、既述のように再度にわたって攻撃し、初回に一連の軍勢を投入した時には、兵数十万におよび、次回には七万人の軍勢をもってした。だが（雑賀の）地はあまりにも堅固であり、一度ともその試みは不首尾に終わったばかりか、味方はいくらかの損失を被った」とされている。火力を主軸に、雑賀川の線で張られた防禦陣を突破できなかったのである。

しかし、戦国期を通じて鉄砲が戦場を左右したのは、「長篠合戦」とこの「雑賀攻め」の二度ぐらいである。逆に、火力が優勢な側が敗北した戦いも多い。

鉄砲の総数の多さを同時代で比較すると、石山本願寺は信長以上の数を揃えていた可能性が高い。雑賀衆を雇っていたということもあるが、その数は七〇〇〇〜八〇〇〇挺という説さえある。「一山一館一寺」の一つ難攻不落の本願寺城に籠もり、大量の鉄砲をそろえた本願寺に信長は手こずる。

元亀元年(一五七〇年)九月十二日、三好三人衆が摂津国の野田・福島に砦を構築し、討伐に向かった信長は、本陣を天王寺に置き、天満ヶ森、川口、渡辺、神崎、上難波、下難波、浜の手まで布陣した。本願寺をも射程に入れた形となっているため、三好軍の野田城と福島城を落として、引き続き本願寺攻略をするのであろうと本願寺側は解釈する。本願寺の顕如上人は、ついに信長との戦いを決意。仏敵信長を倒すよう檄を飛ばして攻撃を開始した。本願寺側についていた雑賀衆は、天満ヶ森の信長方の陣を襲い勝利したが、その後の「石山合戦」は膠着状態に近いものとなった。

信長にとって、本願寺は力攻めをすれば、雑賀の「釣瓶撃ち」に代表される城からの鉄砲射撃により打撃を受けるが、遠巻きにしている分には敵方は攻勢に打って出られない存在である。天正四年（一五七六年）春の「天王寺合戦」では、外に打って出た一万五〇〇〇の本願寺軍はわずか三〇〇〇の織田軍に敗走させられている。結局、本願寺は石山の地を信長に明け渡して講和することになる。

## 「沖田畷《おきたなわて》合戦」――鉄砲数が多いほうが負けた

やはり多くの鉄砲をもっていたのが、豊後国の大友宗麟、肥前国の龍造寺隆信、薩摩国の島津氏である。保有する鉄砲の数の多さという点では、傭兵集団の雑賀、根来は別格として、やはり九州の武将達には特筆すべきものがある。彼らの鉄砲装備率は兵力に比してかなり高い。

島津氏がかなり初期の段階から鉄砲を使っていたのは前述した通りであるが、元亀元年（一五七〇年）には領内五反歩＝五キロ四方につき一挺の鉄砲を賦課していた。また、龍造寺隆信は常時二〇〇〇挺の鉄砲を備えていたとされている。ルイス・フロイスの記録によれば、龍造寺軍は先陣に一〇〇〇挺の鉄砲、続いて二段目に金色の槍一五〇〇、三段目に長刀、弓矢と少数の大砲、四段目に一〇〇〇挺の鉄砲を揃え、全体が一日月形の陣形で進んだとされている。『信長公記』に掲載されている信長の保有していた鉄砲数が一五〇〇挺（織田全軍ならば三〇〇〇挺か）であったから、絶対数だけでなく、兵数に対する保有数も高い。

大友宗麟も火力重視型で、天正六年（一五七八年）十月二十日の高城合戦では、籠城側も攻城側も鉄砲を多数用意していたが、籠城側が鉄砲数百丁をそれぞれの方向に構えていたのに対し、攻め寄せた大友軍は数千丁の鉄砲を用意し、城下から台地の上に建つ高城に向けて一斉に発砲したとされている。また大砲にも注目しており、永禄二年（一五五九年）九月の毛利元就との門司城をめぐる攻防では南蛮船から大砲を撃たせ、天正十四年（一五八六年）に島津軍が豊後国府内に入り、宗麟の本拠・臼杵城に迫ったが、籠城していた宗麟は「国崩し」という大砲を使って撃退している。

そして、島津義久、大友宗麟、龍造寺隆信という九州三強は、ともに少数で大軍を打ち破るという快挙を成し遂げておきながら、大軍を率いるとつまずいている。龍造寺隆信が、「今山合戦」で一〇倍以上とされる大友宗麟軍を破り、島津家久の圧倒的猛攻を大友宗麟は臼杵城で撃退した。そしてその龍造寺隆信も「沖田畷《おきたなわて》合戦」で少数の島津家久に敗北している。つまり、いずれも鉄砲数が多いほうが負けているのだ。とくに「沖田畷の戦い」は、明確に火力が優勢な側が敗北した戦いでもある。

「沖田畷合戦」は、天正十二年（一五八四年）三月、龍造寺隆信と有馬晴信・島津家久連合軍が肥前国島原半島で戦った合戦である。三武将ともに共通していたのは鉄砲を重視していたことであるが、その中でも龍造寺隆信は、カエサルに似たりとフロイスが評価した名将で、「肥前の熊」と呼ばれた剛胆な人物でもある。龍造寺氏は、九州では珍しく少弐氏の被官から下克上で成り上がった。隆信は大友宗麟の領土を蚕食し、肥前国、肥後国半国、筑前国、筑後国、豊前国三郡、そして対馬と壱岐も領有したことから「五州二島の太守」にまでなった。信長が「本能寺の変」で死去したのを聞き、信長と雌雄を決したかった、信長が生きていれば「酒宴に招いて一太刀あびせられたものを」と悔しがった、という逸話も残っている。

拡大する龍造寺氏に対し、島原の領主・有馬晴信は離反して島津義久に与した。これに怒った隆信は島原を攻め、有馬氏に加担する島津氏を誘き寄せて葬り去ろうと大軍を動員した。島津義久にとって隆信との争点は肥後国であったが、かといって有馬氏を見捨てることもできず、自らは肥後国の水俣付近に進んで隆信牽制とも肥後侵略ともとれる行動をとりながら、島原には弟の島津家久を総大将として軍勢を派遣したが、派遣された兵数は三〇〇〇程度とされている。有馬晴信の動員兵力が三〇〇〇～五〇〇〇とされているから、合わせて六〇〇〇～八〇〇〇である。

対する龍造寺隆信は、フロイスの書簡では二万五〇〇〇人、『龍造寺記』では四万人、『九州治乱記』では五万七〇〇〇人、『長谷場越前自記』では六万人とされているが、確実なのは圧倒的な大軍で、連合軍の三～八倍の兵力であった。そして当然のことながら火力も圧倒的である。島津氏、有馬氏ともに鉄砲は重視しているが、総動員ともいうべき龍造寺軍に比べればかなり少ない。フロイスの記述のように二〇〇〇挺が龍造寺軍の保持する鉄砲の最低数で、実際にはこの時七〇〇〇挺～九〇〇〇挺を隆信は戦場に投入していたという説さえある。対して島津軍は五〇〇挺にすぎないから、兵力比なみの差があった。

名将として名高い島津家久も、家久を派遣した義久も、勝利は難しいと踏んでいたようである。少なくとも、尋常のやり方では勝てるはずがない。相手は大軍のうえ、隆信という名将が率いているのである。隆信は兵力の優位を徹底させるために敵の後方に兵を出して何を遮断させたのか。戦略的布石は上々である。

一方、有馬・島津連合軍が勝利するために考えたのが地形の利用である。戦術的勝利に目標を切り替えていたのだ。有馬氏の根拠・森岳城をめざす隆信に対して、その前方にある沼地状湿地帯を通る一本道である沖田畷で迎撃を試みることにしたのである。片側は雲仙岳のふもとで、片側が海である。かえって大軍であることが不利な地形といえる。

隆信は軍を三手に分け、中央部を隆信が率い、鍋島直茂率いる一隊を山手より、江上家種・後藤家信らが率いる部隊を浜手より進ませ、両翼を中央部より一キロ近く前に張り出した月形というか、まさに三日月形をしている。前面に鉄砲隊があった。大きく敵を包囲して射すくめ、仮に敵が包囲できなければ逆に縦深による中央突破ができるという完璧な五陣三手で、平原での合戦なら文句ない陣立てであったが、敵があまりに少数なので隆信は侮り、物見も出さなかったという。どこで戦うかによって理想とする陣形も異なってくるのである。

対する有馬・島津連合軍は有馬軍五〇〇〇人が浜手に陣して林に鉄砲隊を潜ませるとともに、

海上の船に大砲二門を載せて待機させ、山手を猿渡越中守信光が担当する。沼沢地にとおる一本のあぜ道は大木戸でふさぎ、その左右に芝垣で塀を造って鉄砲・弓部隊を潜ませ、後方には島津家久と新納武蔵野守が左右にわかれた形で陣を敷いた。囮に食いつかせて後方、左右の伏兵が包囲する「釣り野伏せ」の態勢である。

家久は八つの戦陣訓を申し渡した。鉄砲・弓は大将の命令があるまで撃ってはならないこと、撃ての命令があったら一斉射撃を行い、二発より多くは撃たないこと、二発目を撃ったら抜刀突撃に入ること、玉薬は三発まで矢は三本までしかもたないことが徹底されていた。これは陣立てと合わせて鉄砲の長短を見事に表している。

戦闘が開始されると龍造寺軍最前列の鉄砲が火を噴いたが、島津軍は後方に退いてしまう。龍造寺軍がさらに前進すると今度は弓・鉄砲を芝垣から射撃して出鼻をくじく。龍造寺軍は中央部が進まない状態で片翼に重心を移そうにも、浜手では海上よりの砲弾が降り注いでいた。

中央部は、まともに進めるのが一本のあぜ道だけで、その周りは沼沢地である。進むだけ進んで狭い地域に追い込まれ、待ち伏せていた伏兵に矢と鉄砲を撃ち込まれると、後方部隊は前線で起きていることが理解できず、ただただ進むために進むも退くもできない先陣は動きがとれないまま大混乱に陥って、泥田に足を取られ、いたずらに死者を増やしていった。

隆信も大砲（大筒）を使ったが、田畑の上に砲弾が落ちるだけで効果がない。隆信は数を頼んで、ただ前進する命を出すが、島津軍に左右から「横やり」で挟撃されたため、戦局は一方的に有馬・島津連合軍有利に進み、混戦の中で浜手に移動した隆信が討ち取られることになる。唯一押していた山手の鍋島直茂軍も中央部が崩れたため敗走する。こうして「沖田畷の戦い」の敗戦で龍造寺氏は没落の道を辿ることとなる。

## 火力が戦場を左右するのは第一次世界大戦以降

「沖田畷合戦」での隆信の敗戦は、戦略というよりも戦術的な敗北であったが、圧倒的な火力が役に立たなかった戦いでもあった。鉄砲の最大の欠点は、連射、雨天と並んで、接近戦に弱いことである。物陰から遠方の敵に射撃する時は強力でも、接近されたら抜刀した兵に斬りまくられることになる。混戦状態では同士打ちの危険もあるから使用そのものができなかった。こうした鉄砲の欠点を突いたのが、皮肉にも「長篠合戦」で織田・徳川連合軍の鉄砲隊に破られた武田家の家臣筋であった真田幸村であった。幸村も、鉄砲の利点はもちろん心得ていて、「大坂冬の陣」での出城・真田丸の攻防では、鉄砲を大いに活用している。しかし、その限界も知っていたのである。

慶長二十年（一六一五年）、五月七日の「大坂夏の陣」で、大坂城に籠城ができなかったことから、大坂側の武将は外に打って出た。その中で真田幸村は三五〇〇人を率いて、徳川側の松平忠直隊一万五〇〇〇に突撃をかけた。この時幸村は鉄砲を捨て、鑓と刀を主軸に戦い、接近戦になることで鉄砲装備率五〇％近い徳川側を追い散らし、家康本陣にまで襲いかかった。家康も一時は覚悟したという。結局は、絶対数の不足から幸村は敗れるが、武田信玄にあこがれ、強力な三河兵を中核とした徳川軍でさえも、この有り様であったのだ。戦国期の第一級の武将達に比べて、桃山時代に入り、天下統一が進む中で分業も進み、総合的な戦略と戦術では戦国武将に見劣りする小振りな人物が中心になったのは否定できない。多くの武将が「長篠合戦」の幻想に巻き込まれていたが、そうでない人物がかつては存在していた。

上杉謙信は「長篠合戦」の話を聞き、「信長の戦い方は奇兵である」と評した。そして「奇兵は正兵には勝てない」と断じている。実際に「長篠合戦」が再現されることはなかった。それは一回しか使えない奇策であった。武田勝頼のように都合よく柵に守られた鉄砲隊に突進してくることは野戦ではあまりない。正兵を使った本格的な戦略に比べれば、「長篠合戦」レベルのことは、謙信と信玄が弘治三年（一五五七年）に行なった小手先の奇策と同程度のことに見えたにちがいない。

鉄砲の利用は、基本的に弓の利用の延長上にある。鉄砲の普及は、城の構造を変え、籠城形態を変え、野戦においても戦術を変化させたが、戦略を大幅に変えるほどではなかったのである。輝ける成功は、本質を考えない盲目的な模倣を誘うが、それは低俗なイミテーションかパロディにしかならない。火力が本当に戦場を左右する決定的要因となるのは、第一次世界大戦という総力戦を経て、連射力の高い火力が大量生産できるようになってからである。戦国期の日本を現代と同じレベルで見るのは危険であり、より危険なのは、その逆を盲目的に行うことである。

第十一章

# 長宗我部元親の四国統一と信長、信玄の軍事組織との対比

## ――「市民軍」対「職業軍」

## ●国民軍への風当たり

「自国の軍隊は、国民軍制の道以外には組織付けられない。どこであれ、他の手だてでは、軍隊の形式を導入することもできなければ、軍規も整えられない」「よくまとまった王国であれば、その手の職業軍人に、ますます関わり合ってはならない」（マキァヴェリ『戦術論』）。

イタリア・ルネッサンス期に、傭兵の弊害を目の当たりにした「近代最初の社会科学者」ニコロ・マキァヴェリの言葉である。マキァヴェリは、領主の率いる傭兵、つまり職業軍人を嫌い、国民（都市国家だから市民が中心）によって形成された国民軍の必要性を説いた。しかし、日本史を学んでいる人達にとって、この言葉にはどれほどの正当性があるのだろうか？

昨今の傾向としては、国民軍（経済の中心が農業の時代だから農兵比重が高い軍ということになるが）への風当たりが強い。「兵農分離優位仮説」とも言うべき謬説が大手を振ってまかりとおっているようだ。長期遠征できないのも農兵のせい、戦闘で敗北した軍隊が四散したのも農兵のせい、進化論的に旧式組織に依拠している軍隊は農兵比率が高い等々、悪いことはすべて国民軍と結び付けて話される。しかし最初に理由があって、都合のよい事実があとからくっついてくることや市民軍型の軍隊への批判が、これら一連の批判の特徴である。もちろんすべてがまちがいではない。これらの整合性は時と場合によるだろう。

たしかにキャスリン・コーリーが『軍隊と革命の技術』の中で指摘するように、現代において、大規模な戦争の末期などに軍隊が溶解しやすい理由は、軍隊の中に徴兵された民間人が多数入り込んだせいであるが、じつはこれは近代的現象である。嫌がる者たちを無理に入れれば組織の規律がゆるむのは軍隊だけではない。これを戦国時代に当てはめ、敗戦に際して、常備軍は組織を維持し、農兵は分散するというのは一見もっともに聞こえる。というのも、農民は自宅をめざすが専業の兵隊が戻る場所は限定されているからである。しかし農民が戻る自宅とは、その軍隊を集めた者も勢力圏内にある。しかも防衛用に向けられた軍隊は郷土にとどまり、侵入者と戦う形をとっているから、抵抗組織としての軍隊にかえって居場所を見いだすことが多い。

つまり敗戦の影響も、常備兵と農兵の差はケース・バイ・ケースなのである。このことは、ヨーロッパにおけるフリードリッヒ大王の率いていた常備軍と、ナポレオンの率いていた国民軍、おのおの敗戦後の状況を見てもわかる。民間人が多数入り込んでいても崩壊しない例は多々ある。たとえばシャルンホルストのもとでは、農兵比重の高い国民軍であっても、常備軍時代と異なり、敗戦による軍隊の崩壊は見られなかったからである。こうした実例にもかかわらず、「兵農分離優位仮説」という一種の幻想が息づいている。

国民軍といっても、市民軍のときもあれば、農兵中心のときもあり、常備軍のあり方も、ヨーロッパと日本では異なる。ヨーロッパの場合に、領主が提供する傭兵から国王が雇った兵士への移行があり、いずれも職業的専門軍であり、常備軍と呼べないこともない。日本の場合には、平家に代表される西国の職能武士も入るし、信長登場以後に土地と切り離されることになって常備軍となっていった武士もいる。農兵の問題も、小田原北条氏と長宗我部氏では異なっている。したがって、国民軍と常備軍を粗っぽく分けることは問題があるが、それでも大別した一般的傾向としての分析は可能なはずである。

## ●農兵比重が高い軍隊の強さ

国民皆兵の国民軍と、職業的専門軍人による軍隊・常備軍の優劣の問題は、時代特性と社会状況によって大きく左右される。現代において、民間人（産業革命以前は圧倒的に農民）が多数参加した国民軍（市民軍も含む）と職業軍人が戦ったらどちらが強いか、といえば答えは明白で、ゲリラ戦のような特殊な場合を除いては、職業軍人の軍隊「常備軍」の圧勝となる。

なにしろひと揃い数兆円の空母機動部隊や、一機百億円近い戦闘機を民間人がそろえることはできず、そうした兵器に濃縮された高度な技術力取得のためには膨大な時間の訓練が必要になる。空軍などは、戦闘機の価格以上の費用が兵隊の訓練にかかるとさえいわれているのである。国が膨大な金をかけ、職業的専門軍人が四六時中訓練に励むことによって、はじめて兵器の運営が可能になるから、民間人が付け焼き刃の練習で太刀打ちできるものではない。そして優秀な兵器の威力は、敵がほとんど手出しできないままに全滅させてしまうほどである。

こうした傾向は、近代になればなるほど強まっている。では、常備軍の優位はいつ頃から確立されたのだろうか。ロシア革命の立役者レオン・トロツキーによれば、民間からの叛乱が困難になったのは機関銃が登場してからだというが、未来学者アルビン・トフラーが言うところのパワー・シフトの瞬間、つまり力の構成要素において、むき出しの暴力の比重が低下したときこそが、分岐点なのだろう。

生産力と技術力が軍事力に転換されるようになって、常備軍の優位は確立されたのである。常備軍が強力であると述べた識者には経済学者アダム・スミスがいるが、スミスが何時代の人か、どのような社会を背景にもっていたかは重要なポイントである。火器の発達、それにかかる費用、経済の発達によりすべての人が軍隊に入ることの困難さ、分業により技術習得が難しくなったこと、こうしたことが高額な火器を装備した専門家集団としての軍隊を強力にした、とスミスは考えている。しかしそれであっても、毛沢東やホーチミンの軍隊はどうであったかという反論は可能であろうが。

しかし産業革命が行われる前に、こうした現代の構図を当てはめるのも間違いである。まして現代の軍事力の尺度を、戦国時代に当てはめることは見当違いもはなはだしい。リデルハートは、軍事分析の誤りの一つに「ナポレオン以前の戦争にナポレオン以降の原則を尺度」としていることを挙げるが、槍とF15の操作取得の差は、あまりにも明白ではないか。ところが過去の分析に際して、こうした普遍性のない特質の当てはめが見られることが多い。だから戦国時代においても、常備軍が強力であったとする謬説が横行することになるのだが、実際には産業革命以前、強力な軍とは国民軍に近い軍である。つまり農兵比重が高い軍隊である。

農兵比重が高い軍隊が、どれほどの猛威を振るったのかは、ナポレオン・ボナパルトが何をやらかしたのかを見ればわかる。国民軍（産業革命途上であったから、大半は農民兵）を率いたナポレオンは、各国の国王が雇っていた常備軍を、片っ端から撃破し、ヨーロッパを席巻し、過半を占領したのである。

じつはナポレオン、たしかに強いには強いのだが、一般に思われているほどには合戦がうまいわけではない。勝率は五〇戦中三八勝一二敗と、名将と呼ばれる人達の中で見れば決して高くない。同時代でも、カール大公、シャルンホルストといった名将には見劣りしたし、ヴュリッヘル、クトウゾフ、ウェリントンには手痛い目に遭っている。勝った戦いでも、「ボロジノの戦い」「ワグラムの戦い」「リュッツエンの戦い」「グロースの戦い」「グロッシェンの戦い」「バウツェンの戦い」などは問題を含んでいるものが多く、とくに「マレンゴの戦い」は愚策の極みであった。生涯を通じてかなり手ひどい過失も犯している。『孫子』の視点では落第点ものであり、リデルハートなどに言わせれば、兵数にばかり頼っていて、奇襲もマルバーラ、ハンニバル、スキピオのような芸術的なレベルには至らなかった。最終的には「ワーテルロー」で大敗北を喫する。

しかし、ナポレオンが率いていた国民軍は途方もなく強かった。初期においては、ナポレオンの愚策・過失を補ってあまりあるほどに。敵方の将軍達は「狂人どもには手がつけられない」とぼやいたそうである。「こうすれば勝てる」と思っても、それまでの常備軍は無茶と思える作戦は、命を惜しんで兵が従わなかったのであるが、国民軍の兵士は、将軍が頭に思い描いた作戦に、躊躇せずに従事した。そして兵数的にも従来の軍隊よりも一桁上の大軍が集まっていた。

のちにナポレオンが勝てなくなってきたのは、相手も同様な国民軍を整えてきたからである。この勇敢で命知らず、大軍を動員できるという二点は、国民軍というものがもつ特質をよく示している。各個撃破と、縦深突撃で文句ないナポレオンの勝利となった「アウステルリッツの戦い」も、率いていたのが国民軍であったから可能な作戦であった。日本における上杉謙信、武田信玄の軍隊の精強さを彷彿させる。

ところが日本では、進化論的に時代の流れから取り残されたのが農兵比重の高い軍で、これはともかく駄目であり、前時代の遺物扱いされているのだ。フランス革命という政治上の近代化が農兵比重の高い軍隊を生み出したことなど無視されている。

## 「兵農分離優位仮説」の無知

さらに戦国時代の日本については、次のような反論が出てくる。「農兵は農繁期には農作業があるために戦争ができない」。おまけで、こう付け加えられることも多い。「詳しく調べてみると武田信玄は農繁期には戦っていない」。

農繁期の問題はナポレオンの時代も変わらないだろうから、これが間違いであることは明白である。追記すれば、おそらくはこうした発言者で、自らの言葉にいつわりなく、簡単でもいいから本当に調べた人はいないのではないか、と思われる。当時の農繁期とは、田植え時期の五月（現在の六月）と稲刈り時期の十月（現在の十一月）であるが、以下の武田信玄の戦いがいつ行われていたかを見ていただこう。

佐久郡内山城攻略、上野国の倉賀野城攻略は五月、伊奈郡福与城や竜ヶ崎城攻略、安曇野郡平瀬城や小岩岳城攻略、永禄四年の川中島合戦、小田原攻め、上洛開始は十月。いずれも農繁期である。そうすると、農繁期の軍事行動は短期間であった、という反論も出るかもしれないが、これも事実ではない。五月に始まり、十月まで続いている弘治元年（一五五五年）の川中島の対陣を見れば明らかである。元亀三年（一五七二年）の上洛作戦に至っては、農繁期の十月に開始し、約一年近くかけるつもりであった。加えて言えば短期間の軍事行動は農閑期でも好まれている。これでは、巷で言われているのとはだいぶ違う。

同じように農兵比重が高いとされている北条氏康の場合も、父・氏綱とともに里見氏と戦った天文七年（一五三八年）の国府台合戦は十月、天文十五年（一五四六年）の「川越夜討ち」は四月終わり、弘治二年（一五五六年）の常陸国出兵は四月五日から五月にかけてとなっている。

信長の戦歴も、また大幅に様相を異にしている。よく「信長は、農繁期に兵を動かして、農兵主体の敵が対応できないようにした」といわれているが、こちらもまったく「その利点」を生かしていないのに等しい。

大軍を動員して直接指揮した上洛戦の開始は九月、元亀元年（一五七〇年）の「朝倉攻め」は田植え前の四月、やはり元亀元年の「姉川合戦《あねがわ》」は田植えが終わったあとの六月に、天正元年（一五七三年）の越前一乗谷攻略は稲刈り前の八月であった。それどころか、多くの信長の戦歴において、五月と十月に行った戦いはかなり少なく、大規模なところでは五月は「桶狭間合戦」「長篠合戦」、十月は「長島一揆征伐」「信貴山城攻め」ぐらいしかない。それも、「桶狭間合戦」は攻め込まれての戦い、「信貴山城攻め」は反乱を起こされての鎮圧、「長篠合戦」も武田勝頼の軍事行動への対応、つまり信長の自発的戦いではないのであるから、差し引いてもいいだろう。

これらからもわかるように、信玄も氏康も信長も、農兵の問題を巷で言われているのとは別次元の長短で捉えていたのである。兵農分離優位仮説の虚偽は、先のナポレオンの国民軍が、当時だって農繁期があるにもかかわらず、ナポレオン戦争を「成立」させることができたかとの疑問にも応えるものである。

少し考えればわかることなのだが、「働き手である農民が兵士として出征すれば、働き手のいなくなった農村では農作業ができなくなる」という理屈がもし正しいものならば、英国の産業革命も起こせなかったはずである。無産階級（プロレタリアート）がいなければ、工業化は進まなかったが、無産階級の供給源は農村であったから、産業革命で農業労働力が都市へ移動してしまえば、農繁期は乗り切れないことになり、食料生産は激減しなければならなかったはずだ。ところが実際には英国は農業生産力も増加させているのである。経済史を学んでいる人間なら、ほとんどが理解できるであろうが、誤解の根幹には現代の常識がある。人口構成も家族構成も現代とは違うのである。

戦国期日本の人口構成はピラミッド型である。このピラミッド型人口構成とは多産多死社会の特質である。多産多死であるから、家を絶やさないために跡継ぎ候補は何人も必要となり、農家に次男・三男坊と多くの子供がいることとなったが、農地は一子相続であった。「たわけ」を避けるためである。兄弟すべてに農地が分割されれば、細分化したどの農地でも家族全員を養うことは不可能となり全滅する。農家では、跡継ぎ以外の男の子達は、一種の家内奴隷・作男として一生を終えることになる。こうした農村余剰人口こそが兵士予備軍であった。つまり農繁期でも跡継ぎが残っているから、農作業はできたのである。出征したのは成人となっていた、跡継ぎ以外の男子であった。

「兵農分離優位仮説」はヨーロッパ史や経済史への無知が招いた産物であるといえよう。

## 共同体軍を試みた戦国武将

するると、次のような反論も出てくるかもしれない。「農村が兵士の供給源となり、常備軍よりも多くの兵士を集められることは事実としても、農兵が強力だという根拠にはならないではないか」と。その通りである。冒頭、国民軍（この場合には市民軍）の必要性を説いたマキァヴェリも、市民軍をつくったはいいが、実戦では役に立たなかったということがあった。

じつは、農兵＝強力なのではない。正確にいえば、農兵比重が高いから強いのではなく、高い農兵比重を組織できる状態だから強力なのである。つまり民間人が進んで戦争に参加するほど意気軒昂であるということ、強力な共同体が形成されていたということである。

多くの戦略家がこのことに気が付いていた。サックス元帥は名誉を一般人民にまで拡大することにより強大な軍隊が出来上がると見なし、ドイツの歴史家ユストゥス・メーサーは一般人民に名誉、誇り、自信を与えるために人民を兵隊に転換させることを考えている。しかし、実際にはいやがる民衆を軍隊に組み込むのは困難であったから、多くの国は常備軍制度をとったのである。

ところがフランス革命でナショナリズムが喚起された。祖国のために命を捧げようという暴発的なエネルギーがフランス全土を覆ったのである。ナポレオンの国民軍とは、ナショナリズムのエネルギーを具現化した存在であった。自らの帰属する集団（とくに国家や民族）に対する滅私奉公的な忠誠心と奉仕、そのためには命を落とすことも辞さぬ覚悟、こうしたナショナリズムの高揚が、強大な軍隊の形をとったのである。

マキァヴェリ自身の失敗も、ナショナリズムのないところで市民軍をつくろうとしたことにある。この点だけを見れば、ナショナリズムの喚起した時代のみが国民軍成立の要因と見られようが、実際には共同体を形成し、その所属共同体への帰属意識と忠誠心が、サックスが夢想した兵隊につながるものである。そもそも愛郷心的な意味でのナショナリズム（パトリオティズム）は古代からあったとされている。

それに近い共同体形成を戦国大名は試みた。いかに戦利品がもらえるからといって、兵役は辛い。この兵役をこなし、川中島合戦で示されたような強力な軍隊を形成できたのは、共同体が形成されていたからである。そして兵隊が名誉を重んじるということで最強の軍隊をつくり上げたのが上杉謙信なのである。上杉軍においては死よりも重い刑罰は帯刀を認めないことであったという。

国民軍も常備軍も、どちらが先進的ということはない。古代から国民軍とまで呼んだら語弊があるが、農兵比重の高い軍隊は存在していた。中国で寡兵制の国、すなわち常備軍態勢だった国は、漢、唐、宋、明である。もちろん漢には武帝、唐には太宗、明には永楽帝と武勲輝ける指導者もいたのだから、一概に言えないのだが、徴兵制を敷いていた秦、隋、元、清などに比べると、文治国家の傾向が見られる。どちらを採用するのかは、国の運営方針によった。

平家とともに都落ちした兵士達は、もちろん農民ではない。開拓地主が中心の関東の武士に対して、西国の武士は職能集団の性格が高かったのである。のちに悪党が登場したのも商業の発達した地域であった。室町時代には、農民は武士と対立していた。僧兵が、意味もなく武士と争ったのも、僧兵の出身母胎が、荘園の農民だったからだという説すらある。ところが、戦国武将は、その農民までをも組み込んだ共同体を形成しようとした。明治時代の歴史家・内藤湖南が、いわゆる「郷土の英雄」が登場したのは、応仁の乱を境にしていると述べたことも、戦国武将の共同体形成と重ね合わせてみると興味深い。そして長期遠征は、農兵比重が高まっても実施された。

ことあるごとに農兵の多さを指摘される武田信玄であるが、信玄は上洛戦などでかなりの長期遠征を計画している。そもそも『平家物語』でも『太平記』でも、戦国時代以前に長期遠征は行われていたのだから、戦国時代になって突然できなくなるはずがない。ただし支配形態の変化により長期遠征はしにくくなった。

巷に横行する軍隊組織進化論に従えば、戦国期の軍隊が『平家物語』や『太平記』に登場する軍よりも遠征がしにくくなったこと、同時に戦国時代は農兵比重が高いと述べることは、農兵比重の高さが後年になって高くなっていることを肯定することになる。したがって、武田信玄の軍隊を前時代的兵農未分離という言い方そのものが間違いで、時代の進化に乗って農兵比重を高めた軍隊と言うべきである。おそらく武田軍は、信玄の父・信虎の時代よりも、信玄になってからのほうが農兵比重が高くなっているはずである。時代があとになるほど農兵比重を高めてきた。共同体形成に成功したからだ。

## ●五万人を超える動員

農兵のメリットの最大のものは精強さとともに兵力の巨大さである。たとえば武田信玄の場合だが、『甲陽軍艦』品十七の記述を全面的に肯定してみると、騎馬九〇二一騎、一騎に四人の従卒がつき、それに信玄直属の旗本八八四人と足軽五四八九人を合計した数字が五万一九七八人となる。しかし、さらに多くの兵が参集した可能性も出ている。やはり『甲陽軍艦』の「武田法性院信玄公御代惣人数之事」には御親類衆、御譜代家老衆、先方衆、旗本、役人の順に九三四〇騎という数字が挙がっている。これに馬廻りの者をかけることになる。

武田軍の騎兵比率は八分の一という説もあり、それだと七万四七二〇人になるし、また『甲陽軍艦』にあるように四五人中乗馬が五とすれば八万四〇〇〇人にもなる。信玄の最盛期の石高は一二〇万石前後であったから、慶長年間の動員率から一万石につき二五〇人、関ヶ原合戦の三〇〇人が動員される計算で見れば三万人程度にならなければいけないのだから、五万人を超えるというのは大変な数である。

小田原北条氏はさらに巨大な軍隊をつくり上げることに成功している。北条氏の家臣で配下の足軽大将・大藤長門守の場合、「北条家人数覚書」では五〇騎の人数を引き連れていたことになっているが、「大藤文書」では二五二人を引き連れていたことが記録されている。一騎につき四人の兵がついているとすると、表面的な動員数に五倍しなければならない。すると天文十五年に北条氏が動員した人数は「北条家人数覚書」に掲載されている三万四二〇〇騎の五倍、一七万一二五〇人の動員があったと推定できるが、当時の北条氏の領土は二七〇万石程度であったから、一万石につき七〇〇人弱の兵を集めることが可能となっていた。

もともと当時の北条氏の領国から見て、三万五〇〇〇人程度の兵力は少なすぎる。兵農分離したとしても五万七〇〇〇人～七万人と見なされていたわけだから、それよりもはるかに多い兵力を集めることに成功していたことになる。

## 長宗我部元親の一領具足──農繁期問題はネックか

農兵の利用は、生産力の低い地域では農村余剰人口の範囲を超えて活用されることもあり、兵力不足を補うためにかなり有利に働いた。長宗我部元親の場合に、一領具足という独特の組織になっている。

もともと長宗我部氏は「土佐七守護」の最小の一人として、七郡に分かれていた土佐国のうち中央部を領有していた。やり手の父・国親から家督を受け継いだ元親は土佐国の数郡の小領主として出発したが、土佐国の土地生産力が低いため、兵力不足対策として農兵を利用したのである。それは農村余剰人口の域を越え、実質的な農民利用となっていた。平時には田畑を耕して農民として生活し、領主からの動員がかかると一領の具足を携えて馳せ参ずるという形態をとったので、一領具足と呼ばれたという。通常、農兵の招集は村落単位で行われ、時間がかかったが、長宗我部氏支配下では農作業をしているときも槍と鎧を傍らに置いていたため、招集に素早く応じることが可能であった。

大規模な合戦のときには、この一領具足がものをいい、天正七年（一五七九年）四月の讃岐国の羽床《はゆか》攻めは一万二〇〇〇人を動員し、天正十年八月の阿波出陣のときには、『元親記』によれば十五歳から六十歳までの戦える者すべて二万三〇〇〇人が加わったとされる。当時、土佐国二〇万石程度（慶長二年の検地で二四万八〇〇〇石、慶長三年の検地で二二万二〇〇〇石、徳川幕府の朱印状で二〇万二六〇〇石）に阿波国や讃岐国の一部が領有されていたと見れば、兵農分離で集められる兵の四〜五倍の兵を集めることに成功していたことになる。しかし、ここまでくると農繁期問題はネックとなってくる。

実際に元親の行った大規模な合戦は、すべて農繁期をはずして実施され、農繁期にかかる場合には、大規模な動員をしても抵抗が激しいとすぐに撤退している。永禄五年（一五六二）年九月の朝倉城攻めは三〇〇〇人を動員しているが、農繁期間近であったため短期間ですぐに退いている。

永禄十二年（一五六九年）の土佐国安芸城攻めは七〇〇〇人を動員しているが、出兵時期は農閑期の七月であったため、このときは八月半ばまで合戦を継続している。完全に農繁期であった天正十年十月の讃岐国攻めは、三万六〇〇〇人を動員したものであったが、やはり抵抗が激しいと見るとすぐに撤退した。

元親が四国制圧に時間がかかったのは、出発時点での勢力の小ささ、元親の慎重さとともに、この農繁期に長期の戦争ができないという事情があったように思える。土佐国平定だけで十五年を要し、その拡大はじつに遅々たるものであった。出発段階で土佐国一郡の小領主にすぎない元親に対して、石高だけを見れば、武田信玄も織田信長も出発時点では土佐一国を領有しているのに等しかった。信長が美濃国・尾張国、そして伊勢国の過半を有しているときに、元親は土佐国のうちの長岡郡・香美郡・土佐郡・吾川郡の四郡を有していたにすぎない。このように出発時点での領土での小ささ、それ以上に土地生産力の低さから、通常の形態での動員態勢では兵力不足になるはずなのに、四国全土を制圧できたのは一領具足の力に負うところが大きい。

元親の場合には、遠征にも農兵を使っている。通常は、こうした農兵が効率を発揮したのは、籠城よりも、野戦においてであった。野戦は兵数の多寡がものを言うが、籠城戦となったときには、多すぎる兵が籠もると食料負担が課題になってしまうからである。野戦は長期の籠城と異なり、一過性の合戦であることも利点であった。小田原北条氏も、野戦での迎撃を考えていたならば、豊臣秀吉相手の戦いも異なった形になった可能性がある。

農繁期のネックは四国統一の遅さとともに、元親が好機を逃すことにもつながった。「本能寺の変」直後や、「賤ケ岳合戦」の時点において、近畿に乗り出していれば、元親は戦局を左右する重要な位置につくことができたかもしれない。しかし、制海権の問題もあって、元親は地道な四国統一作業に終始し、ようやく統一が成った段階では、近畿全体を支配する豊臣秀吉の巨大な勢力と単独で対峙することとなったのである。このため島津氏や小田原北条氏などと同じ各個撃破の対象になった。

いかに四国を統一したとしても、バランス・オブ・パワーの観点から、秀吉の拡大が元親の拡大をはるかに上回っていくのだからバランスは圧倒的に不利になる一方であった。元親自身の力が小さくとも、相手の力と相対的な位置で考えれば、早くに四国から出るべきであった。そうすれば地道な四国統一をしているよりもはるかに有利に、おつりがくるほどの力の拡大が可能であった。

これは日本全体の中での存在を元親が認識できなかったというよりも、農兵のネックが大きかったように思える。さらに、農兵だけでなく、地形的に土佐国の壁が元親にとってネックであった。同じ四国の勢力でも、阿波国を基盤とした三好氏は、讃岐国と淡路を勢力圏に収めるや否や上洛しているのだが、周囲を山々に阻まれた土佐国は、この点でも不利であった。

しかし、秀吉を相手にしたときには、『吉良物語』に述べられるような多くの小城に兵力分散させたという戦略の失敗があり、それはクラウゼヴィッツが指摘するように抵抗としては良くない方法であった。六角氏や小田原北条氏と同様な失策である。また『南海治乱記』で谷忠兵衛が語ったような、「武具・馬具綺麗にして光り輝き」たる上方の兵に対する、「上方の武者に似たるべくもなし」という長宗我部軍の装備の貧弱さ、なによりも秀吉軍の一一万三〇〇〇人という絶対的な兵力の大きさと機動力の差によって勝敗が決せられたのだから、農繁期問題をメインに考える必要はないだろう。

## ● 島津氏の九州統一の遅れの背景

世上あまり語られることはないが、元親と並んで農兵のネックを有していたのは薩摩国の島津氏である。島津貴久、義久、義弘、歳久、家久、豊久と名うての戦上手がそろい、兵は精悍な薩摩兵が主軸であり、鎌倉以来の名門として、三国の守護を兼ね、当初から薩摩国を地盤にしていた島津氏は、父・長宗我部国親から土佐数郡を譲り受けた元親よりも、周辺国に拡大するには有利であった。ところが、その拡大はやはり遅々たるものであった。総じて政略家タイプの武将は行動が鈍重で、拡大速度は遅く、好機到来までは隠忍自重している傾向があるが、島津氏は軍事的に優秀な一族である。名将揃いに加えて、精悍な薩摩兵、火力装備の高さなどに対する九州統一のテンポの遅さは、イメージとの矛盾を感じさせるものがある。

四国統一のネックの一つが、土佐国の立地条件であるのに対し、九州の場合のネックは、強力なライバルの存在である。長宗我部元親は強敵ともいうべき三好長慶が早くに死去し、三好一族は内紛状態となったうえ、最後には織田信長によって脆弱化されていたため、強敵に対して乾坤一擲の勝負を挑むことはなかった。ところが九州では、初期に大友宗麟、中期に龍造寺隆信の力が拡大し、一種の三国志状態であった。

それでもバランスは何度も崩れており、島津氏の九州統一は、何度も好機を逃しているように見える。「耳川合戦」で大友宗麟を破った時、余勢を駆って北上すれば相当範囲に勢力圏は拡大できたはずであるし、「沖田畷合戦」後の行動も鈍い。とくに「耳川合戦」後は、島津氏よりも龍造寺隆信の拡大が見られており、勝者であった島津氏の拡大にはあまり寄与していない。島津氏が『孫子』の「勢」の思考を知らないはずがない。となると原因は別なところに求めるべきだろう。

島津氏の兵力は、長宗我部氏同様に石高に比べて過大であった。「耳川合戦」段階で、島津義久は、薩摩国二八万石、大隅国一七万石、日向国一二万石の領有であり、日向に至っては北部は大友宗麟の勢力圏に入れられている有り様であった。六〇万石に満たない石高では、兵農分離の進んだ形では一万五〇〇〇人がやっとのところだが、五万人を動員している。これは農兵の高さを象徴しており、先の鈍重さと結びついている。

「惟新公御自記《いしんこうおんじき》」という島津義弘自身が著した合戦の記録では、大小様々な戦いが記録されているが、長期化しそうな戦いや大規模な戦いが開始された月は、いずれも農閑期であったことが記されている。城攻めは長期化が予測されるが、弘治三年（一五五七年）の松坂城攻めは三月十五日、永禄元年（一五五八年）の蒲生本城攻めは四月十五日に行われ、大軍を動員した永禄十年（一五六七年）の菱苅攻めは十一月二十四日、天正五年（一五七七年）の野尻攻めは十二月七日に行われた。逆に、島津氏を攻撃しようとする者は農繁期を狙っていたようで、元亀元年（一五七〇年）に伊東義祐が攻め込んできたのは五月四日、天正六年（一五七八年）に大友宗麟が南下したのは十月であった。

戦国大名として、島津氏は大規模な遠征そのものを経験していない。初めての大規模遠征は、天正十四年（一五八六年）の九州統一をめざした北上作戦であるが、これは六月半ばに開始されている。島津家久が率いる一万人が日向口から豊後国、豊前国へ、島津義弘が率いる三万人が肥後国から、筑後国、筑前国を経由して豊前国をめざした。義弘が進むと肥後国、筑後国、筑前国、肥前国、豊前国からも島津軍に加わる者が多く集まり、『筑前国続風土記』では五～六万人、『九州記』では五万人、『九州治乱記』では四万人になったとされているが、領土の拡大と各地からの参集兵がいながら、出陣時点では「耳川合戦」よりも少ない兵数であるということは、このときは農兵の動員率が低かったことを意味している。さすがに、長期戦を覚悟したこの遠征では農繁期である十月にかかっているが、あと一歩のところで臼杵城で大友宗麟の抵抗に遭って失敗し、結局は豊臣秀吉の大軍の前に敗退していくこととなる。

長宗我部氏、島津氏ともに条件の違いはありながらも、その拡大過程は緩やかであった。大規模・長期の遠征も少ない。共通点として見られるのが、土佐国、薩摩国ともに土地生産力が低く、そのために余剰人口が少ないにもかかわらず、農兵への依存度が高いということである。

## ●兵農分離は時代の要請に逆行している

しかし反論もあるだろう。土佐国や薩摩国同様に、貧しい甲斐国を基盤にしながら、なぜ信玄は農繁期にも遠征をできたのか。信玄も拡大は着実であって、一見すると長宗我部元親や島津氏と似ているように見えるが、その内実は別もので、経済負担と軍事的損失を最小に抑えようとする『孫子』的手法に基づいていたからである。甲斐一国を領有していたという点で、出発時点で元親よりも有利であったことを抜きにしても、高い農兵比重を保ちながら、軍事行動には一領具足の限界が見えなかった。

理由は、信玄が最初に試みたのが富国強兵だったということ、国を豊かにして農村に余剰人員が発生するようにし、そして農兵比重を限界にまでは引き上げず、つまり長男までも兵役に就かせることなく、あくまで農村の余剰人員の内側にとどめたことである。これは、時期的にまだ群雄割拠の時代にあったから可能であったという側面もある。半面で石高当たりの参集兵の多さは、北条氏政、長宗我部氏、島津氏には及ばなかった。武田氏の場合、一万石当たり四百数十人と、慶長年間の二五〇人、関ヶ原合戦の三〇〇人よりは多いが、土地生産力の高さからくる余剰人口の差から北条氏の七〇〇人には及ばなかった。しかし、貧しい土地柄なのに島津氏が八百数十人、長宗我部氏が一〇〇〇人を超える動員力であったことは、世上言われる農兵と農繁期の問題の妥当性を示す例が、ようやく見つかったということである。

信玄よりも時代があとの北条氏政、長宗我部元親、島津義久のほうが、農兵比重が高いということは、戦乱の世であれば兵農分離は、むしろ時代の要請に逆行しているということでもある。豊臣秀吉から徳川家康に至り、兵役人数（軍役上の兵数）は少なくなっていくが、別段、戦争の進化が兵農分離をもたらしたのではなく、平和な時代となれば経済的負担を軽減し、財政状態を良くしようとするから、農兵比重が下がるのである。秀吉がどこかを攻めるときには兵を出すことを要求されるが、その時は極力供出する兵力を少なくしたい。他人のために義務で出兵するとき、農兵徴集はデメリット以外の何物でもなくなる。

この延長上に士農工商が生まれた。武士を専業とすることで支配を容易にし、雇う武士をできるだけ少なくすることで経済的負担を減らしていく。兵農分離が徹底したとされるのは、普通は豊臣秀吉が惣無事令《そうぶじれい》を発布した時であるとされている。これは安定した社会のシステムに適応した姿であり、戦国時代が続いたとしたら、とられる可能性が低いやり方であった。

## 武士を「拠り所」の土地と切り離す

では、戦国期にあって、なぜ織田信長は兵農分離を進めたのだろうか。信長が兵農分離を認めたのはそれなりにメリットがあったからである。

信長軍の常備軍化は失策から始まっている。共同体形成ができなかったのだ。信長が家督を継ぐや、少なからぬ一族、家臣が信長のもとを去った。『信長公記』によれば、信秀から相続すべき尾張下四郡のうち、知多郡は山口親子が今川方へ寝返り、河内郡（河西郡）は今川方となる服部左京助友定に押領され、残りの二郡内も不安定と書かれているから、半減以下の状況から出発しなければならなかったのである。家督相続から「桶狭間合戦」までの十一年間、信長は一族や反乱者との抗争に明け暮れた。

これは、一族、家臣のみならず農民までが大歓迎した信玄の家督相続とはえらい違いである。信玄の場合、『妙法寺記』には「地下侍出家男女共に喜び」と記され『塩山《えんざん》向岳禅庵小年代記』にも人民が「快楽の哄ひを含む」と記されているほどだ。上杉謙信もまた、その優れた能力は衆目が一致するところと、越後内の諸豪族から強力に推挙されて指導者となった。人望の点で、信長とは天と地ほどの差がある。

信長は、この反省から兵農分離の軍隊をつくっていく。狙いは軍事力強化ではなく、政治と経済にあった。信長は戦略家というよりも革命家であるから、発想の根本もそこにある。土地を基盤にした独立性の強い地侍は離反しやすい。軍事力完全掌握するためには、有無を言わさぬ命令の徹底が必要になる。「支配」を強化するためには、武士の「拠り所」であった土地と武士を切り離し、給与で動くようにしておけばよいのである。だからこそ信長は、簡単に重臣達を解雇できたのだ。もし家臣達が土地に結びついていたら、城に籠もって反抗したり、それを避けるためには謀殺したりしなければならないが、信長は一言命ずるだけで佐久間信盛も林秀貞も放逐できた。こうして、家臣に政治的支配を徹底させることが可能になった。これは軍事力を信長の意のままにできるということで、軍事力のあり方そのものを変えたのである。旧来の軍事力を否定して革命軍を創設したともいえる。

土地から切り離された武士は、もともとの在所から離れ、城下に住むことになる。こうして一カ所に大量の兵士を住まわせれば消費も促進する。信長の城下では、短期間に人口増加が見られ、これが「楽市楽座」などに代表される商業育成と連動し、信長に多大な運上《うんじょう》をもたらした。しかも、単発的な戦術的効果として、相手より多くの兵を即座に集められた。目の前の戦闘に勝利するには、城下に大量の兵士が居住している状態が有利なのである。つまり、動員のスピードという発想が加わっている。

革命軍は、信長の思想を実現する軍隊である。敵が石山本願寺のような宗教勢力であっても躊躇せず信長の命を実行し、信長支配の空間を地図上に拡大するためには、城に籠もって刃向かう者を何年かけてでも殲滅しなければならない。この点は、臨時徴集の兵よりも、給与が一定であるから経済的負担は少なくて済む。長期の包囲戦の最大の難点の一つ、経済的負担は農兵よりは少なくて済むことになるのだ。

この経済的負担の問題は戦争にはついて回るもので、いみじくも『孫子』が「兵は拙速を聞くも、いまだ巧の久しきをみざるなり。それ兵久しくして国利あるは、いまだこれあらざるなり。故に、尽《ことごと》く用兵の害を知らざれば、則ち尽く用兵の利を知ること能わざるなり(「作戦篇」)」と述べるゆえんでもある。

武田信玄の遠征上のネックも、費用であった。つまり、農兵比重の高い軍隊は常時動員態勢にないから、戦闘に入るまでには常備軍よりも手間取り、短期決戦用としては経済的に有利だが、長期戦になると生産力以上の経済負担がかかってしまうのである。その代わり、単位当たりの兵力徴集はおびただしい数になり、また兵の精強さも常備軍より上になる。信長も信玄も着目点には経済性が含まれていたが、逆の方向性をとったのである。つまり信玄は、合戦での大軍動員を可能にしつつ、その経済的負担を一過性のものとして常時かからないようにしたのである。

このように長短ある中、どちらをより重視するかは指導者の個性と特質、そして望むものによるのである。勝利が大切か、それとも革命遂行のために意のままに動く軍が望ましいのか。謙信や信玄から見れば、いかに意のままになる軍ができあがっても、合戦に負けたら元も子もないだろうということになる。謙信や信玄は。戦場においては意のままに軍を操れたが、信長は自らが先頭に立たなければ兵がついてこないという目に生涯何回も遭っている。

「支配する」という点についても、信長の視点からすれば、謙信や信玄のようなカリスマ支配のための超人的努力は馬鹿げて見えたかもしれない。そのようなことをしなくても、土地と切り離せば意のままになるというわけである。しかし謙信や信玄から見れば、「本能寺の変」を引き起こしたのは信長の組織の危うさを象徴することになるだろう。現に謙信は、信長の没落を予測している。

上杉謙信は天才的戦略家として勝利を重視した。武田信玄は、『孫子』の体現者として生き残り策を重視した。同じように北条氏康も生き残り重視であった。しかし、信長は革命遂行を重視し、それと比較して軍事の問題を、優先順位の中で低いものにしているから、軍事組織に求めるものも異なっている。だから、大軍を集めることを「勝利の秘訣」としながらも、兵農分離を進めていった。その代わり城下町に兵隊を住まわせて即時動員を可能にした。そのどれがいいなどということはない。戦略だけでなく組織についても、唯一の解などないのであるから。

総じて言えば、個々の兵士について、士気が高いのは市民軍や国民軍、兵器操作の技能に長じているのは職業軍ということになるのだろう。そして工業化が進展しないときには市民軍や国民軍が、工業化以降、現代に近づけば近づくほど職業軍が強いのだろう。戦国時代のように、操作のたやすい武器が主流の時に、市民軍や国民軍のほうが強いのは当然である。

# 第十二章

# 「賤ケ岳合戦」対「箱根竹下合戦」ほか

## ——内線と外線

## ●「内線作戦線」と「外線作戦線」

よく使われる軍事用語に「内線の利」という言葉がある。日本の古戦史研究ではめったにお目にかからないが、ヨーロッパの戦史においては、頻繁に現れている。「内線」、そして「外線」とは、ナポレオン戦争の分析者アントワーヌ＝アンリ・ジョミニによって広められた用語である。ジョミニは、点と線で軍隊の行動を示そうとしたという批判にさらされることが多い。ちょうど数学における公式のようなものが戦争でも導かれるということで、実際に、著書『戦争概論』の中では、「戦略要点」、「決勝点」、「目標」といった「点」と、「内戦作戦線」、「外線作戦線」、「離心作戦線」、「副次作戦線」、「不規則作戦線」、「二重作戦線」といった「線」で、軍事理論のかなりを説明しているが、もちろんそれだけではない。ただ一番注目されやすいのが、そうした幾何学的な軍隊の運用法であったというのにすぎない。だからそれのみでジョミニを評価するのは気の毒な気もするのだが。

「内線」「外線」について、ジョミニはその著書『戦争概論』の中で、「作戦線」として説明している。「作戦線」とは、軍隊が国境（あるいは基地、策源）と作戦地帯（広い意味での戦場）の移動に際して使われる道と考えればよい。後方からの支援や連絡を行う道、つまり「線」のことで、基地と前線の連絡、前線への補給といった機能をもっており、軍はこの交通道という「線」上で行動するのが基本となる。

ジョミニの基本の一つは、戦闘は数が多いほうが勝つということである。これはクラウゼヴィッツでも変わらないし、基本的には孫子ですら同じである（ただし用兵によってカバーできるという側面が中国の兵法書には強いが）。

ジョミニの『戦争概論』では、「軍の主力を戦争舞台の決勝点に、または可能な限り敵の後方連絡線に向け、自己自身と妥協することなく、戦略的移動により、継続的に投入すること」、「わが兵力の大部を以て、敵の個々部隊と交戦するよう機動をおこなうこと」「戦場においては、部隊主力を決勝点か、または打倒することとの最重要な敵線の一部に向け投入すること」「これら主力は、たんに決勝点に向け投入されるだけでなく、しかるべき時期に十分な力で戦えるように措置しておくこと」といったことを述べている。

これは作戦目標、作戦方向や作戦線を定め、戦略正面や戦略重心を決定し、そこへ部隊を移動させるという動きの中で、「機動と集中」を実施することである。つまり素早く軍を移動して、戦争の勝敗の帰趨を決するような重要度の高い戦場に兵力を集中させて数の優位を保つということである。ここから「内線の利」が説かれるようになる。

「内線作戦線」とは、数個の敵部隊に対して、一ないし二の軍がとる線である。味方の基地に対して、部隊は求心的・集中的に配置されているから、戦力を集中して運用することが可能であるものの、各個撃破できない場合は包囲されたり、後方への連絡線が敵に晒される危険性がある。

簡単に言えば、複数の敵に対して、一つの固まりをもって中心近くにいることである。

「外線作戦線」とは、「内線作戦線」の逆である。敵の外側の諸方面から包囲するように部隊を配備しているから、敵を包囲・挟撃する位置関係にある。各正面に相互的な関連性があり、一正面の戦果は即時に隣接する地域の戦果に直結する特徴がある。味方の基地に対しては、離心的・拡散的に配置して部隊を分散している態勢となる。簡単に言ってしまえば、敵を複数方向から包囲するように展開していることである。

「内線作戦」は、二方向以上からくる敵に対して、敵が集結するのを防ぐ位置にいて各個撃破を試みる形になる。兵力の集中運用には便利であり、一対一の戦いの連続を行いやすい。「外線作戦」は敵を包囲しやすいし、いくつかに部隊を分けているから敵の基地を攻撃しやすい。ただ「軍の主力を決勝点に戦略的移動により、継続的に勢いをもって投入する」、つまり一戦場への兵力集中をするために、単純に距離的なもので見れば「内線」のほうが「外線」よりも短い移動での軍の展開が可能になることが多い。味方の部隊と敵の一部隊がともに一戦場に向かうからである。したがって「機動と集中」の観点からは、「内線」は味方の軍が集結している陣形だから、敵の部隊を個別にたたきつぶす「各個撃破」の効果を収められることになる。

ただし、これに付加的な条件として、技術その他の社会条件が加味されなければならない。戦闘が短期間で終わる時代なら各個撃破はしやすいから内線のほうが有利だが、戦闘期間が長ければ、戦闘中の部隊以外の別部隊がかけつけることが間に合うことが多くなるから、外線で包囲することが容易になってくる。

各部隊の連絡も、移動手段も技術的に後代が発達するから外線の利点が増すことになる。もちろん、位置だけでなく兵数の大小がはずせない要素で、「外線」は総数で敵よりも有利であることが必要だが、「内線」でも各個撃破が可能なのは、少なくとも正面で戦う敵よりも、味方が優位な兵力を保っている必要があるから、いずれにしても絶対人数の多さが決め手と考えられるようになる。たとえば新田義貞が鎌倉幕府攻略のために軍を鎌倉付近まで進めた時、鎌倉幕府軍は「内線」の位置にあったが、絶対的に兵力が不足しているからどうしようもなかった。

ヨーロッパ近代において、フリードリッヒ大王は、周辺を敵国に包囲されたプロイセンの「内線」の位置を利用して戦い、ナポレオン・ポナパルトも内線作戦を行ったが、モルトケは外線作戦を行って勝利を収めた。一戦場への兵力集結を戦勝のカギと見なした点ではモルトケも同じだが、移動や補給など考えると、大軍をひとかたまりにして動かすことは不利と見なした。

長期間にわたる軍隊の集結を避けることと、戦場への兵力の集結という矛盾した問題を解決するのは外線作戦である。いくつもの隊に分散して、バラバラに進撃させ、それが決戦を行う場に集結するように運営をしたのである。敵が態勢を整える前に迅速に展開し、そして集結する。そのために鉄道と電信を利用した緻密な作戦が展開される。これが「分進合撃」である。しかしモルトケ後、ドイツ軍参謀総長のシュリーフェンは、露仏二カ国を相手に二正面作戦を行うには内線作戦が必要だとして、対仏作戦と対露作戦を連続で行う形とした。もっとも個々の戦線で見れば、シュリーフェンも対仏作戦を大きく部隊を二分化した外線作戦として考えていたのだが。

「内線作戦」「外線作戦」とも、成功も失敗もある。平知盛が瀬戸内海の中心位置・屋島から展開した作戦は、最終的には破綻したが「内線作戦」に近い。「応永の乱」で敗北した大内義弘が立てたのは、関東公方・足利満兼と今川了俊とともに東西から京都を包囲する「外線作戦」であった。しかし満兼が一万騎余を率いて武蔵国府中高安寺まで進んだが、関東管領上杉憲定に諫められて兵を止めたため義弘が単独で戦う羽目となっている。

織田信長が上洛後に見せた一連の戦いの基本は「内線作戦」であり、信長に相手より多い兵力の使用を許し続けた。対して、信長と対立した勢力の基本は「外線作戦」である。

将軍・足利義昭は政治的に信長包囲網をつくり上げ、越前国の朝倉義景、北近江の浅井長政、阿波国・讃岐国・淡路の三好党、比叡山、南近江で信長に追われた六角氏、南伊勢の北畠氏、そして摂津国石山本願寺による政治的包囲網をつくっていた。

また石山本願寺は、各地で起こした一向一揆勢力を積極的に反信長勢力とつなげる形で、より軍事的な「外線」を形成しており、とくに強力であったのが、伊勢国長島と、加賀国の門徒である。長島では信長の弟・信興が戦死している。石山と伊勢国と加賀国の門徒が、本願寺と同盟している諸大名と連合して三方から大きく信長を包囲していた。武田信玄上洛の折には、長島の一向一揆勢も北上する勢いを見せているし、加賀国の門徒は越前の朝倉氏、のちには上杉謙信とも連動して南下しようとした。武田信玄は、さらに積極的に自らの軍を、外線を形成する一部隊として、他の勢力と連動する機動戦を展開している。

「関ヶ原合戦」前、西軍は石田三成率いる上方の軍と上杉景勝・佐竹義重軍によって東軍を大きく包囲する外線の位置に立ち、家康率いる東軍は関東を中心にした内線の位置にいた。しかし西に転進した東軍に対し、上杉景勝が背後を襲うことをしなかったため挟撃には至らなかった。

## ●「箱根竹下合戦」――負け続けている敗残の軍を立て直すには

内線と外線の優劣は相対的なものであるが、全国に分かれて敵味方が入り乱れる南北朝時代では、変化がめまぐるしい。

建武二年（一三三五年）十一月十九日、関東に籠もった足利尊氏に対して、新田義貞は朝敵追討の宣旨を賜る。新田一党七〇〇〇騎を中心にして『太平記』によれば諸国の大名三二〇人、約六万七〇〇〇騎、千葉氏や宇都宮氏など関東の諸豪族も多く加わっていた。さらに東山道から進む五〇〇〇騎には信濃の兵二〇〇〇人などが加わり、一万騎となっている。対して、強気の足利尊氏の弟・直義は関東の兵力を集結しようとする。関東八平氏や武蔵七党が参集した軍勢は二〇万七〇〇〇騎と『太平記』には記されている。

新田義貞らの基本は「外線作戦」である。東海道を進む新田軍、それと別個に東山道でも足利尊氏追討軍が進み、さらに北畠顕家の奥羽の軍も足利軍の背後から現れることになっていたからである。足利軍が関東防衛を主体に新田軍を東に引きつけようとすれば挟撃は確実なものとなり、西進を進めていればがら空きの関東は奥羽軍の手に落ちるから、この三軍を統一的に指揮できる司令官があれば尊氏討伐は成功した可能性もあるが、各方面軍は各々の準備に合わせてバラバラに行動していた。

一方、足利軍とすれば各個撃破できるかどうかが勝利に結びつくことになる。関東から見て「内線の利」があったから、各方面に軍を分散せず、一方向に力を集中すればどの方面軍よりも強力であったから、問題は時間であった。ぐずぐずせず、素早く撃破し素早く移動しなければならない。

三軍が歩調を合わせるまで時間を調整するか、それとも敵に集結の時間を与えないようにするのかという選択肢で、新田義貞は後者を選んでいる。十一月二十五日、東海道を前進する新田義貞軍と箱根を越えて押し出してきた足利直義軍は三河国矢矧川《やはぎがわ》で向かい合った。双方ともに一〇万といわれている。『孫子』でも『呉子』でも「川の半途で攻めよ」とあるが、新田軍は足利軍に川を渡らせようとした。『太平記』では、河原に馬が駆けめぐることができる余地を残す形で南北二〇余町にわたって軍勢を控え、射手を川の中州に出して遠矢で誘ったとある。この箇単な挑発に足利軍は乗り、渡河を開始し、あっけなく敗退、足利軍は撤退して鷺坂まで退いた。

新田軍は勢いにまかせて鷺坂でも勝利し、さらに十二月五日には手越河原でも激戦の末に足利軍を撃破する。手越河原の合戦では正午に開始された戦いが酉の下刻（八時）まで続き、新田軍の突撃は一七回にも及んだという激戦で、両軍は安部川を挟んで向かい合ったが、新田軍は屈強の射手五〇〇人に上流を渡らせ、藪の陰に身を隠し足利軍に接近して背後から一斉射撃を行なった。足利軍が混乱した瞬間に新田軍の騎兵が正面突撃を敢行して一気に潰走に追い込んだ。同じ頃、東山道軍も順調に進撃しており、十一月二十七日に小笠原光栄の信濃・大井城を落とし、上野に向かっており、越後からは新田貞政が南下していた。

東海方面で数度の戦いに勝利した新田義貞は伊豆に入る。佐々木道誉《どうよ》をはじめとして足利軍からの降伏者はあとを絶たない。この勢いで関東に突入したら局面はどう変化したか、予断を許さない状況である。『孫子』では「勢」の利用が重視されるが、新田軍は戦わずして関東の豪族達が降伏して参集すると見なし、伊豆国の国府で進撃を停止する。東山道の軍勢も合わせて万全の態勢で討とうと考えたのかもしれない。

負け続けている敗残の軍を立て直すには、とりあえず戦中から離脱させ、自らの勢力圏に戻すべきであることを、キャスリン・コーリーは『軍隊と革命の技術』の中で指摘する。足利軍はへたに戦場に踏みとどまらず、思い切って鎌倉に戻り、尊氏が中心となった反撃態勢を整え出す。

鎌倉に引き入れての戦いは不利と見なした尊氏は、迎撃の場所を箱根に定めるとともに、新田軍内部に潜む親尊氏勢力と連絡を取り始める。直義は箱根峠に陣取って防衛をする構えを見せている。新田軍が全兵力を箱根峠方面に差し向ければ、別働隊に足柄峠を越えさせて腹背から包囲しようという作戦であるから「外線」である。

この足利軍の戦略を義貞は見抜き、軍を二分する。西側から鎌倉に進入するには箱根峠を越えるのと足柄峠を越える二つの方法があった。直義軍が陣取っている箱根峠は箱根の山の南側を通る本道に当たり、峻険であった。対して箱根の山の北側を通るのが足柄峠方面で、こちらは平坦である。峻険な道は大軍の通過には不向きで、逆に防衛する側とすれば少数でも可能ということになる。本来であればこれを念頭に置き、「外線作戦」として、この二つの道をどのように利用するかになる。陣形として「長蛇」、あるいは片翼を強化した旋回運動「カンネ」にどう応用するかが名将の腕の見せどころとなる。

ところが新田軍単独では絶対兵力が不足している。となると、この場合の「カンネ」とは東海道軍そのものが鎌倉防衛の足利軍を引きつける役を負い、東山道軍を北から迂回させて包囲殲滅する形にならなければならなかったが、義貞は東海道軍だけでの鎌倉攻略を考えていた。

直義が箱根峠に陣取っていることから義貞は足利軍防衛の主力は箱根峠と考え、その方面に大軍を差し向けることとする。『太平記』によれば、義貞自らが率いる七万人が箱根峠に、義貞の弟・

脇屋義助が率いる別働隊約七〇〇〇人を足柄峠に向けた。この別働隊は公家なども混じった弱小軍であった。対して足利軍は直義が率いる本隊六万人を箱根峠に配置し、仁木氏、細川氏、高氏、上杉氏などの連合軍一八万人を足柄峠に向けた。両軍とも一翼を強化しており定石通りといえたが、今回は絶対兵力で上回る足利軍が、どのような配分に兵を分けても優勢となっていた。にもかかわらず足柄峠方面の「竹下合戦」では脇屋義助の奮戦で、圧倒的な兵力差を誇りながら足利軍が苦戦する。

十一日に開始された合戦は、箱根峠も足柄峠の竹下でも一進一退が続く。もし竹下が峻険な地点でより少数の兵でも防戦しやすければ、この間に新田義貞の本隊が箱根峠を突破して包囲できたかもしれない。しかし難点は鎌倉に尊氏がいることで、この合戦で新田軍が勝ったとしても、有利な態勢で尊氏が随意に攻め込んでくる可能性があった。戦力が優勢であったため、足利軍は軍事戦略の観点で見れば、任意の敵に対して戦力をぶつけるという「内線」の利点と、その勝利を包囲につなげられるという「外線」の利点が、兼ね備えられていたわけで、まさに「大軍に戦略なし」である。

## ● 絶えず変化する内線と外線

戦局を決したのはやはり尊氏の登場であった。竹下での激戦の最中に鎌倉から遅れて到着した足利尊氏が参戦した。新手の部隊の登場と、「源将軍」尊氏の登場という二つの要素は一気に足利軍の志気を高め、しかも新田軍に投降していた佐々木道誉だけでなく、もともと尊氏に共感を抱いていた大友貞載《さだのり》らが足利軍に寝返ったため脇屋軍は腹背に敵を迎えることとなる。「竹下合戦」は足利軍が圧勝する。

箱根峠にいた新田軍は動揺し、兵が四散してしまう。足柄峠を越えた尊氏軍は大きく後方から回り込み、箱根峠で直義と対峙する新田軍を包囲殲滅する形をとった。基本的に名将というよりも猛将である新田義貞の本領が発揮されたのはこの時であった。わずか五〇〇騎という小勢でありながら尊氏軍に突入して敵中突破をはかり見事に成功する。さらに二日二晩の強行軍の末、天竜川に着いた十四日の段階では敗残兵も集結して二万人にまで兵力も回復していた。

この撤退の成功により、形勢は予断を許さないものとなった。というよりも、当初見られた新田軍の利点というものは基本的に生き続けた。東山道軍と奥羽軍が存在していたからである。足利軍が総力を挙げて新田義貞軍を撃破したために関東はがら空きである。むしろ新田義貞としては足利軍を引きつけておく役割を自らに課してもよかったのである。たとえば、義貞軍が天竜川を利用して盾の役を負い、東山道軍あるいは奥羽軍が西進すれば足利軍は挟撃できる。逆に足利軍としては新田軍を完全に殲滅しなければ、各個撃破の効果は薄れたものになる。

どのように情勢が変わるかわからないこの状況を変化させたのは、一片の紙切れであった。平安京への一斉引き揚げが命じられたのである。この命を受けて撤退が開始されたが、これが敗戦のような効果をもたらし、矢作付近で新田軍の兵力はわずか二〇〇〇人となったとされている。

撤退命令が出されたのは義貞の東海道軍だけではない。順調に前進していた東山道軍に対しても出されていたし、北陸から南下して利根川付近まで進出していた新田貞満にも勅命が下っていた。それ以外にも新政権側のすべての軍隊が平安京に集結するよう命じられていたのである。「建武の新政」に対する不満と、足利尊氏への待望から各地で叛乱が起こり、近畿圏内の丹波国でさら叛乱が起きていたのだ。

「分散と集中」という革命戦略が、今度は後醍醐天皇側を苦しめていた。そして足利尊氏追討のために軍勢が出払い、手薄となった平安京に対して、尊氏に与しようとする勢力が一斉に蜂起して進撃する構えを見せたのであるから、「外線作戦」にさらされていたといえる。我が身のことしか考えない後醍醐天皇は平安京防衛のために全兵力を集結させようとしたのである。

「内線作戦」を成功させた尊氏は、今度は「外線作戦」の一環として、上洛軍を興す。敵は平安京に集結しつつあり、味方は各地から平安京をめざすと考えたのだが、背後の北畠顕家の奥羽軍の存在を考えれば、足利軍の基本は「内線」的な位置である。このあと尊氏は都を制圧するが、奥羽軍が到着することと楠木正成の戦略によって今度は敗北している。

南北朝時代は、おのおのの勢力圏がめまぐるしく変化するうえ、その勢力圏が確固としたものではないため、内線と外線は絶えず変化する戦略的位置として考えられるが、勢力圏が確立している場合には、明確な形での内線作戦と外線作戦となってくる。それはとくに戦国時代～安土桃山時代にかけて見られる。

## ●「賤ヶ岳合戦」の前夜――政略レベルの前哨戦

兵力が絶対的に不足していては「内線」も「外線」も関係ないが、均衡しているときには戦略次第ということになる。たとえば豊臣秀吉（当時は羽柴秀吉）と柴田勝家が戦った「賤ヶ岳合戦」の場合、戦う前のバランス・オブ・パワーで秀吉の優位は確定していたから、勝家側は最初から不利な出発となっていた。そして清洲会議後のおのおのの勢力圏の確立が、最終的には外線と内線とを規定している。

天正十年（一五八二年）の「本能寺の変」直前の織田家の状況を、各武将の勢力圏で見ると、最大の存在として柴田勝家が、北陸・上杉氏担当として越前国を領有し、加賀国・能登国・越中国を勢力圏に収めていた。次席家老ともいうべき丹羽長秀は、四国・長宗我部氏担当であるが領国は小さく、若狭国と近江国佐和山を領有するもので、三番家老ともいうべき滝川一益は、関東・北条氏担当として、北伊勢・上野国・北信濃を領有していた。羽柴（豊臣）秀吉は、中国・毛利氏担当として、播磨国・近江長浜を領有し、但馬国が勢力圏である。明智光秀は、畿内担当で、領国は丹波・近江坂本、他に大和国・丹後国・山城国が勢力圏である。家臣ではないが、信長の次男・織田信雄が、南伊勢・伊賀国を領有し、同盟者の徳川家康が、駿河国・遠江国・三河国を領有している。

ところが「本能寺の変」直後に、大軍を抱えて北陸での優勢な戦いを進めていた勝家が、対光秀作戦で悠長な行動をとったのに対して、毛利氏の大軍と対峙して不利な立場の秀吉は「中国大返し」で駆け戻り、「山崎合戦」で明智光秀を討って一気に発言権を拡大し、信長後を決定する「清洲会議」で、有利な信長の遺領配分を遂げる。

「清洲会議」での勢力圏変化は、柴田勝家は、越前国領有、加賀国・能登国・越中国を勢力圏にしてほとんど変化せず、わずかに秀吉から近江国長浜を割譲させただけの微増にとどまった。対して羽柴秀吉は、播磨国・丹波国・山城国・河内国を領有し、その外に但馬国・因幡国・伯耆国・備前国・備中国・美作国・大和国を勢力圏に置くなど、大幅拡大を遂げた。

他の武将の状態は、丹羽長秀は若狭国領有に近江国の高島・滋賀二郡を得て、代わりに佐和山を堀秀政に譲っており、関東を追われた滝川一益は北伊勢のみの領有と大幅縮小、他に信長の二人の子は尾張国と美濃国を与えられて、織田信雄が南伊勢・尾張国・伊賀国を領有、信長の三男・織田信孝が美濃国領有となり、これらとは別に徳川家康は「本能寺の変」のどさくさに紛れて駿河国・遠江国・三河国に加えて甲斐国と信濃過半を領有して拡大を遂げていた。

秀吉と勝家は互いに力を競い合い、自らが信長の後継者たらんとして対立し、激突は時間の問題と見えたが、双方の兵力を比較すると、石高からの動員能力を自家戦力だけで見れば秀吉二六七万石に対して、勝家一八八万石となっている。これにおのおの同盟者を見ていくと、柴田派が滝川一益、織田信孝であり、羽柴派が、丹羽長秀、織田信雄であり、徳川家康は中立という立場であった。双方の動員力は、秀吉軍（含勢力圏）六万六〇〇〇人、さらにその同盟者は三万人強となり、勝家軍四万七〇〇〇人に、その同盟者二万人弱となる。ただし、秀吉は四国・紀州・山陰道・山陽道に押さえの兵を置き、勝家は越後国用に押さえの兵を置いているため、推定で対柴田用秀吉軍は六万人、対羽柴用勝家軍五万四〇〇〇人程度になる。

おのおのの勢力圏と同盟者を地図上で見れば、秀吉は北近畿を中心にして内線、勝家は北陸と北伊勢と美濃国からそれを包囲する外線の立場であったが、兵力的に秀吉側が有利である。

すでに政略レベルの前哨戦は「清洲会議」で始まっていた。織田信孝の烏帽子親として親密な関係にある信孝を推す勝家に対して、信孝と織田信雄の対立を利用し、敵の敵は味方ということで秀吉は信雄を味方につける。

領国の越前国から南下するためには近江国を通らなければならないから、柴田勝家は秀吉所有の長浜城を欲した。前線基地としても最適である。この要求に対して、秀吉は勝家の養子・柴田豊勝にならば譲ると応えた。勝家と豊勝は不仲であることから政略の布石を打ったのである。戦略的な布石として長浜を領有しようとした勝家に対して、秀吉は「謀を伐つ」形で応酬したといえる。

さらに双方とも、織田勢力圏の外側の勢力との同盟を模索している。秀吉は勝家の背後に控える越後国の上杉景勝や北陸地方の一向宗門徒と結び、勝家は四国の長宗我部元親や紀州の雑賀衆、根来衆と結び、のちには足利義昭の上洛を条件に毛利氏とも交渉をしていたから、互いに背後を牽制し合っていたといえる。この小康状態に、秀吉は「利」をもって近畿全体で人を集めることに成功したから、勝家はより外線的に、秀吉は内線的に同盟者を増やしていったといえる。

互いに有利な状況下での開戦を模索した秀吉と勝家は一時的な和議を結ぶこととする。雪国である越前国にあって、勝家の和議は雪解けまで時間稼ぎを図るためであったが、秀吉のほうは、勝家が動けない間に勝家の同盟者を打倒するためであり、同時に勝家の使者・前田利家らとも何らかの約定を交わすためといわれている。

先に動いたのは秀吉である。偽りの和議成立二日後、天正十年（一五八二年）十二月七日、勝家が豪雪で動けないのを見越して、大軍を動員して近江国に侵入し、戦わずして長浜城を奪還した。『兼見卿記』によれば五万人とされる大軍であったが、力攻めではなく、勝家と不仲の豊勝を調略したのである。勝家の中央への進出拠点となっていた長浜城は、こうして秀吉によって簡単に奪還された。この段階での勝家は、外線的位置として内線作戦に後手を取っただけでなく、豪雪により鈍重にならざるを得なかったのである。

秀吉は、さらに美濃国岐阜城の織田信孝を攻撃して降伏させる。美濃国では秀吉の政略により、西美濃を中心に諸豪族の信孝からの離反があったから攻略は簡単であった。このときの動員数も、『兼見卿記』によれば五万人とされている。『孫子』流に解釈すれば、豪雪という「天」を利用して、勝家側の「交を伐つ」ともいえる。戦略的には各個撃破を試みたのである。

次の標的になることを覚悟して、北伊勢の滝川一益は亀山城や峯城を確保して秀吉来襲に備えていた。勝家が動きにくい二月、秀吉は大軍を三手に分けて伊勢に侵入した。『秀吉事記《じき》』によれば七、八カ国の大軍が動員されたとされ、『太閤記』では、羽柴秀長二万五〇〇〇人、三好秀次二万人、秀吉自らは三万とされている。圧倒的な兵数差が滝川一益との間にあり、桑名城をめぐる攻防では、『太閤記』によれば秀吉が三万人に対して、一益は六、七〇〇〇であったとされている。これは実数ではないとされるが、この程度の比率があったことは容易に想像できる。北伊勢はまたたく間に秀吉軍に蹂躙されていった。冬季と天候と内線とを利用した各個撃破は、まさに『孫子』が言うところの「其の虚を衝けばなり」（虚実篇）であり、勝家に対抗処置をとらせるいとまを与えなかった。

## ●わざと兵力移動で秀吉軍を手薄にしてみせた

「其の愛する所を奪わば、則ち聴かん」と『孫子』（九地篇）にはあるが、同盟者がいなくなれば不利は決定的になると考え、勝家は軍事的な打開策を模索する。そして三月十七日予定の出兵を繰り上げて雪解け前の二月二十八日に出兵を開始し、三月三日、佐久間盛政らを先鋒に北近江へ発した。同時に、織田信孝、滝川一益、長宗我部元親、毛利輝元、吉川元春に連絡して外線作戦をとろうとした。

勝家出陣の報が入ると、三月十六日、秀吉は伊勢方面攻略を、同盟者・織田信雄にまかせ近江に入る。秀吉も勝家の背後の勢力と連携したが、それは外線作戦ではなく、北陸の一向宗門徒や上杉景勝による後方攪乱であった。

戦略的には、秀吉が長浜奪還により近江を勢力圏に収めていたから「先きに戦地に処《お》りて敵を待つ」（『孫子』虚実篇）であったが、戦術的には勝家が戦場に到着していたから「先きに戦地に処りて敵を待つ」となっていた。勝家の戦略としては、あくまで外線作戦で、勝家軍と、北伊勢の滝川一益軍による挟撃である。勝家が出陣することで、秀吉の大軍を引きつけていれば、一益は秀吉軍を独力で駆逐し、勝家軍と対峙している秀吉軍の背後に回り込み挟撃することが可能になる、と見なしていたからである。

だが、「応永の乱」での大内義弘もそうであったが、外線が効果を発揮するためには兵力比が有利であることが前提であり、たとえ勝家が、ある程度の秀吉軍を引きつけておいたとしても、依然として北伊勢での秀吉軍の優位は動かない可能性もあった。そして勝家もまた、大内義弘が関東公方・足利満兼に期待したのと同様に、一益という他者頼りになっている。

秀吉軍と単独で正面衝突するのは不利と見なした勝家の軍事的判断は正しかった。なにしろ秀吉側は大軍である。『太閤記』では一〇～一二万人、『志津ヶ嶽合戦小管九兵衛私記』では七万五〇〇〇人が対峙したとされている。この数字が過大であったとしても、勝家軍よりも優位であったことだけは確かであろう。勝家軍は『一柳家記』では二万人とされている。大軍であるから平野なら秀吉が有利であるが、大軍の利点を消す山岳戦なら、あらかじめ部隊を配置している勝家が有利となる。

勝家軍の布陣は、柳ヶ瀬の北方二キロの内中尾山に本陣を置き、本陣の南方四キロの行一山に佐久間盛政、その南から東にかけての尾根づたいに前田利家や金森長近らが陣取り、ちょうど北国街道正面に本陣があり、敵がそこをめざすのを側面の山々から駆け下って倒せるという形となっている。北国街道の片側を空けているから、一翼の強化にもなっている。秀吉軍の布陣は、木ノ本付近で賤ヶ岳から北国街道に開けた平野部分に秀吉が本陣を置き、街道の両側の峯に各部隊を配置したが、勝家軍と異なるのは一翼ではなく、両翼が作られていることで、これは「鶴翼の陣」の形で、平野部分まで敵が来たところを、本陣の大軍と両翼の峯の部隊で敵を押し包むことを意図している。

攻め込めばともに打撃を受けることになるため、手出しはできず、対陣は膠着状態に陥った。

まさに『孫子』が言うところの「遠形は、勢均《ひと》しければ以て戦いを挑み難く、戦いて利あらず」（地形篇）である。わずかに四月四日に勝家が軍事行動を秀吉軍前線の布陣する神明山にとった程度である。

ここで両者は、長期戦に備えて再び内線と外線での行動を模索し出す。秀吉は、勝家が陣から動けないうちに勝家の同盟者を潰しておこうと考え、勝家は陣に籠もったまま同盟者の来援を待とうとした。

四月十七日、秀吉は二万人の兵を率いて大垣に移動した。美濃国の織田信孝が再度、秀吉に挑戦的態度をとったからであったが、これは勝家軍を動かすための「利して之を動かし」であったのかもしれない。わざと兵力移動で木ノ本方面の秀吉軍を手薄にしてみせたからである。とくに西側の山々の陣は不備であったが、これを罠と見なすか過失と見なすかは秀吉のみが知ることである。勝家にしてみれば、「餌兵には食らうことなかれ」ということになる。しかし秀吉にすれば、勝家が動かなければ動かないで、各個撃破することも想定していたにちがいない。優れた戦略家は、複数の戦術目標をもつのが常だからである。

秀吉の本隊が引き払ったことを知り、勝家配下の猛将・佐久間盛政が秀吉側の陣がある大岩山砦攻撃を願い出た。大岩山砦の防備が整っていなかったからである。当初、この攻撃に否定的であった勝家も最終的には許可する。一つには、美濃攻撃を間接的に阻止するためであり、一つには秀吉本隊を再び賤ヶ岳に戻して、できれば勝家側の陣に攻撃を仕掛けさせようと考えたためであろう。

四月十九日、盛政は大岩山砦を攻撃し、秀吉軍の中川清秀を討ち取り、さらに岩崎山の秀吉軍の高山右近を撤退させた。これにより秀吉を引き戻すための効果が十分とみた勝家は、盛政に戻るよう指示するが、盛政はこれを拒み、大岩山などに軍勢を置き続けたのみならず、柴田勝政が前進して秀吉軍の桑山重晴が布陣する賤ヶ岳砦まで進出する動きを見せる。

ここで選択肢は二つあった。この戦果を利用し、勢いにまかせて一気に秀吉軍に襲いかかり壊滅させる作戦であり、もう一つは、基本通り外線作戦のために堅陣に戻るという方法である。「賤ヶ岳合戦」に関する多くの本は、佐久間盛政の行動こそが柴田軍敗戦の原因だと指摘している。しかし常識化しているからといって盲目的に同じ言葉を繰り返すのではなく、世上言われていることは白紙に戻し、一から普遍的な原則などによって分析し直すことは必要であろう。たとえば金子常規氏（『兵器と戦術の日本史』）は、佐久間盛政の戦果を拡大しなかった勝家にこそ問題がある、と指摘している。

勢いにまかせて戦火を拡大させたとしても、秀吉が戻ってくるスピードからどこまでできたか疑問であるし、秀吉側の布陣状態から見て東側の山に布陣している堀秀政がにらみを利かせているから、平野部の秀吉軍大部隊を攻撃すれば、側面あるいは背後から堀秀政軍より攻撃される可能性がある。仮に堀秀政部隊を駆逐しても、木ノ本方面の敵との攻防に手間取っていれば、戦地へ戻ってきた秀吉本隊により挟撃される危険があった。

外線作戦のために堅陣に戻るとすれば当面は安全策だが、同盟者が各個撃破のために陣にいなくなっていくから、外線作戦そのものが破綻してくる。どちらの方策をとっても勝家の不利は挽回できない。ただ堅陣に戻る方策のほうが延命できるにすぎない。

しかし、なんといっても最大の失敗は、本陣の指揮官と前線の指揮官が、包囲作戦と戦線拡大という対立した考えを平行させたままであったことである。つまり「持久戦か決戦か」が中途半端な形で、勝家軍は置かれたままとなったのだ。

この盛政による戦局の動きは、大垣城にいた秀吉のもとにも届けられた。揖斐《いび》川の増水によって渡川できずにいた秀吉は、直ちに軍を木ノ本方面に移動させる。十四時に大垣を出た秀吉軍は木ノ本までの丘陵地帯を含む五二キロメートルをわずか五時間で移動したとされているが、報告を受けて即座に行動したということは、やはり美濃攻撃は罠であった可能性が高い。木ノ本に到着した兵は、『太閤記』では二万人、フロイスの書状では六〇〇〇人、『賤ヶ岳合戦記』では二〇〇〇人となっている。

この突如とした秀吉本隊の到着に、夜営中の佐久間盛政はパニックを起こし急遽、勝家の本隊に向けて撤収を開始する。これに対して、秀吉は三手に分かれて攻めたが、佐久間盛政は奇襲にも混乱せずに撤退した。

　すると秀吉は佐久間隊の撤退を援護して、その後に撤退を開始した柴田勝政に攻撃を集中して追撃を開始したため、佐久間隊も引き返してきて激戦となった。この時、佐久間隊の背後にいた柴田軍の前田隊が突如撤退を開始して、戦場を離脱してしまったため、佐久間隊は前面と側面から敵の攻撃を受けることになって敗走。このため柴田軍は北国街道を挟む両側のすべてを秀吉軍にとられてしまい、隘路にいた勝家は大きく包囲されることとなった。しかも前田隊が、佐久間隊と勝家本隊の間を通過したため前線が敗走したように見え、柴田全軍に動揺が走る。この段階で、ほぼ勝敗は決した。

　すかさず秀吉は勢いを利用し、一気に北ノ庄城に攻め込む。まさに「激水の疾き、石を漂わすに至る者は、勢なり。鷙鳥《しちょう》の撃つや、毀折《きせつ》に至る者は節なり。是の故に、善く戦う者は、其の勢は険にして、その節は短し。勢は弩《ど》を張るが如し、節は機を発するが如し」（『孫子』勢篇）そのものである。

　こうして柴田勝家を倒した秀吉は、ほぼ近畿全域、さらに北陸道過半、山陰道、山陽道の一部までを勢力圏に収め、天下人に最接近したのである。

## 戦う前から決していた勝敗

この秀吉と勝家の戦いを「内線」と「外線」という二つの要素のみで分析すれば、じつは戦う前から勝敗は決していたことになる。「内線」的立場の者は、少なくとも個別戦闘においては兵力の優位を保たなければならず、「外線」的立場の者は少なくとも全部隊の合計で兵力の優位を保たなければならない。

ところが、「外線」の立場にある勝家は、その同盟者と合計した数でも秀吉よりも少ない兵力で戦うしかなかったのである。個々の兵数が少なくとも、合計数で勝れば、「賤ヶ岳合戦」前に木ノ本布陣の秀吉と対峙して戦地に引きつけておくだけで、滝川一益軍や織田信孝軍の来援を待たずとも勝てる戦いだった。ところが、勝家軍は秀吉全軍を引きつけておくには、あまりに少数であったため、秀吉は木ノ本に一部の兵力を残して転戦することができた。そして秀吉の同盟者や、秀吉軍の一部だけにすぎない軍隊を相手にしているにもかかわらず、滝川一益も織田信孝も苦戦を強いられて、とてもそれらを打倒して北近江の戦地に到着することなどできなかったのである。

たしかに「賤ヶ岳合戦」での勝家の布陣は見事だから、秀吉全動員部隊が仮に勝家本軍に食らいついたとすれば、滝川一益も織田信孝も外線作戦の一翼とはなり得たが、兵力比を見ればそれは「絵に描いた餅」であったのだ。

勝家が布陣だけで対応しているとすれば、戦略というよりも戦術的対応となる。もし、勝家が「外線」で有利になるとすれば、滝川一益や織田信孝だけでなく、長宗我部元親、毛利輝元、吉川元春、徳川家康、北条氏政といった諸勢力までをも同盟者として秀吉軍を包み囲まなければならなかった。

もちろん、これは「内線」と「外線」という要素のみの比較の話であるから、他の要素から見れば別の方策も考えられた。多少の兵力差はあったとしても、賤ケ岳に到着した秀吉軍と早々に戦端を開いて勝利することも軍事的天才ならば考えたろう。だが柴田勝家程度の用兵能力では、型どおりの「外線作戦」しかとれなかったのである。北ノ庄城を囮として偽装撤退し、隘路に伏兵を置くといった緻密な策は上杉謙信や武田信玄ならば可能であったろうが、勝家レベルでは立てられなかったのだろう。

## おわりに――結論にかえて

「たとえ愚策でも勝利したと見做される時は成功策とされる」――この言葉は『兵器と戦術の日本史』で紹介されている名言で、本文でも紹介した言葉であるが、私はこれを「愚策も成功すれば賢策と見做される」と言い換え、授業などでもよく使っている。たまたま勝利したことから、そのやり方が名作戦と思われ、名作戦なのだからそのやり方を模倣すれば勝てる、と考える。しかし勝利した要因は別なところにあって、やり方自体は愚策であったとしたら、愚策を真似て成功するはずがない。こうした「結果論の罠」が、従来の「歴史」から引き出された教訓には満載されている。

なぜかくも「結果論」に陥っているのか、その理由を自分なりに考えたのだが、原因の一つには過度な実証史学信仰があるように思えた。実証史学を偏重するあまり演繹法を否定するような意見が、驚くべきことに軍事史を研究している人達にも見られるからである。演繹法を否定するために検証ができないのだ。しかし演繹法を忌み嫌う人達の論文なり著書を読んでも、マハンやリデルハートほど深遠な分析も説得力も感じられない。

「結果論」としてではなく、真に教訓を得ようとするならば、合戦を戦略で検証する必要がある。勝った側にとって、本当に正しい戦い方だったのかどうかは、そのやり方が戦略原則に適合するかどうかでかなりわかる。これは、逆の視点からの検証も兼ねられる。古戦史に戦略を当てはめてみることで、戦略理論にある各種概念の妥当性も検証することができるからである。第一章～第十二章までの各章での様々な検証により、戦略論の正当性のかなりは各合戦に該当するようにも思える。

半面で、必ずしもそうはならないことも存在している。戦略を当てはめると「戦略が正しいから勝った」だけでなく、平知盛の海軍戦略や楠木正成の革命戦略、あるいは「関ヶ原合戦」の西軍のように、「戦術的な布陣」は正しかっただけでなく「戦略は正しいのに負けた」ということにも出合うことがあることは、おわかりいただけたのではないかと思う。第三章で述べているように、別の要因が作用したためであるが、大方は政略によるものであり、戦争における政略の比重の高さをあらためて感じる。

また戦略論も多様で、対立する概念も多い。内線と外線のように相反する概念の優劣はつけにくいが、分析に使ったのは極力、普遍性が高い戦略概念、軍事的要素に絞っている。第二章の撤退や第六章の兵站は、永遠の課題かもしれない。

しかし一部の戦略論には使えないものもあった。ここで使えなかった戦略論についても述べておくと、そうした戦略論の多くは、一時代のみに登場している一過性の高いものである。時代拘束性の高い戦略論は、古戦史では見出せない法則ということもさることながら、普遍性そのものも低い。

技術進歩がもたらし、技術進歩が捨て去る戦略論がそれである。空軍戦略は飛行機の登場がもたらしたものであり、核戦略は核兵器の特殊性がもたらしたものである。もちろん空軍戦略の要素として存在している敵の根拠地への攻撃や生産力の破壊は、古代から存在しているが、立体的な三次元の発想はなかった。核戦略については、その破壊力の巨大さから使えない兵器としての特殊性が、ダレスの「大量報復戦略（ニュールック政策）」、ティーラーの「柔軟反応戦略」、マクナマラの「相互確証破壊」、あるいはソコロフスキーの「縦深戦略理論」への応用、ボーフルの「多角的抑止」、ガロアの「ガロア理論」、そしてSDIといった戦略論を生んできたが、それは核保有量の推移、技術進歩とともに現れた一過性の戦略論である。もしそこに普遍性を求めるなら、せいぜい抑止の理論程度になる。第十章で述べた新兵器の問題なども、時代性から捉えると興味深いものがある。

しかし歴史の中で同じように一過性の戦略論でありながら、五章で革命戦略を取り上げたのは、社会の流動化があれば表面的には異なって見えても復活する可能性がある戦略論だからである。

相反することもある多様な戦略概念や軍事理論については、詳しく調べれば必ずしも相互に矛盾するというわけでもない。どれが正解というのではなく、利用する者の資質や個性、時代によって異なってくる、ということなのである。第七章で述べた籠城と攻城のどちらが有利かとか、第九章で述べた「間接的アプローチ」と「直接的アプローチ」のどちらが優れているかはその人間の資質によって違ってくるし、第十一章で述べた専門的職業軍と市民軍・国民軍のどちらが強いかは、時代によって異なってくる。また第十二章では、「内線」と「外線」のどちらを使おうと総兵力の差はいかんともしがたいことを示してみた。

本書で述べてきたことは、一般に歴史での常識とされている内容とは異なるものもある。しかし、他に惑わされずに確固たる見方をもつためには独自の視点が必要であり、その独自の視点も、社会科学の諸法則のようなもので裏打ちされていればリスクは低いものになる。

ご指摘もあるかもしれないが、本書で取り上げられなかった合戦も多く、そこにも多くの教訓が含まれている。取り上げられず諦めた合戦もあったことはいささか心残りだが、最も強調したかったのは個々の事例ではなく、「結果論」に陥ってはいけない、ということで、その点についてもある程度はご理解いただけたのではないか、と考えている。

日本には戦略書や政略書は今日に至るまでほとんど存在していない。大江維時の子孫として学者の血を受け継いでか、例外的に元就の言葉をまとめたものがある。『永禄聞書』にまとめられた政略内容については、たとえば「自国之治」の中で「縁辺を結んで和睦の謀とする事。戦を上むる治」とあったり、「敵国の謀」では陰謀の要としての五間について述べたり、厳しい軍法について述べられている。しかし戦略論は見当たらない。『甲陽軍鑑』や『惟新公御自記』は戦略論ではなく、記録である。

戦略の諸概念で古戦史を分析するという試みは、歴史を学ぶことを、たんなる趣味レベルから脱して有益な教訓を引き出すための方策である。今後、こうした姿勢で歴史が学ばれていくことを期待したい。

## あとがき

過去に出版した多くの本と同じように、本書は多くの方々のおかげで日の目を見ることとなった。原型は、平成二十一年〜平成二十二年にダイヤモンド社の『歴史に学ぶ』に連載していた「日本戦史発掘」にある。時事通信社の『時事トップコンフィデンシャル』連載の「歴史夜話」、『金融財政ビジネス』連載の「新・歴史夜話」の文章を見た榎本佐智子さんから連載の依頼があったもので、当時、担当してくれた榎本さん、深川千夏子さんには本当に感謝している。『歴史に学ぶ』連載中に、企業に勤務していた友人達から「会社で偶然とっていた雑誌に名前があって驚いた」「面白かった」とコメントをもらい、うれしかった記憶がある。

もともとは連載終了後に大幅な加筆・修正を施し、ダイヤモンド社から一冊の本として出版する予定であった。本の題名も「古戦史にみる戦略の発見」とするか「戦略発掘」とするか、挿入する図をどうするか、という話まで進んでいた。自分がモデルにしていたのは、一つの要素に対して複数の事例を比較する内容であったから、『プルターク対比列伝』というよりも、マキァヴェリ『君主論』や『唐太宗《とうたいそう》李《り》衛公問対《えいこうもんたい》』のようなイメージであった。

もともと古戦史における戦略の可否、様々な武将の比較などについて書かれた本を読みたいと思い、誰かが書いてくれるのを待っていたのだが、日本史の研究者も軍事史の研究者も誰も書いてくれないので、結局は自分で書くことになってしまった。

ところが、校正前の段階までできていたところで平成二十三年三月十一日の東日本大震災にぶつかり、本を印刷するインクがなくなってしまい、そうこうする間に「歴学」プロジェクトそのものがなくなってしまい、お蔵入りとなってしまったものである。ただその後も『金融財政ビジネス』や『未来国・日本』などには折に触れて古戦史関係の文を載せていたし、首都大学東京の「オープンユニバーシティー」や八王子市教育委員会などの公開講座で話す機会をいただいてきた。

これが再度日の目を見ることになったのは、まず憲政史家の倉山満先生のおかげである。一つには倉山先生主催の「チャンネルくらら」に出演した折に、当時PHP研究所の川上達史さんと知り合いになっていたことである。

そしてもう一つは倉山先生、および藤岡信勝先生のお誘いで「昭和12年学会」（宮脇淳子会長）に加入したことである。私が中心的に研究していた時代とはかなり離れた時代なので、「永禄四年学会」とか「治承・寿永学会」なら得意ですが、と固辞したのだが「異なった時代から見た視点も必要」とのお言葉で参加し、身の程知らずにも第一回研究発表会では司会を引き受けることとなった。ところが方向音痴なために、地図をもっていながらも会場に向かう途中で道に迷い、うろうろしていたところを川上さんが見つけて、声を掛けてくれたのである。

そこはかとなく話しながら歩いているうちに、ふとダイヤモンド社企画の話を思い出し、話したところ「面白そうだ」ということで急遽、話が進み出した。そしてPHP研究所の川上さん、その後を受けた白地利成さんと打ち合わせを重ね、きわめて短期間に出版の運びとなったのである。川上さんと白地さんにはかなり無理を頼むこととなり、感謝の言葉もない。

ダイヤモンド社時代の企画との大きな違いは、ダイヤモンド社版では「戦略発見」が力点であったため「大戦略」「軍事戦略」「作戦戦略」「戦術」という大分類を章にしていたのに対し、今回は川上さん、白地さんのアドバイスで歴史物であることに力点を置いて、各章のメインとなる合戦を歴史順に並べ替えたということである。もちろんメインの合戦と比較する合戦も多いために、必ずしも「歴史」のイメージ通りにはなっていないかもしれないが。

そして今回の再構成に従い、「大戦略」「地政学」は省き、また『金融財政ビジネス』に載せたことがある「政略」関係についても載せなかった。そのことと関連して「白村江合戦」「前九年・後三年の役」「承平天慶の乱」「保元の乱」「承久の変」「応仁の乱」「関ヶ原合戦」などは入れなかった。外交の記述が大きな比重を占めていた「奥入」なども視点を変えている。

本書の第一章~第十二章は、もともと各章は独立した文章であった。文章自体は本書よりも短く、その分多様な事例を出していた。さらに、どうしても優れた事例としては各項目に重複する合戦も多く、『平治の乱』鎮圧、『川中島合戦』『太平記』の諸合戦などは繰り返し登場しがちとなっている。今回は基準の合戦を時代順に並べ直したので、個々の合戦の解説はやや長めに切り替わっている。また「軍事戦略」「作戦戦略」に該当する新たな章を書き加えている。

『歴史に学ぶ』から単行本にする企画の際にも当時の学生達、佐野涼太郎君、遠藤玲一君、丸山洋一郎君、高水伸吾君、山本大貴君、芝駿介君、小川徳郎君、茂手木照祐君、松井一浩君、新海陽君、岡田直人君、藤田健太郎君、藤盛晃平君、黒須俊太君、江面博信君、田中俊紀君、増田純一君、本田元気君、村松陽介君、岩丸鷹也君とじつに多くの学生に査読を依頼し、「読みやすいかどうか」をチェックしてもらっている。残念ながら音信不通なってしまった人も何人かはいるが、多くは社会人として元気に働き、いまも年賀状を送ってきてくれる。

今回は理系の学生や、戦略論の講義を受けた学生を中心に再度査読を依頼し、大江達也君、松岡諒君、針ケ谷陸君、田口怜君、上條湧大君、右田翔大君、田中舜君、白石大悟君、島袋大悟君、小田祐也君、松田翔君、古場幹人君、原田汰知君、藤原光宏君、小島大智君、森成生君、太田望君には論理性に問題がないかどうかを中心にチェックしてもらっている。とくに大江君には念入りに査読してもらっている。毎々のことながら、長谷川裕一君にパソコンのトラブルを解決してもらっている。

資料関係はほとんど手元にそろっていたが、これは自宅に書庫があることと、日本史の史料収集についてはれんが堂書店（つちうら古書倶楽部）、軍事関係の書籍探索を文華堂書店と軍学堂にお願いしていたおかげである。

本書を書いているのとほぼリンクするかたちで、別件ではあるが大変苦しい状況に陥り、加瀬英明先生、藤岡信勝先生、倉山満先生、石弘之先生、殿岡昭郎先生、小松美彦先生、杉之尾孝生先生、栗島英明先生、原田尚彦先生、山田聡さんにはずいぶんと支えていただき、また助けていただいた。

様々な立場の先生方であるが、弱い立場になったときに助けてくれる人達こそが本当に信頼できる人達であると痛感した。英国のモントゴメリー将軍は「どんな野獣が潜んでいるかもしれない暗く大きな森に一緒に入っていける人」という表現を使ったが、苦境のときにも見捨てないという心は自分自身ももたなくてはならない、とあらためて思った次第である。もちろん母・澄子、弟・英治、そして姪達、夏輝ちゃん、晴香ちゃん、紗慧ちゃんにも精神的に支えてもらっている。感謝の言葉もない。

二〇一九年三月

海上知明

## 参考文献

参考文献は古代～近代に至るまで膨大な量となるため、各章で重点的に使用したもののみに限定した。複数回引用したものについては、かなり広範に利用したもの以外は、より重点的な章、ないし最初に使用した章にとどめている。また『平家物語』や『平治物語』などの軍記物語は多様な異本が存在しているので、代表的なものにとどめている。


**広範に利用した分析用ツール**

金子常規『兵器と戦術の日本史』（原書房、一九八二年）
杉之尾宜生編著『戦略論体系① 孫子』（芙蓉書房出版、二〇〇一年）
阿多俊介『孫子の新研究』（六合館、一九三〇年）
小野　繁『孫子』（葦書房、一九九一年）
公田蓮太郎訳『兵法全集第二巻 呉子の兵法』（中央公論社、一九三五年）
公田蓮太郎訳『兵法全集第五巻 李衛公問対』（中央公論社、一九三五年）
カール・フォン・クラウゼヴィッツ『戦争論』（上・中・下、岩波書店、一九六八年）
J・F・C・フラー『フラー 制限戦争指導論』（原書房、一九七五年）
バジル・ヘンリー・リデルハート『リデルハート 戦略論』（上・下、原書房、一九七三年）
バジル・ヘンリー・リデルハート『ナポレオンの亡霊』（原書房、一九七六年）
浅野祐吾『軍事思想史入門』（原書房、二〇一〇年）
ウィリアムソン・マーレー、アルヴィン・バーンスタイン、マクレガー・ノックス『戦略の形成―支配者、 国家、戦争』（上・下、中央公論新社、二〇〇七年）
ジョン・キーガン『戦略の歴史―抹殺・征服技術の変遷 石器時代からサダム・フセインまで』（心交社、一九九七年）
エドワード・ミード・アール編著『新戦略の創始者―マキアヴェリからヒトラーまで』（上・下、原書房、上・一九七八年、下・一九七九年）
サイモン・アングリム『戦闘技術の歴史１ 古代編』（創元社、二〇〇八年）
マシュー・ベネット、ジム・ブラッドベリー他『戦闘技術の歴史２ 中世編』（創元社、二〇〇九年）
クリステル・ヨルゲンセン、マイケル・Ｆ・パヴコヴィック他『戦

闘技術の歴史３ 近世編』（創元社、二〇一〇年）
ロバート・Ｂ・ブルース、イアン・ディッキー他『戦闘技術の歴史４ ナポレオンの時代編』（創元社、二〇一三年）
ピーター・パレット編『現代戦略思想の系譜―マキャヴェリから核時代まで』（ダイヤモンド 社、一九八九年）

**広範に利用した軍記物語や史料**

『日本古典文学全集 平家物語（１）』（小学館、一九七六年）
『日本古典文学全集 平家物語（２）』（小学館、一九七六年）
『日本古典文学大系 第 34 太平記１』（岩波書店、一九六〇年）
『日本古典文学大系 第 35 太平記２』（岩波書店、一九六一年）
『日本古典文学大系 第 36 太平記３』（岩波書店、一九六二年）
『新日本古典文学大系 34 〜 36 太平記』（岩波書店、一九八九〜一九六二年）
太田牛一『信長公記』（角川ソフィア文庫、一九八四年）

**第一章**

マイケル・ハンデル『戦争の達人たち―孫子・クラウゼヴィッツ・ジョミニ』（原書房、一九九四年）
『新日本古典文学大系 43 保元物語　平治物語 承久記』（岩波書店、一九九二年）
アルフレート・ファークツ『ミリタリズムの歴史』（福村出版、一九九四年）
サミュエル・ハンチントン『変革期社会の政治秩序』（上、サイマル出版会、一九七二年）
髙橋昌明『武士の成立 武士像の創出』（東京大学出版会、一九九九年）

**第二章**

杉之尾宜生、森田松太郎『撤退の研究』（日本経済新聞出版社、二〇〇七年）
田家　康『気候で読み解く日本の歴史』（日本経済新聞出版社、二〇一三年）
『吾妻鏡１』（新人物往来社、一九七六年）
藤居正規『朝倉始末記』（勉誠社、一九九四年）
岡沢由往訳『甲越信戦録』（龍鳳書房、二〇〇六年）
黒川真道編『越後史集上杉三代軍記集成―天』（聚海書林、一九八三年）
黒川真道編『越後史集上杉三代軍記集成―人』（聚海書林、一九八三年）
『上杉史料集』（上・中・下、新人物往来社、一九六九年）

**第三章**

塚本哲三編『源平盛衰記』（上・下、有朋堂書店、一九二七年）

九条兼実、市島謙吉編『玉葉 第二』（東京活版株式会社、一九〇六年）
九条兼実、市島謙吉編『玉葉 第三』（内外印刷株式会社、一九〇七年）
ラウル・カステックス『戦略理論 戦略運動篇』（水交社、一九三五年）
アルフレット・セイヤー・マハン『マハン 海軍戦略』（中央公論新社、一九八〇年）
ジュリアン・スタフォード・コーベット／エリック・グロゥヴ編『コーベット 海洋戦略の諸原則』（原書房、二〇一六年）
麻原美子、小井土守敏、佐藤智広編『長門本 平家物語 三』（勉誠出版、二〇〇六年）
ヨーゼフ・メルツ『海洋地政治学』（科学主義工業社、一九四一年）
参謀本部編『日本戦史 桶狭間役』（元真社、一八九三年）
小瀬甫庵『信長記』（上・下、現代思潮新社、上・二〇〇九年、下・一九八一年）
小瀬甫庵『太閤記』（上・下、岩波書店、二〇〇〇年）
太田文雄『日本人は戦略・情報に疎いのか』（芙蓉書房出版、二〇〇七年）

**第四章**

五葉道全訳『八幡大菩薩愚童記―蒙古襲来の原典』（日本図書刊行会、一九九七年）
『新修日本絵巻物全集〈10〉平治物語絵巻・蒙古襲来絵詞』（角川書店、一九七五年）
佐藤鉄太郎『蒙古襲来絵詞と竹崎季長の研究』（錦正社、二〇〇五年）
北岡正敏『蒙古襲来の真実』（ブイツーソリューション、二〇一七年）
藤原兼仲『史料纂集 勘仲記 第一』（八木書店、二〇〇八年）
藤原兼仲『史料纂集 勘仲記 第二』（八木書店、二〇一〇年）
『元寇史料集 第２』（国民精神文化研究所、一九三五年）
小林高四郎『元史』（明徳出版社、一九七二年）
勝藤　猛『フビライ汗』（中央公論新社、二〇〇〇年）
『高麗史日本伝（上）―朝鮮正史日本伝２』（岩波文庫、二〇〇五年）
片野次雄『蒙古襲来のコリア史―高麗王国の悲哀と三別抄の抗戦』（彩流社、二〇一三年）
佐伯真一、高木浩明編著『校本 保暦間記』（和泉書院、一九九九年）
良覚『楠木合戦注文 博多日記』（育徳財団、一九三六年）
『新撰日本古典文庫３ 梅松論／源威集』（現代思潮新社、二〇一〇年）

**第五章**

キャサリン・コーリー『軍隊と革命の技術』（岩波書店、一九六一年）
チャールズ・ティリー『政治変動論』（芦書房、一九八四年）

C・ブリントン『革命の解剖』（岩波書店、一九五二年）
アブドゥルアハマン・アフトルハーノフ『スターリン暗殺事件―ベリヤ四人組の陰謀』（ハヤカワ文庫、一九八〇年）
毛　沢東『遊撃戦論』（中公文庫、二〇〇一年）
毛　沢東『わが消滅戦』（世紀書房、一九五一年）
毛　沢東『わが消滅戦』（大和出版社、一九五二年）
毛　沢東『毛沢東軍事論文選』（外文出版社、一九六九年）
リデル・ハート編『解放の戦略』（番町書房、一九六五年）
ヴォー・グエン・ザップ『人民の戦争・人民の軍隊』（弘文堂、一九六五年）
　アーサー・キャンベル『ゲリラ』（冨山房、一九六九年）
アイザック・ドイッチャー『武装せる予言者・トロッキー』（新潮社、一九六四年）
ニッコロ・マキアヴェッリ『君主論』（岩波文庫、一九九八年）
亀田俊和『征夷大将軍・護良親王』（戎光祥出版、二〇一七年）
新井孝重『護良親王：武家よりも君の恨めしく渡らせ給ふ』（ミネルヴァ書房、二〇一六年）
佐藤和彦編『楠木正成のすべて』（新人物往来社、一九八九年）
家村和幸『真説 楠木正成の生涯』（宝島社新書、二〇一七年）

**第六章**
マーチン・ヴァン・クレヴェルト『補給戦―ナポレオンからパットン将軍まで』（原書房、一九八〇年）
大島延次郎『北畠顕家―奥州を席捲した南朝の貴族将軍』（戎光祥出版、二〇一四年）
奥野高広『武田信玄』（吉川弘文館、一九八五年）
渡辺世祐『武田信玄の経綸と修養』（新人物往来社、一九七一年）
磯貝正義『定本 武田信玄』（新人物往来社、一九七七年）
布施秀治『上杉謙信伝』（歴史図書社、一九六八年）

**第七章**
槙島昭武『関八州古戦録』（新人物往来社、一九七六年）
小林計一郎編『真田幸村のすべて』（新人物往来社、一九八九年）
堀内　泰訳『信州上田軍記』（ほおずき書籍、二〇一五年）
『日本思想大系〈26〉三河物語・葉隠』（岩波書店、一九七四年）
伊東　潤『戦国北条記』（ＰＨＰ文芸文庫、二〇一六年）
矢代和夫、大津雄一『北条五代記』（勉誠出版、一九九九年）
八谷政行校訂『北条史料集』（人物往来社、一九六六年）

河本隆政（静楽軒）『雲陽軍実記』（松陽新報社、一九一一年）
松田　修、笹川祥生編『陰徳太平記』（臨川書店、一九七二年）
米原正義『出雲尼子一族』（新人物往来社、一九八一年）
神田千里『信長と石山合戦―中世の信仰と一揆』（吉川弘文館、一九九五年）
池内昭一遍『竹中半兵衛のすべて』（新人物往来社、一九九六年）
『応永記・明徳記』（すみや書房、一九七〇年）
須藤光暉『石山合戦』（新潮社、一九一四年）

**第八章**

海上知明『信玄の戦争 戦略論「孫子」の功罪』（ベスト新書、二〇〇六年）
海上知明『孫子の盲点 信玄はなぜ敗れたか？』（ワニ文庫、二〇一五年）
海上知明『戦略で分析する古戦史 川中島合戦』（原書房、二〇一六年）
広瀬広一『武田信玄伝』（紙硯社、一九四四年）
伊東　潤、板嶋恒明『北条氏康』（ＰＨＰ新書、二〇一七年）

**第九章**

高柳光寿編、井上一次、辻善之助監修『大日本戦史 第１巻』（三教書院、一九四二年）
清水茂夫、服部治則校注『武田史料集』（新人物往来社、一九六七年）
磯貝正義、服部治則校注『改訂 甲陽軍鑑』（上・中・下、新人物往来社、一九七六年）

**第十章**

バート・Ｓ・ホール『火器の誕生とヨーロッパの戦争』（平凡社、一九九九年）
ジェフリー・パーカー『長篠合戦の世界史』（同文舘出版、一九九五年）
入江康平『弓射の文化史【原始～中世編】狩猟具から文射・武射へ』（雄山閣、二〇一八年）
クライヴ・ポンティング『世界を変えた火薬の歴史』（原書房、二〇一三年）
ルイス・フロイス『完訳フロイス日本史〈２〉信長とフロイス―織田信長篇２』（中央公論新社、二〇〇〇年）
ルイス・フロイス『完訳フロイス日本史〈３〉安土城と本能寺の変―織田信長篇３』（中公文庫、二〇〇〇年）
島津修久『島津義弘の軍功記―「惟新公御自記」について』（鶴嶺神社社務所、一九八一年）
木村高敦『武徳編年集成』（名著出版、一九七六年）

金子　拓『長篠合戦の史料学―いくさの記憶』（勉誠出版、二〇一八年）
吉田兼見『兼見卿記 第１』（八木書店、二〇一四年）
竹内理三編『続史料大成 第 38 ～ 42』（臨川書店、一九七八年）
皆川登一郎編『長篠軍記』（皆川博、一九一六年）
長篠城趾史跡保存館『長篠日記―長篠戦記』（鳳来町立長篠城趾史跡保存館、一九八〇年）
『当代記 駿府記 史籍雑纂』（続群書類従完成会、一九九五年）
『四国史料集 昔阿波物語』（人物往来社、一九六六年）
今谷　明『戦国三好一族』（洋泉社ＭＣ新書、二〇〇七年）
東京大学史料編纂所編『大日本史料第 十一編之六』（東京大学、一九三六年）
川副義敦『戦国の肥前と龍造寺隆信』（宮帯出版社、二〇一八年）
鈴木真哉『紀州雑賀衆鈴木一族』（新人物往来社、一九八四年）
『史籍集覧 第 17 冊 』（臨川書店、一九六七年）
村上直次郎訳『耶蘇会日本通信』（上・下、雄松堂書店、一九六八年）
高市志友『紀伊名所図会 初・二編』（臨川書店、一九九六年）
高橋義彦編『越佐史料４』（名著出版、一九七一年）
村上直次郎訳『イエズス会日本年報』（雄松堂書店、一九七九年）
貝原益軒編『筑前国続風土記』（文献出版、一九八八年）

**第十一章**

泉　淳『元親記』（勉誠社、一九九四年）
香西成資遍『南海治乱記』（香川新報社、一九一三年）
真西堂如淵『吉良物語』（青楓会、一九三四年）
津野倫明『長宗我部元親と四国』（吉川弘文館、二〇一四年）
新名一仁『島津四兄弟の九州統一戦 』（星海社新書、二〇一七年）
吉永正春『九州戦国合戦記』（海鳥社、二〇〇六年）

**第十二章**

アントワーヌ・アンリ・ジョミニ『ジョミニ・戦争概論』（原書房、一九七九年）
安井久善『太平記合戦譚の研究』（桜楓社、一九八一年）
近藤瓶城編『史籍集覧 改定 第 14 冊 』（近藤出版部、一九〇二年）
参謀本部編『日本戦史 柳瀬役』（村田書店、一九七九年）
松岡久人『大内義弘』（戎光祥出版、二〇一三年）

PHP新書

PHP INTERFACE
https://www.php.co.jp/

**海上知明**［うなかみ・ともあき］

NPO法人孫子経営塾理事・昭和12年学会理事。中央大学経済学部卒業後、企業に勤務しながら大学院に入る。平成14（2002）年3月、博士（経済学）。日本経済大学教授を経て現職。東京海洋大学・芝浦工業大学講師を務める。戦略研究学会古戦史研究部会代表。著書に『戦略で分析する古戦史 川中島合戦』（原書房）、『孫子の盲点 信玄はなぜ敗れたか？』（ワニ文庫）、『環境思想 歴史と体系』（NTT出版）、『環境問題の戦略的解決 環境戦略試論』（芙蓉書房出版）など多数。『金融財政ビジネス』（時事通信社）に「新・歴史夜話」を連載中。

# 戦略で読み解く日本合戦史

（PHP新書 1185）

二〇一九年五月十五日 第一版第一刷
二〇一九年六月 五 日 第一版第二刷

著者――海上知明
発行者――後藤淳一
発行所――株式会社PHP研究所
東京本部――〒135-8137 江東区豊洲5-6-52
第一制作部PHP新書課 ☎03-3520-9615（編集）
普及部 ☎03-3520-9630（販売）
京都本部――〒601-8411 京都市南区西九条北ノ内町11
組版――宇梶勇気
装幀者――芦澤泰偉＋児崎雅淑
印刷所 製本所――図書印刷株式会社


ISBN978-4-569-84306-3

# PHP新書刊行にあたって

「繁栄を通じて平和と幸福を」(PEACE and HAPPINESS through PROSPERITY)の願いのもと、PHP研究所が創設されて今年で五十周年を迎えます。その歩みは、日本人が先の戦争を乗り越え、並々ならぬ努力を続けて、今日の繁栄を築き上げてきた軌跡に重なります。

しかし、平和で豊かな生活を手にした現在、多くの日本人は、自分が何のために生きているのか、どのように生きていきたいのかを、見失いつつあるように思われます。そして、その間にも、日本国内や世界のみならず地球規模での大きな変化が日々生起し、解決すべき問題となって私たちのもとに押し寄せてきます。

このような時代に人生の確かな価値を見出し、生きる喜びに満ちあふれた社会を実現するために、いま何が求められているのでしょうか。それは、先達が培ってきた知恵を紡ぎ直すこと、その上で自分たち一人一人がおかれた現実と進むべき未来について丹念に考えていくこと以外にはありません。

その営みは、単なる知識に終わらない深い思索へ、そしてよく生きるための哲学への旅でもあります。弊所が創設五十周年を迎えましたのを機に、PHP新書を創刊し、この新たな旅を読者と共に歩んでいきたいと思っています。多くの読者の共感と支援を心よりお願いいたします。

一九九六年十月

PHP研究所